全过程工程咨询策划与实施：
咨询企业的实践—总结—再实践

主　编　徐　慧　宁　延

副主编　何连顺　柏华强　张修华
　　　　葛婷婷　刘　笑

东南大学出版社
SOUTHEAST UNIVERSITY PRESS
·南京·

内容提要

本书立足于工程咨询企业的视角，遵循"实践—总结—再实践"的理论和实践互动逻辑，在系统梳理咨询企业全过程工程咨询的最佳实践基础上，从企业层面和项目层面系统地设计了工程咨询企业的全过程工程咨询管理体系，并提出了工程总承包项目全过程造价管控。本书兼顾理论性和实操性，提出了全过程工程咨询的策划和实施方法，并提供了操作性较高的流程、工具和方法。本书将为全过程工程咨询的实践，工程咨询企业向全过程工程咨询转型提供理论和实践参考。

图书在版编目(CIP)数据

全过程工程咨询策划与实施：咨询企业的实践—总结—再实践/徐慧，宁延主编.—南京：东南大学出版社，2022.3

ISBN 978-7-5641-7274-9

Ⅰ.①全… Ⅱ.①徐… ②宁… Ⅲ.①建筑工程-咨询服务 Ⅳ.①F407.9

中国版本图书馆 CIP 数据核字(2022)第 028529 号

责任编辑：曹胜玫　　封面设计：毕　真　　责任印制：周荣虎

全过程工程咨询策划与实施：咨询企业的实践—总结—再实践

主　　编	徐慧 宁延
出版发行	东南大学出版社
社　　址	南京四牌楼 2 号　邮编：210096　电话：025-83793330
网　　址	http://www.seupress.com
电子邮件	press@seupress.com
经　　销	全国各地新华书店
印　　刷	南京玉河印刷厂
开　　本	787mm×1092mm　1/16
印　　张	12.25
字　　数	276 千字
版　　次	2022 年 3 月第 1 版
印　　次	2022 年 3 月第 1 次印刷
书　　号	ISBN 978-7-5641-7274-9
定　　价	49.00 元

本社图书若有印装质量问题，请直接与营销部联系。电话(传真)：025-83791830。

编写委员会

主　　编　徐　慧　宁　延

副 主 编　何连顺　柏华强　张修华　葛婷婷　刘　笑

编　　委　丁维帮　庞春龙　张　娜　庞斯仪　王艳芳
　　　　　　杜继昌　尹玉婷　夏殿琴　刘德丽　王永彬
　　　　　　孔亚炜　薛　袁

序　言

2017年《关于促进建筑业持续健康发展的意见》(国办发〔2017〕19号)提出培育全过程工程咨询,进而拉开了全过程工程咨询改革的序幕。随后,国家有关部委和各省都相继出台了全过程工程咨询相关的指导性文件。

全过程工程咨询推行以来,业主和咨询方都进行了不同形式的摸索和不同程度的实践,不同类型的咨询企业也提出了各自实施全过程工程咨询的策略和路径。政府部门、行业协会相继出台了一系列的导则、指南等,以规范全过程工程咨询的管理,保持咨询市场稳定健康发展。

国家推行全过程工程咨询,既是针对建筑市场的重大改革措施,也是工程咨询行业乃至整个建筑行业抓住机遇、升级改造的重要契机。全过程工程咨询推广以来,市场需求不断释放,但是在市场实践中仍存在许多障碍,《中华人民共和国建筑法》对"全过程工程咨询"没有定义,国家有关部门对"全过程工程咨询"的"全过程"没有"起点"和"终点"的概念,对"全过程工程咨询"的"咨询"没有完整的内容界定。2017年以来各地开始实施"全过程工程咨询",试点企业、试点项目、试点工程的成功经验和失败教训至今都没有得到认真总结。不同投资规模的建设项目和不同类型的建设工程,管理模式都各不相同,咨询市场的需求也各不相同。不同业主、不同投资、不同项目、不同项目阶段、不同工程和不同工程阶段,对于"全过程工程咨询"的"起点"和"终点"没有统一的标准。因此,咨询行业、咨询企业至今还都还在研究"全过程工程咨询"的内涵、外延、咨询模式和咨询管理模式。

本书基于南京永泰工程咨询有限公司2017年以来有关房屋建筑、市政工程、学校、医院、安置房、科技园、文化旅游项目等几十个不同类型项目的实践,总结了全过程建设项目投资决策咨询、全过程项目投资咨询、全过程建设工程造价咨询、全过程建设项目管理和全过程建设工程管理等经验。

本书是工程咨询行业与高校科研团队紧密合作的成果,在实践经验总结的基础上,从咨询企业和项目实施两个方面设计了全过程工程咨询管理体系,提供了科学的体系化的管理模式,这些管理经验能够满足市场不同需求的咨询需要。

本书正式出版是江苏造价咨询行业的一件幸事。在此,江苏省工程造价管理协会、南京市工程造价管理协会向全体编写人员表示祝贺,向所有关心和支持本书编写的专家学者表示衷心的感谢!

王如三

2022年1月

前 言

全过程工程咨询推行以来，业主和咨询方都意识到全过程工程咨询是工程咨询行业乃至整个建筑行业改革升级的一次重要契机，积极探索新的管理模式和实施策略，并取得了积极的市场反应，形成并积累了一定的经验。

但行业在实践中仍存在一定的障碍，如部分业主有需求，但缺乏科学系统的策划，初次探索后，反而产生了疑虑；咨询方中意于全过程工程咨询的大蛋糕，但对整合多咨询专业缺乏充足的信心；特别是试点/早期的全过程工程咨询项目经验未被充分挖掘，成功的经验和失败的教训未及时沉淀和总结，不同的项目、不同的企业常犯同类错误，走了不少弯路。

本书旨在对当前实践进行系统性的总结，深刻理解实践中存在的经验和教训，并基于此，研究并设计咨询企业开展全过程工程咨询的管理体系，以期为全过程工程咨询的再实践提供理论和实践参考。本书的实践总结主要是基于南京永泰工程咨询有限公司（以下简称"公司"）自2017年以来承接的39个全过程工程咨询服务项目，总投资约306.95亿元，涉及市政、学校、安置房、科技园、文化旅游等多种项目类型，具有较好的代表性。

在研究过程中，实务界与高校的科研团队展开了深入和富有成效的合作，在全面总结全过程工程咨询实践基础上，从企业层面和项目层面两个方面系统性设计了咨询企业的全过程工程咨询管理体系，为后续的再实践提供了科学、体系化的管理制度和实践基础。

全书的内容安排如下：第1、2章系统介绍了全过程工程咨询模式的内涵以及发展背景，第3章梳理和剖析了公司实施全过程工程咨询的情况和实践案例；第4章提出了项目层面的全过程工程咨询管理体系；第5章提出了企业层面全过程工程咨询管理体系；第6章提出了工程总承包项目的全过程造价管理。

本书是企业和高校双方合作的结晶，研究过程中，双方团队进行了密切、真诚的交流和探讨,并结下了深厚的友谊。本书主编为徐慧、宁延,副主编为何连顺、柏华强、张修华、葛婷婷、刘笑、丁维帮、庞春龙、张娜、庞斯仪、王艳芳、杜继昌、尹玉婷、夏殿琴、刘德丽、王永彬、孔亚炜、薛袁为编委。调研和讨论过程中,也融入了众多实务界和研究人员的成果和观点。本书编写过程中得到了江苏省工程造价管理协会和南京市工程造价管理协会的指导和大力支持,在此表示衷心感谢!

全过程工程咨询仍是新生事物,实践和学术理解过程中仍存在大量不成熟的地方,敬请各位读者批评、指教。

本书编者

2022 年 1 月

目　录

第1章　概述 ··· 1
  1.1　全过程工程咨询发展的政策背景 ·· 1
    1.1.1　国家层面 ··· 1
    1.1.2　省市层面 ··· 2
  1.2　全过程工程咨询发展的行业背景 ·· 5
    1.2.1　工程咨询行业发展现状 ··· 5
    1.2.2　造价咨询行业竞争现状 ··· 5
  1.3　全过程工程咨询模式的内涵 ·· 7
    1.3.1　全过程工程咨询内涵 ·· 8
    1.3.2　全过程工程咨询现状 ·· 10

第2章　公司实施全过程工程咨询现状与发展 ·································· 13
  2.1　公司全过程工程咨询战略需求分析 ··· 13
  2.2　公司咨询业务实施现状分析 ·· 14
    2.2.1　公司咨询业务发展情况 ··· 14
    2.2.2　公司全过程工程咨询服务开展情况 ································· 16
    2.2.3　公司全过程工程咨询人才储备 ······································· 17
  2.3　公司全过程工程咨询项目成效分析 ··· 18
    2.3.1　公司全过程工程咨询项目规模 ······································· 18
    2.3.2　公司全过程工程咨询服务成效 ······································· 22
  2.4　全过程工程咨询服务新体系的设计思路 ··································· 25
    2.4.1　全过程工程咨询实施体系构建目的和意义 ······················· 25
    2.4.2　全过程工程咨询实施体系构建过程 ································ 26
    2.4.3　全过程工程咨询实施体系构建工作实施 ·························· 29

第3章　公司的全过程工程咨询服务实践 ·· 31
  3.1　某初级中学项目 ··· 35
    3.1.1　项目概况 ·· 35
    3.1.2　全过程工程咨询项目管控的难点和重点 ·························· 36

  3.1.3 全过程工程咨询实施的集成工具及方法 ········ 37
  3.1.4 全过程工程咨询实施存在的问题 ········ 38
  3.1.5 启示 ········ 38
 3.2 某服务区项目 ········ 39
  3.2.1 项目概况 ········ 39
  3.2.2 全过程工程咨询项目管控的难点和重点 ········ 40
  3.2.3 全过程工程咨询实施的集成工具及方法 ········ 41
  3.2.4 全过程工程咨询实施存在的问题 ········ 44
  3.2.5 启示 ········ 44
 3.3 某湿地建设项目 ········ 45
  3.3.1 项目概况 ········ 45
  3.3.2 全过程工程咨询项目管控的难点和重点 ········ 46
  3.3.3 全过程工程咨询实施的集成工具及方法 ········ 47
  3.3.4 全过程工程咨询实施存在的问题 ········ 48
  3.3.5 启示 ········ 48
 3.4 某学校项目 ········ 48
  3.4.1 项目概况 ········ 48
  3.4.2 全过程工程咨询项目管控的难点和重点 ········ 49
  3.4.3 全过程工程咨询实施的集成工具及方法 ········ 49
  3.4.4 全过程工程咨询实施存在的问题 ········ 51
  3.4.5 启示 ········ 52
 3.5 对比分析 ········ 53
  3.5.1 基本情况对比分析 ········ 53
  3.5.2 业务集成工具与方法 ········ 53
  3.5.3 不同业务组合方式下全过程工程咨询单位服务策略 ········ 56
 3.6 公司全过程工程咨询实践总结 ········ 57
  3.6.1 目前取得的优势 ········ 57
  3.6.2 当前存在的问题 ········ 58
  3.6.3 展望和建议 ········ 60

第4章 项目层面全过程工程咨询管理体系设计 ········ 62
 4.1 项目层面全过程工程咨询服务规划 ········ 62
  4.1.1 总体思路 ········ 63
  4.1.2 策划原则 ········ 64
 4.2 项目层面全过程工程咨询管理体系内容 ········ 65
  4.2.1 全过程工程咨询服务目标 ········ 65

    4.2.2　全过程工程咨询服务范围和内容 66
    4.2.3　全过程工程咨询服务总计划 67
  4.3　项目部组织机构与职责 73
    4.3.1　项目部组织策划 73
    4.3.2　项目部所设置的岗位职责及管理 75
  4.4　业务集成的技术措施和管理制度 82
    4.4.1　信息共享 82
    4.4.2　跨阶段延伸 82
    4.4.3　跨业务融合 83
    4.4.4　跨组织协同 83
    4.4.5　共同的问题解决机制 84
    4.4.6　跨职能管理 84
  4.5　全过程工程咨询服务专题方案 92
    4.5.1　专题方案编制原则 92
    4.5.2　全过程工程咨询服务风险管理专题方案 93
    4.5.3　某学校项目投资控制专题方案 95
  4.6　专业咨询实施细则编制 99
    4.6.1　专业咨询实施细则主要编制依据 100
    4.6.2　专业咨询实施细则主要内容 100
    4.6.3　某全过程工程咨询项目跟踪审计实施细则 101
  4.7　全过程工程咨询服务分包管理 104
    4.7.1　分包单位的选择 104
    4.7.2　组织架构和职责 106
    4.7.3　分包单位工作监督、协调、融合机制 107
    4.7.4　与分包专业组的沟通机制 108
    4.7.5　界面冲突的解决机制 109
    4.7.6　咨询分包风险管理 109
    4.7.7　分包考核机制 110
  4.8　全过程工程咨询服务档案资料管理 111
    4.8.1　组织架构和职责 111
    4.8.2　档案资料整理 112
    4.8.3　档案资料归档管理与使用 116
  4.9　全过程工程咨询服务项目部考核 117
    4.9.1　考核组织和考核方法 117
    4.9.2　考核内容 117
    4.9.3　考核流程 119

第5章 企业层面全过程工程咨询管理体系设计 ……………………………………… 121
5.1 企业全过程工程咨询领域的发展战略和组织调整 ………………………… 121
5.1.1 全过程工程咨询的发展战略 ………………………………………… 121
5.1.2 促进企业员工对发展战略的认同 …………………………………… 121
5.1.3 企业组织结构调整 …………………………………………………… 122
5.1.4 业主和合作伙伴关系管理 …………………………………………… 126
5.2 企业知识管理 ………………………………………………………………… 129
5.2.1 建立重视知识管理的文化 …………………………………………… 130
5.2.2 企业知识沉淀 ………………………………………………………… 131
5.2.3 知识再利用 …………………………………………………………… 132
5.2.4 激励机制 ……………………………………………………………… 132
5.3 企业人员学习和培养 ………………………………………………………… 132
5.3.1 全过程工程咨询专业人士的知识体系 ……………………………… 133
5.3.2 不同专业知识的融合 ………………………………………………… 133
5.3.3 企业内部的学习 ……………………………………………………… 133
5.3.4 企业内部的经验交流机制 …………………………………………… 134
5.4 项目实施过程管理 …………………………………………………………… 135
5.4.1 投标阶段 ……………………………………………………………… 136
5.4.2 实施过程 ……………………………………………………………… 137
5.4.3 总结和复盘 …………………………………………………………… 138

第6章 工程总承包项目全过程造价管理 ………………………………………… 139
6.1 工程总承包政策背景及实践挑战 …………………………………………… 139
6.1.1 政策层面的大力推动 ………………………………………………… 139
6.1.2 实践挑战 ……………………………………………………………… 140
6.2 工程总承包的发展与内涵 …………………………………………………… 141
6.2.1 工程总承包发展 ……………………………………………………… 141
6.2.2 工程总承包基本概念 ………………………………………………… 143
6.2.3 工程总承包与传统发包的差异 ……………………………………… 143
6.3 工程总承包项目招标文件编制阶段造价管控 ……………………………… 144
6.3.1 项目分解结构及定义 ………………………………………………… 145
6.3.2 已有项目分解结构差异性分析 ……………………………………… 145
6.3.3 发包人要求的编制框架 ……………………………………………… 147
6.3.4 合同计价方式选择 …………………………………………………… 159
6.4 工程总承包项目实施阶段造价管控 ………………………………………… 162
6.4.1 工程总承包项目实施阶段过程性控制 ……………………………… 163

6.4.2　施工图与施工图预算的联动审核 ················· 164
　6.5　工程总承包项目结算审核 ····························· 164

附录 ··· 168
　附录 1　公司全过程工程咨询管理办法 ······················ 168
　附录 2　全过程工程咨询相关政策分析 ······················ 168
　附录 3　各省(区、市)全过程工程咨询相关政策分析 ········ 169
　附录 4　国家层面工程总承包相关政策 ······················ 171
　附录 5　各省(区、市)工程总承包相关政策 ················· 171
　附录 6　各省(区、市)工程总承包要点对比 ················· 173
　附录 7　监理分包单位的考核标准 ··························· 173
　附录 8　造价咨询工作考核标准 ······························ 174
　附录 9　工程检测单位工作情况考核表 ······················ 175
　附录 10　工程造价咨询流程图 ······························· 176
　附录 11　廉政自律书 ··· 179

第1章 概 述

2017年是建筑业改革的窗口期,"全过程工程咨询"作为改革的一大亮点,一时成为近年行业内企业的关注焦点。本章主要介绍全过程工程咨询的政策背景,分别从国家层面和各省市层面,梳理全过程工程咨询政策文件,在此基础上分析工程咨询行业发展现状,以及造价咨询企业的竞争现状,进一步对全过程工程咨询模式的内涵,以及发展过程中存在的问题和发展态势进行明确。

本章的内容安排如图1.1所示。

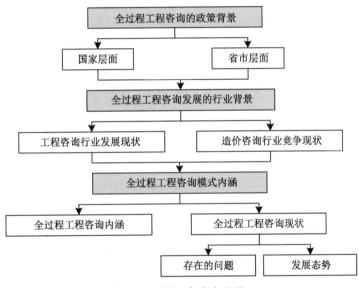

图1.1 第1章内容安排

1.1 全过程工程咨询发展的政策背景

1.1.1 国家层面

2017年2月,《国务院办公厅关于促进建筑业持续健康发展的意见》(国办发〔2017〕19号,以下简称"国办发19号文")出台,在完善工程建设组织模式部分明确提出加快推行工程总承包和首次提出培育全过程工程咨询,并提出"鼓励投资咨询、勘察、设计、监理、招标代理、造价等企业采取联合经营、并购重组等方式发展全过程工程咨询,培育一批具有国际水平的全过程工程咨询企业",并"制定全过程工程咨询服务技术标准和合同范本"。紧接着《住房城乡建设部关于开展全过程工程咨询试点工作的通知》(建市〔2017〕101号,以下简称

"建市101号文")提出选择8个省市开展全过程工程咨询试点,试点期限为两年。

2017年,国家发改委发布了《工程咨询行业管理办法》(中华人民共和国国家发展和改革委员会令第9号),对全过程工程咨询概念作了解释,即采用多种服务方式组合,为项目决策、实施和运营持续提供局部或整体解决方案以及管理服务。

2019年3月15日,国家发展改革委和住房城乡建设部联合印发《关于推进全过程工程咨询服务发展的指导意见》(发改投资规〔2019〕515号),对国家层面试点实践进行经验总结,明确指出要重点培育发展投资决策综合性咨询和工程建设全过程咨询,以投资决策综合性咨询促进投资决策科学化,以全过程咨询推动完善工程建设组织模式。投资决策综合咨询包含项目立项、项目建议书、可行性研究报告、环境评审、节能评审、水影响评价、社会稳定评价及地质灾害评价等,工程建设全过程咨询包括项目立项后的勘察、设计、招标代理、造价咨询、工程监理、项目管理等服务内容。

2020年4月,国家发展和改革委员会固定资产投资司和住房和城乡建设部建筑市场监管司,研究起草了《房屋建筑和市政基础设施建设项目全过程工程咨询服务技术标准(征求意见稿)》,对全过程工程咨询的内涵和外延、范围和内容、程序、方法和成果进行了明确,以期进一步完善工程建设组织模式,提高投资效益、工程建设质量和运营效率。

对咨询方而言,行业改革的叠加冲击带来了一次重新洗牌,成为行业转型升级的重大契机,工程咨询行业迫切需要进行改革以提高服务效率,提升服务质量,各类型的咨询企业都期望乘着全过程工程咨询的东风培养人才、占据市场高点、建立企业可持续发展竞争力。

对业主方而言,也产生了新的需求动向,某些业主已不再满足于单项咨询服务的需求,而往往倾向于涵盖"服务一体化"的一整套解决方案,"碎片化"的服务供给模式已经无法满足综合性、跨阶段、一体化的咨询服务需求。

全过程工程咨询政策发展历程见图1.2所示。

图1.2 全过程工程咨询政策发展现状

1.1.2 省市层面

各试点省市响应国办发19号文及建市101号文要求,截至2020年底,已有江苏、广东、浙江、福建、湖南、四川、广西、河南等14个省出台了全过程工程咨询试点推进相关方案,具体见表 1.1 所示。

表 1.1　各省(区、市)政策情况对比

要点	政策差异对比
服务范围是否包含设计	浙江、福建和吉林将勘察管理及设计优化纳入全过程工程咨询的可选业务范围,但勘察管理和设计优化并不等同于勘察、设计,因此上述三个省份并未明确规定全过程工程咨询业务包含勘察和设计;此外,广西全过程工程咨询的业务范围也未明确包含勘察、设计;河南和内蒙古将设计纳入全过程工程咨询的业务范围,但对于勘察并未明确规定;除上述 6 个省(市、自治区)以外,其余试点地区的政策均将勘察与设计纳入全过程工程咨询业务可选范围之内
单位资质要求	各地方政策中对于资质要求的规定有所不同,通常要求具备勘察、设计、监理、招标代理、造价咨询、工程咨询等工程建设类资质中的一项或多项资质。 目前明确允许具备一项资质即可开展全过程工程咨询服务的省(市、自治区)有:上海、江苏、浙江、广东、宁夏、安徽、陕西。 四川明确要求两项及以上工程建设类资质。 广西与河南的规定较为特殊:广西要求具备工程设计、工程监理、造价咨询两项及以上的甲级资质,或具备单一资质且年营业收入在行业排名全区前三名的企业;河南要求具备工程设计、工程监理、造价咨询两项及以上的甲级资质,或具备单一资质且年营业收入在行业排名各省辖市、省直辖县(市、港区)前三名的企业。 福建、湖南、吉林、内蒙古对于资质要求并未明确规定
人员资质	(1) 项目负责人资格要求 目前各地方均要求全过程工程咨询项目负责人至少具备一项工程建设类执业资格(一级注册建造师、一级注册建筑师、注册造价工程师等)。明确允许工程类、工程经济类高级职称来代替注册执业资格的省(市、自治区)有:上海、江苏、广东、河南。 此外,明确要求项目负责人必须具备相关经验的省(市、自治区)有:上海、江苏、广东。 其中,上海的规定更为具体:项目负责人至少具备在国内总投资额 5 000 万元以上的工程中承担项目负责人主持并完成项目设计、施工、监理或项目管理。 (2) 其他管理人员要求 除项目负责人以外,对其他管理人员或专业负责人有明确规定的省(市、自治区)有:上海、广西、内蒙古。 其中,上海规定:项目管理团队应配备至少一名注册造价工程师或者一名具有三年以上造价管理经验的技术人员。参与项目设计管理的,项目管理团队至少包含一名具有三年以上设计单位从业经历的技术人员。参与项目施工管理的,应至少配备一名注册建造师或注册监理工程师。 广西规定:委托内容包含招标代理或造价咨询服务时,全过程工程咨询团队中的招标代理负责人或造价负责人应具备注册造价工程师执业资格并在企业注册。其他团队人员也应符合国家规定。 内蒙古规定:项目管理机构应当按照有关规定配备与委托内容相适应的注册人员和其他人员
委托方式	依法必须招标的项目,全过程工程咨询所涉及的单项咨询业务是否必须招标,各地方对此类问题规定并不明确。在一定条件下,上海、江苏、湖南、四川、宁夏、河南、安徽对部分单项咨询业务明确规定无须单独招标。 上海市规定:具有相应工程监理资质的单位,依法通过招标方式取得工程项目管理服务(至少包含施工阶段项目管理服务)的,经建设单位同意,可在其资质许可范围内承接同一工程的监理工作。 江苏省规定:采用建筑师负责制的工程项目,监理、招标代理、造价咨询等技术服务可不另行招标

(续表)

要点	政策差异对比
委托方式	湖南省规定：对于已经公开招标委托单项工程咨询服务的项目，在具备条件的情况下，可以补充合同形式将其他工程咨询服务委托给同一企业，开展全过程工程咨询工作。 四川省规定：对于必须招标的项目，只需对勘察设计、工程监理其中一项进行招标即可，其他咨询服务可直接委托同一单位；而不需要依法招标的项目，可以直接委托实行全过程工程咨询服务。 宁夏规定：政府投资或国有投资项目应按照《中华人民共和国政府采购法》《中华人民共和国招标投标法》组织全过程工程咨询招投标，社会投资项目可直接委托实施全过程工程咨询服务。选择全过程工程咨询企业时只需对设计、工程监理其中一项进行招标，其他咨询服务内容可委托给一个企业，无需再对其他咨询服务内容进行招标。 河南省规定：经过依法发包的全过程工程咨询服务项目，可不再另行组织前期咨询、工程监理、招标代理和造价咨询等单项咨询业务招标。 安徽省规定：对选择具有相应工程监理资质的企业开展全过程工程咨询服务的工程项目，可不再另行委托监理单位。 其他省（市、自治区）并未规定
服务酬金列支和计取	（1）服务酬金列支 明确规定应列入工程概算的省（市、自治区）有：江苏、浙江、福建、湖南、广东、宁夏、吉林、安徽、内蒙古、陕西。 明确规定应列入工程估算或者概算的省（市、自治区）有：广西、河南。 四川未明确规定。 （2）服务酬金计取方式 按各单项业务收费分别计算后叠加的省（市、自治区）有：福建、湖南、广东、四川、广西、宁夏、吉林、河南、内蒙古、陕西，其中广东服务指引建议采用"1+N"叠加计费模式，即"全过程项目管理费＋全过程各专业咨询服务费"的叠加 按人工成本计算的省（市、自治区）有：四川、广西、宁夏、河南。 江苏、浙江和安徽并未明确规定。 探索实行基本酬金加奖励方式的省（市、自治区）有：浙江、福建、宁夏、吉林、安徽、陕西。 （3）合理化奖励 除河南以外，各省（市、自治区）均明确鼓励建设单位对全过程工程咨询企业提出并落实的合理化建议按照实际产生的效益或节约的投资额的一定比例给予奖励
分包及联合体	地方目前明确允许联合体投标的有：江苏、福建、四川、宁夏、安徽和内蒙古，其中四川仅明确由两家单位组成的联合体，江苏、福建、宁夏和内蒙古对于联合体数量并未规定
合同文本	湖南于2018年2月2日公布了湖南省全过程工程咨询试行文本。江苏于2018年12月14日公布了江苏省全过程咨询示范文本（试行）。上海则在2017年2月发布的《上海市住房和城乡建设管理委员会关于进一步加强本市建设工程项目管理服务的通知》（沪建建管〔2017〕125号）中推荐使用配套的《上海市建设工程项目管理委托服务合同（2017版）》。 除此之外，其他省（市、自治区）均没有公布其配套的示范文本

2017年，江苏省政府发布《关于促进江苏建筑业改革发展的意见》（苏政发〔2017〕151号），指出要培育全过程工程咨询服务。作为试点省市之一，在国家层面政策的指导下，省住房城乡建设厅发布《江苏省开展全过程工程咨询试点工作方案》（苏建科〔2017〕526号），提出在全省培育100家左右全过程工程咨询服务骨干企业。

2018年,为深化江苏省工程建设项目组织实施方式改革,推动全过程工程咨询服务发展,省住房城乡建设厅印发《江苏省全过程工程咨询服务合同示范文本(试行)》和《江苏省全过程工程咨询服务导则(试行)》,进一步明确建立全过程工程咨询服务机构、组织各层次和人员的职责与工作关系等准则。

2019年,结合江苏省投资领域"放管服"改革要求和工作实际,江苏省发展改革委和省住建厅联合发布了《关于推进综合性全过程工程咨询服务发展的通知》(苏发改投资发〔2019〕655号),从思想认识、部门协同、行业规范等角度对全过程工程咨询企业作出进一步指导。

1.2 全过程工程咨询发展的行业背景

1.2.1 工程咨询行业发展现状

目前,工程咨询市场形成了投资咨询、招标代理、勘察、设计、监理、造价、项目管理等专业化的咨询服务业态,工程咨询企业数量与日俱增,但仍存在诸多问题。

(1) 市场竞争激烈

当前我国工程咨询行业整体市场竞争激烈,同时也暴露出一些问题,如一些无资质或低级资质的小微型工程咨询企业采用挂靠的方式,以高资质和低收费的条件承揽较大项目的咨询业务,强化了工程咨询市场的低价竞争。被挂靠的大企业仅仅需要在咨询成果文件上盖章,就能赚取不菲的管理费用,并可实现所谓的"业绩积累",可谓名利双收。

(2) 咨询服务之间缺乏有机联系

长期以来业主分别委托咨询服务,造成不同咨询服务之间的有机联系割裂,勘察设计、造价、监理等单位分别负责不同环节和不同专业的咨询服务工作,管理的阶段性、专业分工割裂了建设工程的内在联系。由于缺少全产业链的整体把控,易出现信息流断裂和信息"孤岛",使业主难以得到完整的建筑产品和服务。如业主分别将设计、监理、造价、勘察等咨询服务分别委托给不同的企业,咨询服务形成的资料、数据等信息无法有效集成,勘察资料对设计和造价的支撑作用无法实现最大化利用;同时,设计与造价咨询服务割裂,无法实现造价的前期介入,也就无法实现在前期设计阶段更好的投资控制。

(3) 企业缺乏高素质咨询团队

咨询服务作为高智力的服务工作,需要高素质的咨询团队和专业人员。但各类工程咨询企业均存在人员素质参差不齐、人才流失严重的问题,留住高素质、综合知识全面的从业人员的压力较大,缺乏进一步开展全过程工程咨询的基础。

1.2.2 造价咨询行业竞争现状

(1) 全过程工程咨询项目中投资控制的价值链主线作用明显

南京市公共资源交易中心自2018年4月至2020年12月底公布的全过程工程咨询服

务项目统计显示,在已发布中标结果公示(公告)的142项项目中,以造价咨询牵头的全过程工程咨询服务项目有107项(占中标项目的75%)。显示市场对以造价咨询牵头的全过程工程咨询服务模式的主流需求。

造价咨询企业通常提供包括投资估算、预算编制、过程造价控制、工程结算审核等服务,以造价咨询牵头的全过程工程咨询服务,能够充分发挥工程造价(投资控制)在项目全过程管理中的全过程工程咨询价值链主线作用,以工程造价管理为全过程工程咨询的核心,整合与集成勘察设计、工程监理等力量,为项目提供从前期决策到设计、招标、施工、竣工交付、项目结算和决算到运营维护的全过程技术、经济、管理咨询,贯彻以投资控制为项目管理主线,引导设计、施工等各环节优化,以实现并有效提升项目价值。

(2) 行业改革力度大,造价咨询企业面临新的机遇期

2020年3月3日,住房和城乡建设部正式发布《住房和城乡建设部关于修改〈工程造价咨询企业管理办法〉〈注册造价工程师管理办法〉的决定》(中华人民共和国住房和城乡建设部令第50号),宣布取消原《工程造价咨询企业管理办法》(建设部令第149号)第二项中关于企业出资人中注册造价师人数占比和出资额占比不低于60%的规定。"双60"的取消,打破了工程造价咨询产业的"隔离墙",使之与勘察、设计、招标代理、监理等产业融合更为便利,更有利于进行合并、重组,并且可以使用合并前的资质(如存在),最大限度降低了资质对企业承接业务的影响。

2020年7月24日,住建部印发《工程造价改革工作方案》(建办标〔2020〕38号),提出"取消最高投标限价按定额计价的规定,逐步停止发布预算定额"。工程造价咨询企业当下应主动变革,辨明大势,顺势而为,跟上时代新潮流,注重数据的积累,摆脱传统定额模式计价的束缚,学习企业定额、动态清单、动态定额、模拟清单等市场化体系计价方式,与市场接轨,与国际接轨。

(3) 行业总体发展态势平稳,从业人员平均技术水平进步不明显

住房和城乡建设部发布的2015—2019年《工程造价咨询统计公报》数据显示,2015年至2019年间,我国造价咨询企业由7 107家增加到8 104家,增长14.0%。其中,甲级工程造价咨询企业3 021家增加至4 557家,增长50.8%;乙级工程造价咨询企业4 086家减少至3 637家,减少11.0%。专营工程造价咨询企业2 069家增加至3 648家,增长76.3%;兼营工程造价咨询企业5 038家减少至4 546家,减少9.8%。造价咨询企业数量总体平稳增长,其中甲级工程造价咨询企业与专营工程造价咨询企业数量涨幅大,但同时乙级工程造价咨询企业与兼营工程造价咨询企业数量下降幅度较大。工程造价咨询企业从业人员由414 405人增长至586 617人,增长41.6%,而专业技术人员由282 563人增长至355 768人,增长25.9%。由此看出,企业从业人员数量增长幅度较大,但专业技术人员数量增长与之并不成比例,行业内人员平均技术水平原地踏步。

(4) 行业营收增速放缓,利润下降

工程造价咨询营业合同额自2015年的1 079.5亿元增加至2019年的1 836.7亿元,近

两年,工程咨询行业营业收入增速放缓,具体见图 1.3 所示。

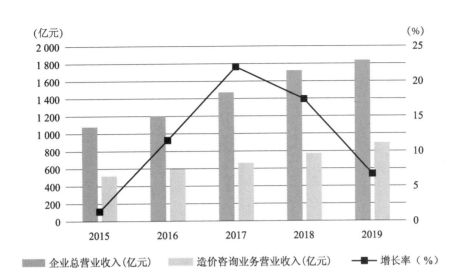

图 1.3　2015—2019 年造价咨询企业年营业收入一览表

造价咨询行业利润率和利润总额有所下滑。从 2015 年到 2019 年工程咨询企业的利润总额及其增长率来看,虽然工程行业呈现增长状态,总体市场规模逐年增长,企业利润增幅却相对平缓,具体见图 1.4 所示。

图 1.4　2015—2019 年造价咨询企业年营业利润一览表

工程造价咨询业务涉及项目建设全过程各个阶段,影响力与优势较为明显。市场环境竞争压力较小,工程造价咨询企业发展速度快,全过程工程咨询业务量逐年增长,行业发展势头强劲,但行业利润存在难以突破的"天花板"。

1.3　全过程工程咨询模式的内涵

"全过程工程咨询"是对工程建设项目从前期研究和决策以及工程项目实施和运行的全过程,提供组织、管理、经济和技术等各有关方面的工程咨询服务,包括项目的全过程工程项目管理以及投资咨询、勘察、设计、造价咨询、招标代理、监理、运营维护咨询等专业咨询服务,使原本割裂的服务模式有机地联合在一起,共同实现项目成功。全过程工程咨询服务可采用多种组织方式,为项目决策、实施和运营持续提供局部或整体解决方案及管理服务。

1.3.1 全过程工程咨询内涵

全过程工程咨询服务作为建设单位进行工程建设项目的新型组织方式,可根据项目具体特点和所处阶段,进行不同类型服务组合,保障项目目标的实现。

1) 全过程工程咨询服务特点

(1) 满足业主一揽子需求

相对于传统的碎片化的委托方式,全过程工程咨询能够满足业主的一揽子需求。一方面,对于业主而言,降低了需要面对的咨询企业的数量,全过程工程咨询单位转变成业主所需面对的咨询服务的唯一端口。另一方面,有助于外部资源的整合,吸引到优质的咨询企业,发挥资源配置优势。

全过程工程咨询单位作为为业主提供一揽子服务的委托单位,需要在充分理解业主需求的基础上提供技术及管理服务,从项目目标规划、项目实施至完成过程中不断落实和满足业主的一揽子需求。此外,全过程工程咨询单位基于专业能力和项目经验引导业主的需求,有助于实现业主的决策科学化、需求合理化。

(2) 咨询企业抗风险能力要求高

传统咨询模式中工程咨询单位大多只服务于项目建设的某一个阶段,而全过程工程咨询服务的周期较长,从项目策划阶段开始介入至项目结束为止,持续时间往往与建设周期接近。此外,从顶层设计出发,至项目落实完成为止,各项咨询服务之间连续性强。与传统五方主体模式不同,全过程工程咨询单位与业主、施工承包商共同形成了项目建设的三方主体,全过程工程咨询单位不仅需要完成各项专业咨询业务,还需要承担一部分业主的管理和协调工作,对全过程工程咨询单位的技术服务要求和管理能力要求更高。因此,全过程工程咨询单位面临着比承担单一业务更大的风险。

(3) 技术系统集成

全过程工程咨询服务中技术系统界面的协调和处理是其区别于传统模式的一大特点。传统咨询模式下由于涉及多个参与方,难以实现技术层面的整体性规划和协调;而全过程工程咨询模式下服务的整合为技术的集成提供了基础,在全过程工程咨询的运作过程中,我们需要辩证地认识到,对于技术系统的集成,工程设计比其他的咨询服务具有更突出的优势,其通过集成思维的融合、设计文件的统一、技术工具的使用等,在技术系统的集成中发挥主要作用。

(4) 多专业、多阶段、多组织的协同

全过程工程咨询实现了多专业、多阶段、多组织的协同。首先,全过程工程咨询涵盖了如监理、项目管理、设计、造价等多个业务条线,各业务条线通过技术和管理手段相互配合,实现成果文件的一体化和连续性;其次,全过程工程咨询单位在工程前期参与,以及在项目运营阶段进行总结反馈,多个阶段环环相扣,实现了跨阶段的协同,有效打破阶段之间的壁垒;最后,前期咨询、设计、造价、监理等多个业务条线都具有其相应的服务组织,而这些组织共同构成了全过程工程咨询服务团队,通过制定管理措施、形成组织文化等实现多个组织之间的协同。

(5) 组织运作的集成性

为实现咨询业务的一体化,由各业务团队共同构成的组织在运作过程中需要具备高度的集成性。首先是组织目标的一致性。组织目标是组织运作的基准,形成统一的组织目标有利于各业务团队建立项目全局意识,通过统筹性规划布局将各项专业服务有机结合起来,解决各专业之间条块分割的问题。其次是组织责任体系的连贯性。全过程工程咨询单位作为一个责任主体,组织内部形成责任一体化,实行一体化决策、一体化组织和一体化控制。最后是信息的连贯性。全过程工程咨询单位内部形成良好的信息沟通渠道和信息共享平台,降低不同业务和不同阶段信息孤岛以及信息不对称的影响,建立高效的信息交流机制,有效保证数据信息的互通,为组织的高效运作提供基础。

(6) 外部资源整合能力要求高

由于全过程工程咨询涵盖的业务范围较宽,而部分咨询单位不具备提供一揽子服务的能力,结合企业发展战略以及成本因素,部分全过程工程咨询单位采用与其他单位合作或者采用分包的方式进行外部资源的整合。而咨询服务具备较强的专业性,全过程工程咨询单位需要具备对合作单位以及分包单位承担的业务的管理能力才能有效保证咨询成果的质量。建立长期的合作关系是提升咨询单位服务能力、有效保证咨询质量的一种有效途径。

(7) 内部资源调整的灵活性要求高

全过程工程咨询单位内部需要具备良好的灵活性,以适应内外部环境的改变。全过程工程咨询项目运作过程中每个阶段都涉及多个专业的协同配合,内部资源的调动只有具备充足的灵活性才能够满足不断变化的需求和调整。

以业主需求为导向的服务理念,能保障全过程工程咨询服务成果与业主需求的一致性,充分实现业主的意愿,甚至能够帮助业主更好地进行战略规划,降低决策失误的概率,有效提升投资收益。而全过程工程咨询单位通过组织、技术的集成和强大的内外部资源调配能力,不仅能够有效降低项目风险,保障项目运行的稳定性,还可以解决传统模式下阶段割裂、专业之间条块分割的问题,为业主提供一体化的咨询服务。

2) 全过程工程咨询核心价值

(1) 节省投资

全过程工程咨询单次招标的优势,可使其合同成本大大低于传统模式下设计、造价、监理等参建单位多次发包的合同成本,实现"1+1>2"的效益。由于咨询服务商服务覆盖全过程,整合了各阶段工作服务内容,更有利于实现全过程投资控制,通过限额设计、优化设计和精细化管理等措施降低"三超"风险,提高投资收益,确保项目的投资目标。

(2) 加快工期

由一家单位提供全过程工程咨询服务,一方面,全过程工程咨询单位可最大限度处理内部关系,大幅度减少业主日常管理工作和人力资源投入,有效减少信息漏斗,优化管理界面;另一方面,全过程工程咨询模式不同于具有冗长繁多招标次数和期限的传统模式,它能有效优化项目组织和简化合同关系,并克服设计、造价咨询、招标代理、工程监理等相关单位责任分离、相互脱节的矛盾,缩短项目建设周期。

(3) 提高品质

各专业过程的衔接和互补,可提前规避和弥补原有单一服务模式下可能出现的管理疏漏和缺陷。全过程工程咨询单位既注重项目的微观质量,更重视建设品质、使用功能等宏观质量。

3) 全过程工程咨询对咨询企业的吸引力

(1) 更大的咨询合同

全过程工程咨询实施提供了更大的咨询合同,为营业额增长和突破原有企业的营收天花板带来了新的契机。在较大的咨询合同额下,如果能实现精细化管理,将带来更大的价值。

(2) 咨询服务扩展的平台

在传统的单项咨询业务模式下,咨询企业所承担的咨询工作内容相对固化,咨询企业如有意向扩展咨询业务范围往往要投入更大精力;但全过程工程咨询的推行,为咨询企业的发展提供了一个宽阔的平台,业主也更容易接受,全过程工程咨询企业可以在这个平台中扩展自己原来无法承担的咨询业务。

(3) 建立新的竞争优势的契机

全过程工程咨询的推行将推动咨询企业的转型升级,培养出一批能推动跨专业融合的咨询人才,以及积累多咨询服务融合的管理体系和经验。即便是不实行兼并等资质调整战略,实施过全过程工程咨询项目的企业也将建立起新的竞争优势。

1.3.2 全过程工程咨询现状

1) 存在的问题

从 2017 年推行全过程工程咨询以来,发现这种模式下仍存在诸多问题:

(1) 思想认识还不统一

全过程工程咨询在我国还属于新生事物,部分政府部门、建设单位和工程咨询服务企业对全过程工程咨询相关政策、具体要求不甚了解,对推行全过程工程咨询的紧迫性认识不足。建设单位、合作的咨询企业等常会有这样一些思想认识,认为全过程工程咨询跟过去的碎片化的咨询服务模式是"换汤不换药",甚至某些实施过全过程工程咨询项目的企业也持有这种观点。

(2) 缺乏法律法规依据

对全过程工程咨询的实施和监管缺乏有效的法律法规依据,特别是全过程工程咨询企业的法定责任不清晰,招投标没有相应的办法,收费依据不足,尚未充分发挥全过程工程咨询的优越性。这些法律依据的缺乏可能会带来一些风险,因此要在全过程工程咨询实施过程中,更谨慎地分析当前法律未明确规定的责任风险,采用合适的规避策略。

(3) 全过程工程咨询的各环节融合度不够

在部分项目实施过程中,设计、监理、招标代理、造价咨询等企业组成联合体,却没有组建真正意义上的项目部,相互之间没有实现真正的深度融合。建设管理过程过于碎片化,如投资决策审批流程繁琐、要求不统一、前后矛盾、效率低下;制度性交易成本高、责任界面多、责任界定困难;工程设计与造价、招标、施工监理、项目管理分离,放弃了设计对投资、质量、进度控制能力的发挥;单项咨询团队的视角和能力被限制,全过程工程咨询的潜在价值没有得到充分挖掘。

(4) 企业开展全过程工程咨询的能力不强

不少企业在机构建设、制度建设、人才培育等方面与实施全过程工程咨询的要求还存在较大差距,全过程工程咨询服务管理能力亟待提高。特别是综合集成性强、跨专业要求高的专业人才仍较为缺乏。

(5) 市场监管有待完善

部分地区在全过程工程咨询项目招标时,将投标人是否是省试点企业作为准入条件,造成新的市场壁垒;部分仍然采用传统的监管方式,没有将全过程工程咨询企业作为一方建设主体实施监管,未能有效发挥全过程工程咨询企业对整个项目的综合管理作用等。

(6) 建设单位对全过程工程咨询的策划和需求的提出等缺乏重视,特别是对招标策划工作重视不足

建设单位是全过程工程咨询模式的设计者和需求方,如果建设单位的招标策划不到位,需求不明确(如对融合机制的需求),全过程工程咨询单位的实施就会很被动,没有明确的方向。对建设单位施加正确的引导也是咨询企业获得更大发展空间的重要方面,特别是引导建设单位能科学、理性地对待全过程工程咨询的招标策划工作。

(7) 试点/早期的全过程工程咨询项目经验未被充分挖掘

企业忙于做项目,得失经验常常未能及时沉淀和总结,不同的企业、不同的项目也因此常犯同类的错误和走很多弯路。

某种程度上,这些问题可能会在相当长的时间内困扰全过程工程咨询的发展,但同时这些普遍问题也为企业的进一步发展提供了契机,如何抓住这些契机是咨询企业当前必须思考和解决的重点问题。

2) 发展态势

通过分析咨询企业的发展现状可知,工程咨询企业如何培育、提高全过程工程咨询业务能力,满足国家和市场对咨询行业的要求和期待,抓住咨询业改革和发展的新机遇进而转型升级,已成为咨询企业亟待思考和解决的重点难题。随着全过程工程咨询的推行,目前出现了以下发展动态:

(1) 市场/业主需要集成交付

目前，全过程工程咨询企业中，出现了合同额较高的全过程工程咨询合同，进一步体现了市场中有对全过程工程咨询的需求，如雄安商务服务中心项目全过程工程咨询服务1.89亿元，深圳市新华医院等19个项目全过程工程咨询1.61亿元等，亟须全过程工程咨询企业提升其集成交付能力。

(2) 咨询企业逐渐出现了分层现象

目前出现了一批能承担大咨询项目的企业，这些企业已经在行业中积累了一批大咨询项目的业绩，获得了市场的认可。另一方面，资质门槛的降低会导致大量的小型造价咨询企业的出现。

(3) 政策的影响变小，项目业绩的影响变大

2017年，政策尚未完全明朗的情况下，政策对全过程工程咨询企业的影响很大，随着时间的流逝，相关政策渐渐明确，政策所带来的影响也随之受到限制。而随着市场中在建或已完工的全过程工程咨询项目越来越多，项目业绩影响显得更为突出，行业对政策的态度更趋于理性，已完工程的出现，将影响业主和市场的选择和判断。如何抓住和利用已完工程的市场价值是当前全过程工程咨询企业面临的新的课题。

(4) 从实现"能做"到追求"做好"

如果把2017年刚开始推行全过程工程咨询时的市场定位为各咨询单位都"想做"，认为全过程工程咨询是一个巨大的咨询市场范围，但随着第一批项目开展，慢慢有一些企业对风险有了理性和综合的判断，由此出现了一批"能做"全过程工程咨询的企业。早期全过程工程咨询企业认为全过程工程咨询项目拥有很大的市场份额，于是积极争取，但是真正承担了相关项目之后，其对市场的判断逐渐趋于理性，开始认真地评估其中的风险和自己承担全过程工程咨询的能力，对待全过程工程咨询项目的投标和市场竞争也就更加理性。

下一阶段面临如何"做好"的新课题，一批企业在积累全过程工程咨询业绩的基础上，开始筹划实现管理能力、人员配置、管理体系的再次迭代升级，追求把全过程工程咨询项目做得更好，建立可持续竞争力。

第 2 章 公司实施全过程工程咨询现状与发展

本书的实践总结主要是基于南京永泰工程咨询有限公司(以下简称"公司")的全过程工程咨询服务项目。本章以公司为例,分析公司实施全过程工程咨询战略需求,对公司目前咨询业务实施以及全过程工程咨询业务实施现状进行梳理,剖析全过程工程咨询项目成效,以及开展的全过程工程咨询管理体系课题研究,对实践经验进行固化,形成操作指南、手册,用于指导该公司全过程工程咨询服务的开展。

本章的内容安排如图 2.1 所示。

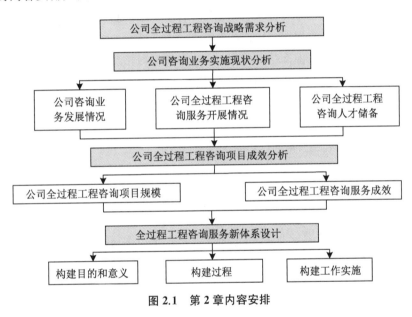

图 2.1 第 2 章内容安排

2.1 公司全过程工程咨询战略需求分析

(1) 建立全过程工程咨询业务的可持续竞争优势

截至 2020 年 12 月底,公司已中标承接全过程工程咨询服务项目 27 个,在南京公共资源交易中心招标的 142 个项目中占 19% 的份额,公司内部也已形成全过程工程咨询服务手册,培养了一批专业人才,目前已经积累了一定优势。但如何建立持续性的竞争优势,实现更长远发展,是当前需要考虑的战略性问题,如公司管理层提到"以造价咨询为牵头的来做可能对造价把控会更好一些。监理,质量安全控制应该是监理的强项,但是造价控制上的力量会弱化一些"。

(2) 造价咨询行业竞争激烈的驱动

最近几年建筑行业发展迅速,工程造价咨询单位增加很多,导致市场竞争越来越激烈;在住建部第 50 号令发布后,造价咨询资质门槛降低,国企、民企内部造价部门、小微型工作室、工程网络平台等更容易拿到造价甲/乙级资质;特别是随着 2021 年 7 月 1 日起住房和城乡建设部取消了工程造价咨询企业资质审批后,房地产/施工/监理/设计院等单位内部的造价管理部门、传统的小微造价工作室,都寄望于借新政东风,迅速扩大造价咨询市场份额,传统的造价咨询业务竞争越发激烈。

(3) 造价行业改革频繁,需做好战略规划

住建部令第 50 号中"双 60"的取消降低了造价咨询行业的进入门槛。随着《国务院关于深化"证照分离"改革进一步激发市场主体发展活力的通知》(国发〔2021〕7 号)文件的颁布,住房和城乡建设部取消了工程造价咨询企业资质认定,使得工程造价咨询行业进入到"拼人才、拼服务、拼实力、拼品牌"的新阶段。

《工程造价改革工作方案》中提出"优化概算定额、估算指标编制发布和动态管理,取消最高投标限价按定额计价的规定,逐步停止发布预算定额",并提出推行清单计量、市场询价、自主报价、竞争定价的工程计价方式,进一步完善工程造价市场形成机制。造价咨询行业改革频繁,市场竞争加剧,企业应做好战略规划,推动企业业务升级,在"服务""信用""品牌"等关键领域提升自身竞争力,重视人才培养。

2.2 公司咨询业务实施现状分析

2.2.1 公司咨询业务发展情况

以某公司为例,分析其咨询业务实施现状。2005 年以来,该公司承接咨询项目近 3 000 个,工程项目类型有:

(1) 全过程工程咨询服务项目

全过程工程咨询服务部分项目如表 2.1 所示。

表 2.1 公司承接全过程工程咨询部分项目

类型	名称	总投资额
房建	南京××城市建设集团有限公司的××安置房(公租房)项目	约 4.5 亿元
环保项目	南京市××区人民政府××街道办事处的××环境综合整治工程	约 1.8 亿元
文旅项目	江苏××建设开发有限公司的江苏××园(一期)(园区基础设施建设、场地平整工程除外)	约 123.3 亿元
文旅项目	南京××建设开发集团有限公司的××民宿村项目	约 1.6 亿元
文旅项目	南京××建设开发有限公司的××社区美丽乡村提档升级项目(一期)	约 2.5 亿元
文旅项目	南京××建设投资发展有限公司的××度假区××文化展示中心项目	约 1.4 亿元
文旅项目	南京市××区人民政府××街道办事处的××2018 年特色田园乡村项目	约 1.7 亿元

(续表)

类型	名称	总投资额
学校项目	南京市××区教育局的南京市××初级中学项目	约1.8亿元
	南京市××中学的南京市××中学改扩建项目	约3.5亿元
	南京市××高级中学改扩建工程项目	约0.7亿元

（2）工程量清单预算编制项目

工程量清单预算编制部分项目如表2.2所示。

表2.2　工程量清单预算编制部分项目

类型	名称	总投资额
房建	江苏××投资置业有限公司××区××地块经济适用房	约4.68亿元
	南京××投资置业有限公司南京××区××居住小区二期保障性住房项目	约4亿元
	南京××建设投资发展有限公司××新城复建房工程	约4.2亿元
	南京市××区人民政府××街道办事处××片区××经济适用房（拆迁安置房）	约4亿元
文旅项目	南京××工程项目管理有限公司××公园地块及配套系列工程	约10亿元
	南京××经济技术开发总公司××风光带项目	约5亿元
	××地质公园等工程	约20亿元
商业服务项目	南京××××物流集散中心分拣中心项目	约13.8亿元
	南京××物流配送中心新建物流中心项目	约5亿元
	南京××置业有限公司××科技园工程	约18亿元
	南京××展览中心有限公司××国际展览中心改扩建项目	约6亿元
医院	南京××建设发展有限公司××地区综合性医院（××医院）项目	约19亿元
	南京××城市建设集团有限公司的××区医疗服务中心工程项目	约14亿元

（3）预、结算审核及施工阶段造价咨询项目

预、结算审核及施工阶段造价咨询部分项目如表2.3所示。

表2.3　预、结算审核及施工阶段造价咨询部分项目

类型	名称	总投资额
房建	南京××危旧房改造有限公司××区××危旧房改造地块经济适用住房项目	约20亿元
	南京××投资发展有限公司委派的××新寓保障房（棚户区改造安置房）D区开发项目	约2.9亿元
	南京××科工园××社区服务中心	约8亿元
	南京××投资发展有限公司的××项目	约2.5亿元

(续表)

类型	名称	总投资额
交通项目	南京市××区审计局××大桥工程	约3.1亿元
	南京市××区人民政府××街道××公路项目	约1亿元
商业服务项目	南京市×××审计局××区××科工园KGY-A7标项目	约3.4亿元
医院	南京市××区××病专科治疗大楼	约1.8亿元
其他类型项目	南京市××区审计局委派项目	约15亿元
	苏州市××区审计局委派项目	约1.8亿元
	××经济技术开发区监察审计局委派项目	约3.9亿元
	中国××物资公司委派项目	约4.3亿元
	南京××新市区开发有限公司委派项目	约3.5亿元

项目涉及政府投资、房地产商投资、厂区建设等多个领域，工作内容包括桩基工程、基坑支护、土建工程、给排水工程、强电工程、弱电工程、钢结构工程、消防工程、暖通工程、设备安装工程、内外装修工程、市政工程、交通工程、园林景观工程等不同专业。针对不同类型的项目咨询服务，人才的储备和知识体系构建是该公司在该领域保持持续竞争力的关键。

2.2.2 公司全过程工程咨询服务开展情况

在全过程工程咨询推行早期，该公司便及时联合监理企业拓展了第一批全过程咨询的业务，较早地积累了全过程工程咨询的项目经验和业绩，并参与了南京市建委的全过程工程咨询课题研究，以及到全国重点省份进行调研学习。

1) 公司全过程工程咨询服务总体思路

（1）公司在承担建设项目全过程工程咨询服务工作中，保证全过程咨询服务管理工作的内容、范围、深度要求和全过程咨询服务成果质量标准符合国家及省、市建设主管部门发布的规范及规定。

（2）在承担建设项目全过程工程咨询服务中，树立以工程投资效益为核心的项目管理理念，发挥项目管理的核心作用；针对建设项目决策、设计、交易、施工、竣工的不同阶段，依据相关规范编制各阶段的工程咨询成果文件，真实反映工程建设各阶段的情况。

（3）在承担建设项目全过程工程咨询服务中，主动配合委托人和各级政府部门通过方案比选、优化设计和限额设计等价值分析手段，进行工程投资主动控制与分析，确保建设项目在经济合理前提下的技术先进。

（4）在承担建设项目全过程工程咨询服务中，随时关注各阶段工程造价的关系，力求在建设项目实施过程中做到工程造价的有效控制。

（5）在提供建设项目全过程工程咨询服务中关注质量、工期等要素对工程建设的影响，确保建设项目质量标准、建设工期达到国家及省、市建设主管部门发布的规范规定和委托方的要求。

（6）项目负责人在各阶段成果文件或需确认的相关文件上签章，对成果质量或出具的报告承担相应法律责任;咨询工程师和公司技术负责人在完成的成果文件上签署执业(从业)印章,并承担具体责任。

(7)在各阶段工程咨询服务完成后,项目负责人应组织有关人员对委托方进行回访,听取委托方对服务质量的评价意见,及时总结咨询服务的优、缺点和经验教训,将存在的问题纳入质量改进计划,提出相应的改进措施。

2) 已完工程业绩

已完工程的业绩将是影响下一步发展的重要因素。

(1) 市场地位

根据对南京市公共资源交易中心全过程工程咨询服务项目的统计,对南京市目前全过程工程咨询项目的竞争情况进行梳理,具体情况见表 2.4 所示。

表 2.4 南京市全过程工程咨询服务公司市场占有情况排行榜(截至 2020 年 12 月 31 日)

排名	公司名称	单位性质	全过程工程咨询项目个数	总投资额/万元	总建筑面积/m²
1	该公司	造价	27	2 531 585.4	2 105 216.0
2	南京××工程造价咨询有限公司	造价	29	1 164 721.1	1 210 872.1
3	江苏××工程咨询有限公司	监理	9	630 735.1	595 743.0
4	江苏××工程咨询管理有限公司	造价	11	412 807.1	151 327.0
5	南京××建设项目管理有限公司	造价	8	239 292.3	156 384.0

在南京市公共资源交易中心截至 2020 年 12 月 31 日统计得到的 142 个全过程工程咨询项目中,该公司中标全过程工程咨询项目数约占 19%,项目总投资额约占 34%,以微弱优势居市场首位。如何保持自身竞争优势,继续开拓全过程工程咨询项目市场,是该公司亟须考虑和筹划的。

(2) 业绩优势

目前积累了一批全过程工程咨询的项目业绩,涵盖各种类型项目,并有多种咨询业务组合方式。这些业绩为建立公司全过程工程咨询品牌、形成行业声誉等奠定了较好的基础;但同时也需要考虑如何充分挖掘和利用这些业绩优势,实现"你无我有,你有我优"的市场格局。公司需统筹规划,加强培育持续竞争能力,使企业能够保持长期存在、永续经营,实现持续性、难以模仿性、动态性和协同性共存的发展特征,继续开拓全过程工程咨询项目市场。

2.2.3 公司全过程工程咨询人才储备

1) 公司组织结构

公司采取矩阵式管理模式开展全过程工程咨询服务,项目部独立开展工作,各部门、总工办对项目部提供专业人员和专业技术支持,针对项目不同阶段的具体需要提供针对性的、专业的全过程工程管理和技术咨询服务。

对于本企业不具备资质的专业咨询业务,采用分包给具有相应资质单位,签订分包合同,按照要求为项目委派专业咨询组,在项目总负责人领导下,为项目提供专业咨询服务。

公司目前单独设置了全过程工程咨询部。行政部人员固定,包括行政办公室、财务部;技术部门专业人员按照项目需求穿插组织,包括造价咨询部、招投标部、造价咨询部等。

项目总体管理组织受建设单位采用的管理模式、合同结构、项目特点等因素影响,在接受政府工程建设各行政主管部门的监督与管理的同时,项目总体管理组织为在建设单位全面管理下,全过程工程咨询单位提供招标代理、造价咨询、工程监理、工程勘察、工程检测服务;工程总承包单位进行设计、采购、施工总承包,或者专业承包商分别承包工程的设计、施工和设备供应。公司全过程工程咨询组织结构见图2.2所示。

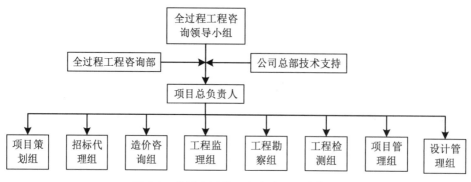

图 2.2 公司全过程工程咨询组织结构图

2) 公司全过程工程咨询项目的运作

(1) 投标

在招投标阶段,出于中标的目的和保密性的考虑,其中投标文件编制由行政部专人负责,相关咨询专业的技术负责人参与。

(2) 项目实施

项目中标后另外派遣现场负责人。现场负责人的选择主要考虑应具备丰富的项目咨询与管理经验,主要负责各个方面的协调工作(包括部门之间、专业之间、与承包单位之间以及与业主之间);现场的专业人员由公司统一调配。

现场负责人与各方的协调问题,在公司层面进行统一,分两个方向,与业主方主要通过合同文件的约定,与项目团队方主要服从公司的利益。

(3) 绩效考核

公司部门的绩效考核按照部门考核,通过考核细则,与公司业绩相结合。现场人员则根据项目进行绩效考核,考虑项目的规模、难易程度、项目绩效等。

2.3 公司全过程工程咨询项目成效分析

2.3.1 公司全过程工程咨询项目规模

截至2020年12月底,公司中标并承担全过程工程咨询服务项目27个,并呈现逐年递增趋势,成交合同咨询额约5.6亿元,具体见表2.5所示。

表 2.5 公司全过程工程咨询项目一览表

序号	项目名称	建设单位	项目类别	项目规模	总投资额/万元	招标内容	项目负责人要求	中标时间	中标价/万元
1	××街道 2018 年特色田园乡村项目	南京市××区人民政府××街道办事处	房建	125 000 m²	17 000	招标代理,造价咨询,监理	造价师	2018.5.15	435.6
2	××度假区××文化展示中心	南京市××建设投资发展有限公司	房建	3 900 m²	14 000	招标代理,造价咨询,工程监理	造价师	2018.5.31	423.0
3	南京市××初级中学项目	南京市××区教育局	房建	30 000 m²	18 500	项目策划,招标代理,造价咨询,工程监理,项目管理	造价师	2019.1.29	599.9
4	南京市××中学改扩建工程项目	南京市××区教育局	房建	49 095 m²	35 000	项目策划,招标代理,造价咨询,工程监理,项目管理	造价师	2019.1.31	986.9
5	××安置房(公租房)项目	南京××集团有限公司	房建	104 000 m²	45 000	项目策划,工程设计,招标代理,造价咨询,其他(含检测)	造价师	2019.2.1	2 017.3
6	××社区美丽乡村提档升级项目(一期)	南京××建设开发有限公司	绿化	—	25 600	项目策划,工程监理,招标代理,造价咨询,项目管理,勘察	造价师	2019.2.27	1 078.6
7	××民宿村项目	南京××建设开发有限公司	房建	7 500 m²	16 306.61	工程监理,招标代理,造价咨询,项目管理	造价师	2019.3.4	442.8
8	南京市××高级中学改扩建工程项目	南京××高级中学	房建	16 000 m²	7 000	项目策划,招标代理,造价咨询,工程监理,项目管理	造价师	2019.4.4	311.4
9	江苏××(一期)项目(园区基础设施建设、场地平整工程除外)	江苏××建设开发有限公司	市政/房建/园林	215 600 m²	1 233 129	工程监理,招标代理,勘察(含检测),造价咨询	造价师	2019.4.24	18 955.5
10	××街道农村人居环境整治工程项目	南京××建设集团有限公司	市政	20 个社区 212 个自然村	46 410	招标代理,造价咨询,工程监理	造价师	2019.8.23	1 328.6
11	××中学迁建项目全过程工程咨询服务(装配式)	南京××建设开发有限公司	房建	40 000 m²	33 000	项目策划,工程监理,造价咨询,项目管理	造价师	2019.9.23	867.9

(续表)

序号	项目名称	建设单位	项目类别	项目规模	总投资额/万元	招标内容	项目负责人要求	中标时间	中标价/万元
12	南京××国家湿地公园示范湿地建设项目	南京××投资发展有限公司	园林绿化	2 700 m² 的房屋建筑和 27.5 万 m² 的景观改造工程	21 000	项目策划,工程监理,造价咨询,项目管理	造价师	2019.9.29	608.5
13	××街道××小学改扩建项目	南京××建设投资发展有限公司	房建	30 000 m²	7 000	项目策划,工程监理,造价咨询,项目管理	造价师	2019.10.10	282.1
14	××路排水管道建设工程	南京××开发总公司	市政	长度各约 500 m,最大管径 DN 1 200 mm	1 500	工程监理,招标代理,造价咨询,工程勘察,工程设计	造价师	2019.10.31	86.2
15	××路(××街—××大道)改造工程	南京××开发总公司	市政	长度约 1 800 m,宽 14 m,最大管径 DN 1 000 mm	9 000	招标代理,造价咨询,工程勘察,工程设计	造价师	2019.12.10	372.0
16	××公学项目	南京××建设投资发展有限公司	房建	97 000 m²	80 009.1	项目策划,招标代理,造价咨询,工程监理,工程设计	造价师	2019.12.23	2 753.2
17	南京××服务区项目	南京××区××开发公司	房建	570 000 m²	360 000	招标代理,造价咨询,工程监理,工程检测	造价师	2020.1.15	7 564.7
18	××街道××中心幼儿园改建工程项目	南京市××区人民政府××街道办事处	房建	6 610 m²	4 500	项目策划,招标代理,造价咨询,工程勘察,工程监理	造价师	2020.4.15	175.9
19	南京市××特殊教育学校改造出新工程项目	南京市××区教育局	房建	8 360 m²	5 800	招标代理,造价咨询,工程监理,项目管理	造价师	2020.4.15	238.1

(续表)

序号	项目名称	建设单位	项目类别	项目规模	总投资额/万元	招标内容	项目负责人要求	中标时间	中标价/万元
20	南京××片区棚户区改造项目全过程工程咨询服务（装配式）	南京××建设投资发展有限公司	房建	472 905 m²	355 208.5	造价咨询,工程检测,项目管理,工程监理	造价师	2020.4.22	8 655.1
21	××中心小学报告厅、风雨操场、餐厅装修建设工程建设项目	南京××投资发展有限公司	房建	3 600 m²	1 800	招标代理,造价咨询,工程勘察,工程设计,工程监理	造价师	2020.4.23	101.7
22	南京市××高级中学整体改扩建工程项目	南京××区教育局	房建	63 164 m²	40 000	招标代理,造价咨询,工程监理,项目管理,工程勘察	造价师	2020.5.11	1 308.2
23	××第二小学项目全过程工程咨询服务（装配式）	南京市××区××街道办事处	房建	39 066 m²	21 012	招标代理,造价咨询,工程监理,项目管理,工程勘察	造价师	2020.5.11	825.2
24	××路道路维修及景观绿化改造工程	南京××总部园开发有限公司	市政	长约1 800 m，宽19～45 m	7 150	招标代理,工程监理,造价咨询,工程勘察	造价师	2020.9	324.1
25	南京××公园多功能观测塔及湿地学堂和研学基地工程	南京××投资发展有限公司	房建	5 716 m²	18 500	工程监理,造价咨询,项目管理	造价师	2020.9	396.2
26	南京××公园环岛公路及景观景观提升工程	南京××投资发展有限公司	市政	长约13 046.4 m，宽约4 m	9 500	工程监理,造价咨询,项目管理	造价师	2020.10	682.2
27	南京××农民安置房（二期）经济适用房项目	南京市××区××街道办事处	房建	21 500 m²	110 000	项目策划,招标代理,工程监理,造价咨询,工程勘察,工程检测	造价师	2020.10	3 776.8

公司在提供全过程工程咨询服务的同时,积累了丰富的合作单位资源,并与业主建立了良好的信任关系,在建筑行业内树立起良好的口碑和品牌形象。

2.3.2 公司全过程工程咨询服务成效

1) 企业层面

(1) 咨询业务范围

公司目前已开展全过程工程咨询、造价咨询、招标代理、项目管理、监理咨询、财务咨询和司法鉴定等业务,而尚未开展总控咨询和软件研发咨询等咨询工作。因此,一方面,公司可提升已有咨询服务的能力,实现"你有我优",保持在全过程工程咨询领域的持续竞争力;另一方面,对于公司尚未开展的咨询业务,应积极开拓新的咨询服务领域,以此增强企业在全过程工程咨询服务市场的竞争力。

同时,在咨询业务范围上,公司正大力探索信息技术在咨询服务中的应用,一方面在公司内部建立信息管理系统,实现知识在企业内部的流动;另一方面,建立基于信息化技术的咨询服务平台,如 BIM 能够对提供全过程工程咨询服务过程中的成本、交互及协同工作起到有效的辅助作用,基于其在工程量复核和成本优化等方面具有快速和准确的特点,可利用其进行数据分析、全过程管理、数据积累和共享等。

(2) 组织架构

① 公司层面的组织结构

采用矩阵式管理结构,形式上机动、灵活,以项目组形式开展全过程工程咨询服务,任务清楚,目的明确,各专业人员能够有效沟通,不同专业之间的融合加强,能够实现工作的整体效益最大化。但采用矩阵式管理结构,参与项目的业务人员容易产生"临时"的观念,不利于项目经验的积累和知识的传递。因此公司注重从"项目"→"公司"知识传递路径的构建,将第一批全过程工程咨询服务经验进行整合—固化—宣贯,实现"公司"→"项目"的指导作用。

对于公司不擅长的业务来说,一方面,建立长期合作关系,保证咨询服务质量;另一方面,设置专家顾问组,当业主有意向分包单位时,可借助顾问组力量对分包单位实施管理,实现公司提供咨询服务整体最优。

② 项目层面的组织结构

公司采用直线式管理组织结构,分工责任明确,组织结构简单,工作协调效率高。项目负责人负总责,各业务负责人负责本业务咨询工作。当存在外包咨询服务时,与分包单位签订分包合同,分包单位接受本单位管理,遵循本单位关于资料提交、进度汇报等规定。因此,为保持公司持续竞争力,加强项目组织结构不同专业之间协调的设计,加强多边合作集成,制定不同专业咨询服务规则,充分发挥造价咨询的主线作用,提升全过程工程咨询服务能力。

2) 项目层面

(1) 类似项目

2017 年,江苏省 75 个试点项目中,与公司承接项目类型相似的共 29 个,包括学校项目

6个,安置房项目5个、市政工程(道路、水、环境整治、乡村项目)10个、科技园(科研)项目8个。

而公司承接的27个全过程工程咨询项目中,市政工程6个,学校项目11个,安置房项目3个,科技园项目1个,文旅项目6个,市政工程和学校工程占公司承建全过程工程咨询项目的绝大多数(63%),可以看出,一方面,在学校和市政工程方面公司已积累了丰富的全过程工程咨询经验,如何将已形成的经验固化、传递是公司需要进一步考虑的;另一方面,则是不断吸收试点项目经验,将已有工程咨询业务做好、做优,建立企业持续竞争优势。

(2) 不同项目类型

2017年,江苏省75个试点项目中,有46个项目近12种项目类别是公司尚未承接过的,包括工业、粮食储备仓、输变电工程、开发片区(体育类)、综合体、生物工程类项目招商平台,其中占比最大的有工业、公共建筑及办公类工程。

从江苏全过程工程咨询试点项目类型来看,工业类全过程工程咨询项目占试点项目32.6%,其中由设计单位承接全过程工程咨询的占46%,项目管理公司承接的占比47%,而仅有一家工程咨询公司承担了工业类项目的全过程工程咨询服务。公共建筑全过程工程咨询占试点项目19.6%,其中由设计单位承接全过程工程咨询的占67%。而在办公类全过程工程咨询项目中,咨询单位承接的占比72%,具体见图2.3所示。

a. 工业类全咨项目不同类型单位占比

b. 公共建筑全咨项目不同类型单位占比

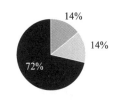
c. 办公类全咨项目不同类型单位占比

图 2.3　类似项目牵头单位占比分析

可见,在工业类以及公共建筑全过程工程咨询服务市场上,咨询单位核心竞争力不明显,往往以设计院或者项目管理公司为主;而在办公类全过程工程咨询项目中,咨询单位具有较强的核心竞争力。

在全过程工程咨询市场,企业核心竞争力是一种综合性的能力,包括获取资源的能力、创造高收益的能力、掌握技术的能力以及开拓市场的能力等。

3) 总结分析

公司层面,本节对公司的咨询业务范围、组织架构、取费方式、合同条件等方面进行分析,指出本公司所具备的优势和不足;项目层面,选取江苏省75个试点项目分别从同类型和不同类型项目进行对比,采用SWOT分析法分析企业开展全过程工程咨询服务的优势、劣势、机会和威胁。

(1) S(strengths)——优势

① 在全过程工程咨询推行早期,公司便及时联合监理企业拓展了第一批全过程咨询的

业务,较早地积累了全过程工程咨询的项目经验和业绩,同时参与南京市建委的全过程工程咨询课题研究,在全过程工程咨询市场上占有一定份额,在公司组织架构、全过程工程咨询实施方案等方面具有较强的竞争力。

② 在咨询业务范围上,公司能够提供包含:工程造价、工程监理咨询、工程招标代理、投标咨询、工程项目管理、项目决策、建设实施阶段的综合性工程、工程建设全过程咨询服务、财务咨询、政府采购招标代理等较为全面的咨询服务,且项目实施效果良好,并与业主建立了良好的关系,培养了一批全过程工程咨询的综合型人才,形成了较强的企业核心竞争力。

③ 在组织架构上,公司采取矩阵式管理结构,形式上机动、灵活,以项目组形式开展全过程工程咨询服务,任务清楚,目的明确,各专业人员能够有效沟通,不同专业之间的融合加强,能够实现工作的整体效益最大化。

(2) W(weaknesses)——劣势

① 企业核心竞争力有待加强

企业核心竞争力是一种综合性的能力,是竞争对手难以模仿和超越的能力,包括获取资源的能力、创造高收益的能力、掌握技术的能力以及开拓市场的能力等。

在获取资源的能力方面,企业在充分利用已有资源外,还应充分发掘和利用新的资源。在以往全过程工程咨询服务中,企业资源得到充分利用,但获取新的资源方面,虽然公司进行了大量的尝试,但在获取资源的途径和资源有效性方面,可进一步研究。

在创造高收益的能力方面,从公司以往项目经验来看,服务取费水平居于行业中等偏上,部分服务取费已达到行业领先。全过程工程咨询服务效益方面,公司能够提供招标代理、造价咨询、财务咨询等服务,但对影响投资较大的设计缺乏相应的咨询服务能力。

在掌握技术的能力方面,公司设计咨询、监理、勘察等业务通常采用分包方式,相关咨询服务能力有待提升。同时,由于大数据、云计算、智能化等技术的发展,公司正加强信息化技术在全过程工程咨询服务中应用的研究。

在开拓市场的能力方面,公司业务范围广泛,以南京市为主,辐射苏州、扬州、无锡、淮安、宿迁、连云港、南通等地,所有项目由总公司承接、实施完成,服务质量、时间得以保证。目前公司全过程工程咨询业务主要集中在南京江宁区,开拓市场能力有待提高。

② 设计咨询能力较弱

设计咨询位于全过程工程咨询服务的前端,并贯穿工程全过程,设计质量决定项目品质和建设成本。如何把握和提升企业设计咨询服务水平,提供满足委托方一体化需求的全过程工程咨询服务应成为企业进一步规划和筹划的内容,以此来提升企业的核心竞争力。

③ 经验未得到有效积累和转化

公司在提供全过程工程咨询服务过程中形成的经验尚未通过制度化手段得以有效的固化,因此,须通过研究中心等部门,在研究新服务模式的同时,积累、转化已有经验,实现全过程工程咨询知识在企业内部和外部的传递。

(3) O(opportunities)——机会

① 市场不成熟,有较大的发展空间

目前市场上能够提供一体化全过程工程咨询服务的企业不多,因此,公司正面临着难得的发展机遇。对于公司来说,要真正抓住机遇获得发展,一方面,应整合公司已有资源、方式方法,优化组织结构,夯实市场基础;另一方面,要从企业核心竞争力出发,着重提高企业短板,积极获取内外部有利资源,开拓市场。

② 专业技术团队的建立

目前,公司已形成一批具备全过程工程咨询能力的团队和人员,建立了全过程项目管理、全过程造价管理、财务、税务、法务等方面的技术专家团队、高级顾问团队,对各项目提供一系列专业技术上的支持,包括开发和维护全过程工程咨询服务标准、管理项目历史文档、提供项目行政支持、提供人力资源协助、提供项目管理咨询和指导、提供或安排项目管理培训等服务。

(4) T(threats)——威胁

最近几年建筑行业发展迅速,工程造价咨询单位增加很多,导致市场竞争越来越激烈;住建部第 50 号令发布后,造价咨询资质门槛降低;特别是随着 2021 年 7 月 1 日起住房和城乡建设部取消了工程造价咨询企业资质审批后,房地产/施工/监理/设计院等单位内部的造价管理部门、传统的小微造价工作室,都有可能迅速扩大造价咨询市场,竞争急剧增大。

2.4 全过程工程咨询服务新体系的设计思路

虽然公司在全过程工程咨询领域进行了丰富的实践,但管理体系仍存在一些不足。

本节将从企业层面和项目层面两个方面构建全过程工程咨询管理体系。企业层面的全过程工程咨询管理体系,将引导公司各部门按照管理体系规定的流程和范围实施全过程工程咨询服务;而项目层面的全过程工程咨询服务管理体系,将使得不同的项目在统一的管理体系指导下开展全过程工程咨询服务,既有利于公司层面对项目运作的把控,项目之间也可进行沟通交流,不断优化全过程工程咨询服务水平。

2.4.1 全过程工程咨询实施体系构建目的和意义

1) 目的

通过梳理公司开展的全过程工程咨询实践现状,通过案例分析、访谈调研、会议研讨等方式充分认识公司开展全过程工程咨询的优势和实施过程中存在的问题,对实践进行提炼、总结,分别从项目层面和企业层面改进、设计、优化和健全公司开展全过程工程咨询的管理体系,并进一步指导公司全过程工程咨询实践,全面提升公司全过程工程咨询服务品质和能力,打造企业核心竞争力,创建公司全过程工程咨询服务的品牌形象。

2) 目标和成果

通过"全过程工程咨询管理体系设计"达到如下目标:

(1) 构建项目层面的全过程工程咨询运作模式。

(2) 设计企业层面的全过程工程咨询管理体系。

成果如表 2.6 所示。

表 2.6 全过程工程咨询管理体系设计成果

类型	报告	描述
研究报告	企业实施全过程工程咨询的总结报告	分析公司当前的市场地位、取得的竞争优势、经营业绩、实施过程中的问题诊断和总结等
管理体系	项目层面的全过程工程咨询管理体系	设计与平行发包和 EPC 两种典型模式相匹配的全过程工程咨询管理体系；提出通用的实施方案
	企业层面的全过程工程咨询管理体系	企业层面建立适应全过程工程咨询的制度体系

3) 意义

(1) 提升全过程工程咨询的服务品质。

(2) 打造企业开展全过程工程咨询服务的核心竞争力。

(3) 创建公司全过程工程咨询服务的品牌形象。

4) 主要原则

(1) 以服务公司全过程工程咨询发展战略为出发点。

(2) 体现造价咨询企业开展全过程咨询的核心能力和发展路径。

(3) 以现实情况为出发点，充分考虑全过程工程咨询市场、造价咨询市场、公司发展历程和企业文化、组织现状等因素，进行针对性的管理体系设计。

2.4.2 全过程工程咨询实施体系构建过程

1) 启动和准备

(1) 背景分析

背景分析侧重于梳理和剖析国家层面建筑业改革发展背景(供给侧改革、放管服、与国际接轨、19 号文等)；建筑行业的发展现状；造价咨询行业的竞争和发展现状；全过程工程咨询发展研究现状(国内研究现状、相关政策及特点)。背景分析具体内容见本书第 1 章。

(2) 公司已有全过程工程咨询项目实施调查及问题分析

梳理并总结公司已有项目实施全过程工程咨询的模式、组织架构、业务范围、涵盖阶段、项目亮点及存在问题，以及调查现有管理体系中的难点和挑战等。已有全过程工程咨询项目实施调查及问题分析具体见本书第 2 章和第 3 章。

2) 项目层面全过程工程咨询管理体系设计

项目层面的全过程工程咨询策划整体上遵循"工作任务(成果)→工作/管理活动(完成成果需要安排的工作或管理活动)→组织(为完成活动而安排的岗位和人员等)"的思路构建，具体见图 2.4 所示。

(1) 业主视角下全过程工程咨询模式策划

业主方对全过程工程咨询策划具有主导性。业主通常应对承发包方式和咨询模式作统一的规划，最终形成统一的合同文件和项目手册。其中主要是处理业主、承包人和咨询

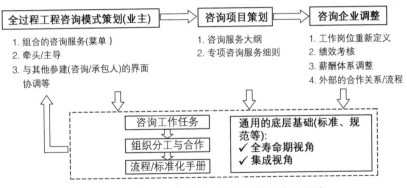

图 2.4 项目层面全过程工程咨询管理体系设计

方三者之间的工作范围和界面,保证三者界面协调、集成和高效。因此,在分析业主提出的工程总目标要求的基础上,将总目标分解到各咨询业务,确定牵头/主导单位,如造价、设计、监理等,而牵头单位也应立足于项目整体目标,协调其他参建(咨询/承包人)的界面,解决其相互之间的冲突。

需要具体考虑的关键要素包括:

① 全过程工程咨询的业务组合运作方式。在不同咨询服务组合方式下,分析如何实现造价咨询/投资控制的主导。采用分包策略还是联合体策略等。

② 全过程工程咨询单位与业主、承包商及其他咨询单位之间的组织关系、责任体系划分。

③ 全过程工程咨询项目团队组织架构及运作模式。

④ 多种工程咨询业务集成的方法和工具。

(2) 咨询项目策划

咨询项目策划是指咨询企业获得全过程工程咨询项目后的实施策略。首先,全过程工程咨询项目需要制订咨询服务大纲,专业咨询实施细则需服从全过程工程咨询总体规划,体现和满足总体安排和基本规定,不同专业咨询实施细则应保持协同一致。工作任务大致分为两大类考虑:

① 原有咨询任务,但质量和内涵有所改变。如招标文件,由于融合了其他咨询业务,可以更好地体现全寿命期视角、专业融合等。这类任务需要全过程工程咨询单位有主动意识,并具有相关的能力。

② 新增咨询任务如可施工性审查文件、可运营维护性审查文件。这类任务需要业主有相关需求,并明确在招标文件中提出。

(3) 咨询企业的适应性调整

由于企业采用了新的管理模式,其内部组织结构等要进行相应的调整。全过程工程咨询各咨询业务均须按照服务规划的要求,设立相应的组织机构,明确职责,确立分项目标,制订管理办法,建立考核机制,围绕目标和共同责任,统筹兼顾,协同工作,全过程、全方位、全员实施综合集成管理。

3) 企业层面全过程工程咨询管理体系设计

企业层面的全过程工程咨询管理体系,按照"业务/模式是什么？→完成什么？→谁来做？→怎么做？"的思路构建,具体见图 2.5 所示。

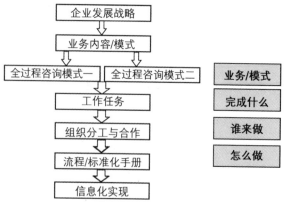

图 2.5　企业层面全过程工程咨询实施体系

（1）企业发展战略

企业发展战略可以帮助企业指引长远发展方向,明确发展目标,指明发展点,并确定企业需要的发展能力。公司应在综合分析工程咨询业现状和市场需求的基础上,根据企业发展战略,制订自身全过程工程咨询管理体系。

（2）业务内容/模式

企业层面的全过程工程咨询管理体系设计的关键是确定全过程工程咨询服务内容和模式,并对已有管理模式、管理工作流程进行优化。

① 现有管理模式优化。涉及公司组织架构、项目运作模式,包括如何高效、灵活地调动企业内部资源和外部资源,进行合理的绩效考核和过程监督等。

② 现有工作流程优化。公司开展全过程咨询的业务流程体系优化,包括优化自身承担的咨询业务操作流程和分包或联合体工作流程等。

③ 全过程工程咨询项目的知识管理。包括沉淀项目的得失经验,形成企业知识库,进而反馈后续项目的实施。

（3）工作任务、组织分工与合作

结合企业发展战略和全过程工程咨询业务内容和模式,明确工作任务,建立适合全过程工程咨询服务的组织架构。

① 公司设"全过程工程咨询部",负责公司全过程工程咨询业务的统筹、协调与管理。

② 采用"矩阵式管理模式",有组织地开展全过程工程咨询服务。

③ 职能部门＋项目部门。其中,项目部门对接整体的需求和项目的进展,如造价咨询部、招标代理部；职能部门负责人员安排、考核,过程性的监督,咨询成果资料文件的归档整理等,如办公室、财务部。

④ 全过程工程咨询总负责人以及各咨询团队负责人共同组成咨询领导,作为临时性机构在项目关键节点通过组织决策会议等形式共同参与项目决策。岗位责任设计包括职能部门的责任设计和咨询项目负责人以及各专业负责人的岗位职责设计。

（4）流程/标准化手册

全过程工程咨询服务涉及面广,内容极其丰富,以及工作中的沟通、协调和管理较复杂,因此建立相应的工作流程和标准化手册,能够有效提高工作效率,如咨询策划标准手册、过程性资料和成果性资料标准化等。

(5) 信息化实现

① 积极探索信息化手段,实现数据的高效运用和流转,彻底打破传统的分阶段作业模式,实现咨询服务一体化。

② 充分挖掘造价信息的价值,一方面有利于解决全过程工程咨询项目的信息"孤岛"问题,另一方面也有利于造价咨询单位进行数据储备,打造企业的核心竞争力。

4) 企业层面和项目层面联动

在明确项目层面和企业层面全过程工程咨询管理体系设计思路后,还需关注项目层面与企业层面之间的联动,主要体现在两方面。

(1) 知识管理

在全过程工程咨询项目中,项目参与者获取到丰富的新知识和经验,但随着项目结束,项目团队解散,知识难以留存于企业层面。知识管理则是公司鼓励和规范项目经验总结、知识沉淀、知识共享行为,以提高员工管理和专业知识技能,系统化整合与发展公司咨询知识体系,强化公司核心竞争力与服务绩效。

一方面,构建从"项目"→"公司"的知识传递路径,将项目和个人知识、经验进行整合—固化,形成企业知识库,并建立相应的企业知识管理制度;另一方面,企业层面需建立全过程工程咨询知识共享机制,将全过程工程咨询服务经验进行宣贯,实现"公司"→"项目"的指导作用。

(2) 企业层面与项目层面互融互通

一方面,采用"项目→企业→项目"模式,通过项目试点、总结,将好的做法和经验固化,传递到企业层面、传播到后续或其他项目中;另一方面,采用"公司→项目"模式,公司层面试行某一平台(而非针对某一项目),再进行项目试点、总结、反馈。无论哪一种模式,均需实现企业层面和项目层面的信息互通。

2.4.3 全过程工程咨询实施体系构建工作实施

1) 实施组织体系

成立领导小组、研究小组和实施小组,进行全过程工程管理体系设计工作。

(1) 领导小组。领导小组参与和领导研究方案实施工作,这是方案实施成功的保证。如决策、指导思想和策略选择、审查,批准、过程控制等。

(2) 研究小组。由领导小组代表、各实施小组领导和大学研究团队组成。

(3) 实施小组。以现有项目为例,实施经验分享与总结。项目成员参与"全过程工程咨询管理体系"的设计,并承担工作总结、反馈,提供优化建议等。

2) 实施过程

(1) 研究团队和实施小组保持经常性沟通、对接和交底,避免出现理解不一致。

(2) 在每个阶段工作完成后,或进入下阶段工作前,应进行交底工作。

(3) 注重课题组内部共同工作,紧密合作,信息互通,形成集成化的工作团队。

(4) 在试行工作前进行交底,使实施小组了解"全过程工程咨询管理体系"的优化意图和思想等,以全面贯彻执行的内涵和意图。

(5) 进行经常性讨论,形成动态的过程。

3) 持续改进

(1) 在整个研究过程中不断进行反馈、总结提高。

(2) 在项目中,阶段性地采用问卷调查或其他形式进行评价、问题分析,发现进一步优化的需求。

4) 注意点

防止两种倾向:

(1) 防止研究型思维倾向,过于注重创新,最终"纸上谈兵"。管理体系设计的每一步都必须经过项目参与人员的确认,才能进一步设计或试点。在试点过程中须不断总结经验。

(2) 一味迁就以前(目前)的企业和咨询项目管理操作(如监理和设计的合作方式等),不想改变,也会影响管理体系的设计。

全过程工程咨询的重要特征之一是集成化,集成化的体系构建和运行在我国项目组织运作中困难较大,不仅需要解决集成化的体系设计,而且需要企业文化的支撑。

第3章 公司的全过程工程咨询服务实践

公司从2018年开始承接全过程工程咨询项目以来,取得了较好的服务效果,积累了宝贵的项目经验。本章基于公司近年来已有全过程工程咨询项目实践,选取公司极具代表性的4个全过程工程咨询项目(选择理由见表3.1),梳理其项目概况、项目存在挑战、集成工具及方法、不足与展望,通过案例之间的对比,对提供服务过程中的工作亮点和问题进行总结。

表 3.1 公司典型全过程工程咨询项目案例清单

名称	咨询服务范围	选择理由
某初级中学项目	项目策划、招标代理、造价咨询、项目管理、工程监理	存在咨询分包、跨咨询专业合作问题
某服务区项目	招标代理、造价咨询、工程监理、勘察检测	存在咨询分包,项目施工条件复杂,对监理、勘察、检测要求较高,工作界面衔接、咨询数据积累与传递等问题;缺乏对工程设计审核的专业力量
某湿地项目	项目策划、造价咨询、项目管理、工程监理	项目施工条件复杂,合同关系复杂;业主对园林绿化要求高但指标不明确,工期紧张,全过程工程咨询单位入场较晚,缺乏整体策划
某学校项目	项目策划、工程设计、招标代理、造价咨询、工程监理	全过程工程咨询服务包含工程设计,设计与监理、设计与造价的融合问题突出;工程界面复杂

通过分析以上项目的《全过程工程招标文件》《全过程工程咨询合同》《施工合同》《全过程工程咨询服务方案》《项目建议书》《可行性研究报告》《设计任务书》《设计分包合同》《监理分包合同》《工程检测分包合同》等项目资料,同时,采用专家访谈或会议形式对案例资料中无法获得的信息进行针对性分析,数据见表3.2所示。

表 3.2 专家访谈或会议记录表

调研时间	访谈/会议时长	参与人数	访谈录音/万字
2020.09.23	75 min	4	1.3
2020.09.24	75 min	5	1.4
2020.10.14	160 min	6	3.5
2020.10.22	95 min	7	2.0
2020.10.27	106 min	5	1.4
2020.10.29	85 min	5	1.7
2020.11.27	40 min	5	0.8
2020.12.09	82 min	7	1.6

(续表)

调研时间	访谈/会议时长	参与人数	访谈录音/万字
2021.03.12	170 min	4	—
2021.04.09	126 min	8	—
2021.05.10	123 min	8	1.6
2021.06.07	145 min	7	2.0
2021.06.21	124 min	5	—
2021.06.25	130 min	6	—
2021.07.21	140 min	5	—

与此同时,每次访谈调研后,形成调研日记,为后续研究或者开展全过程工程咨询服务提供最真实的数据资料,具体如下。

调研日记1:

某学校项目调研日记

截至目前,已经调研了五个全过程工程咨询项目。

调研内容梳理:

1. 公司作为全过程工程咨询牵头单位,对分包监理单位工作质量的监督措施

(1) 见证,如材料、试块送检,公司项目部派人与监理单位共同见证,不再单纯地看报告签字。

(2) 要求监理单位上报监理规划,对照规划检查监理行为是否合规。如要求监理在项目实施时旁站,并检查旁站是否按照监理实施细则实施。

(3) 项目隐蔽工程验收计量时,公司项目部派人与监理单位同时参加,对监理工作监督的同时提高造价咨询工作准确性。

(4) 实施月报制度,及时收集资料,确保监理资料上报完整。

2. 项目现场人员的安排

现阶段,本项目集中在主体工程建设,涉及土建、安装、装饰专业。公司项目部按现场专业需要,安排2名人员,分别负责土建、装饰和安装。

3. 项目特点

工期紧张。本项目由于是学校项目,需赶在第二年9月前交付使用。

4. 建议/改进点

设计之前,做好限额设计。本项目的方案设计较为粗糙,待施工图设计完成后,有超支风险,且此时项目主体已处于建设状态,不得已需优化装修方案,降低装修档次,以控制总成本。如能在设计阶段做好限额设计工作,则可以避免因设计问题造成的项目建设后期超支风险。

调研日记 2：

某湿地项目调研日记

工程总承包项目，特别是 EPC 项目的造价控制，事先定义好工程要求、规模标准尤为重要，总的来说，就是要有明确的工程定义。特别是对工程总承包项目中的景观绿化、智能化项目、装饰装修、机电设备部分，业主发包前，必须要有清晰的质量标准以及对应的价格。这里清晰的质量标准，可以寻求有过类似工程经验的咨询单位的帮助，尽可能事前确定，如本项目苗木的品种、密度、规格，而不能仅靠限价（变更风险）。另一方面，从咨询单位或管理单位的角度，需要积累项目经验，对已有项目进行复盘、经验教训总结，不断扩充各类型项目所需考虑的方向（或者侧重点）和对应细节（主要是控制注意点）。

调研内容梳理：

1. 公司作为全过程工程咨询单位，牵头与分包监理单位以及其他参建单位的沟通协调

（1）大多为现场直接沟通。

（2）有问题需要事后解决的，各单位先将问题反馈至公司项目部，再由项目部发出联系单，发布指令。

（3）需讨论的内容，由项目部组织会议讨论。

2. 项目特点/难点

（1）工期紧张。2019 年 9 月开始招标，要求 2020 年 1 月 24 日竣工，仅用不到半年的时间完成建筑面积 2 700 m^2 的房屋建筑和 27.5 万 m^2 的景观改造工程，工期十分紧张。

（2）项目施工现场存在困难。如，现场还存在耕牛，破坏已种植苗木。

（3）气候异常。项目建设期间，降雨量较大，水位超过正常水平，且异常情况持续时间较长，致使项目大量苗木死亡。且难以开展后续工作。

（4）交通不便。项目与外界交通主要依赖船只，但现场可用船只仅有几艘，且由于船只每日使用时间很短，交通不便成为项目建设顺利开展的一大风险点。

3. 建议/改进点

（1）景观工程，特别是 EPC 模式，在业主发包前，设计图至少应为扩大初步设计图，具备明确的工程定义，再由工程总承包单位完成施工图设计和后续项目建设工作。

（2）适时进行造价数据整理。项目竣工结算后，公司作为造价咨询企业，应当及时总结本项目的景观工程等造价数据，从中总结得失，以供未来类似工程参考。

调研日记 3：

某服务区项目调研日记

本次调研中，印象最深刻的是有关全过程工程咨询牵头方与分包之间的关系处理，以及全过程工程咨询牵头单位在项目全过程咨询中实际发挥作用的部分。本项目的实际情况是,全过程工程咨询单位的关注点或抓的核心在于造价,无论是对勘察还是监理的管理或要求,其出发点都在造价准确合理上。在整个全过程咨询服务过程中,全过程工程咨询单位起到的是单位间"润滑剂"的作用(促进单位间的高效沟通,解决单位间的矛盾冲突),而对如监理工作的质量管理尚缺乏能够落实的措施,即"专业的事交给专业的人去做"。"专业的事交给专业的人去做"本身没有问题,但作为全过程工程咨询的牵头单位,必须有项目全局意识,不能真的就对分包内容放手不管,还是需要以项目目标为导向,去管理或者对分包单位的工作进行监督,对分包单位间的搭接与冲突现象进行处理、协调。

调研内容梳理:

1. 作为全过程工程咨询牵头单位与分包单位(检测、勘察、监理)在合作上的难点或亮点

(1)事例:检测单位进场安排与施工单位场地提供未同步,导致机械设备未按时进场,耽误工期。

(2)改进措施:①提前规划进场路线,并提供给施工单位,解决进场问题。②增加设备,赶工期。

2. 业主在单位间协调方面的措施

正式的——会议;非正式的——电话、现场协商。

3. 与监理的协调(要求)

(1)要求人员到位(人数、资格)。

(2)涉及重要事项,监理与业主的沟通需通过公司项目部进行;正常工作方面,监理与业主直接沟通(对接),一方面,公司缺乏监理资质,另一方面,项目部必须见证、知晓。

(3)质量要求较少,更多关注价格,要求监理(以及各分包单位)提供全面、详细的数据。

4. 针对分包单位间协调采取的措施

(1)树立全过程工程咨询单位与各分包单位是一个系统的共识。

(2)需要协调的内容,由全过程工程咨询单位组织召开内部会议进行协调。

5. 全过程工程咨询内部各项内容衔接

(1)按照正常工作开展,每周上报周报。

(2)需要协调的直接协调,如果能和施工单位当场协调的,分包单位(各工作组)自己协调解决。

(3)本项目是按照招标代理→勘察、监理→全过程工程咨询单位→总包单位的顺序进场,单位间搭接较少,较少处理界面交叉问题。

6. 项目知识传递

(1)每周五例会。

(2)项目现场采取"师傅带徒弟"。

(3)通知单、联系单(问题汇总)。

(4)现场影像资料的收集、上传。

7. 全过程工程咨询单位牵头对于其他分包单位的作用（以检测单位为例）

（1）工作推进便利。全过程工程咨询单位的介入，为检测单位提供了更便捷的沟通协调平台，特别是利于检测单位与施工的沟通协调（原先沟通效果较差）。

（2）工作界面清晰。全过程工程咨询单位为检测单位与施工单位划分工作界面，避免扯皮。

8. 亮点

（1）相比没有跟踪审计与监理同时在场，事后施工单位上报报价即采纳情况，本项目的质量验收，由跟踪审计部门配合监理到项目现场，参照施工图纸检查项目现场实际情况。有些在图纸中未显示详细情况的，如入岩深度，需现场判定，由监理现场记录（跟踪审计也在场）并上报至公司，公司再根据现场实际情况审核施工单位上报价格的合理性（防止超控制价）。

（2）相比以往勘察单位只提供勘察报告，除项目发生特殊状况，后期不参与现场的情况，本项目勘察单位负责人每周到项目现场2至3次，参与到施工过程中，如检查入岩深度是否正确，利于造价控制的准确性。当项目遇特殊技术情况，如地下突然出现空洞，全过程工程咨询负责人可及时联系勘察负责人，令其尽快到现场协助解决技术问题，避免因沟通困难或联系程序复杂而导致技术问题搁置，拖延工期。

9. 改进点

（1）作为全过程工程咨询单位，在资料获取的时间点上相对迟于各分包单位。如能更早进场，要求各分包单位尽早提供进度计划、成果资料等，可提前规划/优化进场路线，利于投资控制。

（2）全过程工程咨询单位对设计图纸的审核，关注点更多在于价格的审核。缺乏审核设计是否满足功能要求的意识。本项目的装修、智能化、景观图纸尚未出具，这恰好是控制难点。不仅因为此类图纸涉及业主需求，其体量相比土建更大，且风险更多，如业主需求的变化、品牌的选择、总承包方提出难以购买选定品牌的理由等。作为全过程工程咨询单位，需在项目前期提前计划，谋篇布局，多与业主沟通，应对可能出现的情况。

3.1 某初级中学项目

3.1.1 项目概况

本项目为房建项目，项目全过程工程咨询服务为公开招标，服务内容包括项目策划、招标代理、造价咨询、工程监理、项目管理，监理工作由全过程工程咨询单位委托某监理公司承担，项目全过程工程咨询服务组织结构类型为直线制，具体见图3.1所示。

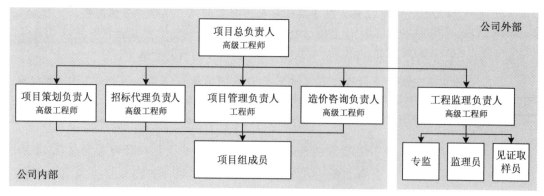

图 3.1　项目全过程工程咨询服务组织结构

3.1.2　全过程工程咨询项目管控的难点和重点

（1）意识到了跨咨询专业合作的风险，但仍缺乏有效的方法

牵头单位对安全、质量控制相关活动的介入可能不会太深，造价牵头，仍很难从专业角度对监理等单位提供支撑或管控，更多地还是各自负责自身的专业领域。这是一种初期的合作状态，最主要牵头单位还不具备相对应的专业能力，无法进行管控。

跨专业合作仍是其中的关键问题，不同专业之间怎么进行协调，如何理解不同专业的要求，同时在过程中找到契合的协调方式是关键。在采用分包的时候，需要对分包单位进行管理，如怎么选择分包，怎么管理分包，分包的界面如何划分等。监理的审核和确认单是否需要牵头单位签字，目前法律上没有明确，因此牵头单位是否承担相应的连带责任，目前同样尚不清楚。如跨专业合作"存在界限问题。监理跟公司存在合同关系，跟建设单位没有合同关系。施工单位做资料时，也在考虑是不是把全过程工程咨询单位的签字确认加上去；虽然监理跟建设单位没有合同关系，但监理的责任不会变，把全过程工程咨询单位加上去也不合适，这个就是界限的问题，以及全过程工程咨询单位的参与度问题"；又如"项目开始时，施工单位提出所有表格让全过程工程咨询单位签字，但全过程工程咨询单位没有同意，因为牵扯比较大"。

（2）造价控制缺乏连续性/数据内在联系贯通性较差

传统模式下，施工图预算、招标清单、竣工结算等通常由多个单位参与，造价数据缺乏连贯性。引入全过程工程咨询后，数据集中在全过程工程咨询单位，可实现数据的延伸。但本项目中，估算、概算、预算数据的贯通存在较大挑战，尚未实现全过程工程造价控制。

同时，造价咨询单位牵头全过程工程咨询服务，在控制投资方面具有优势，但对于本项目仍属于事后被动控制，主动性和前置性仍较弱。

（3）业主信任和控制的平衡

业主对全过程工程咨询单位的充分信任是咨询服务顺利开展的基础，但同时业主也需要对过程进行监督控制。在这两者之间寻求一种平衡，是全过程工程咨询实施的一大难点。

3.1.3 全过程工程咨询实施的集成工具及方法

1) 全过程工程咨询项目管理团队的整合

(1) 事前沟通,工作效率提高

传统模式下,招标代理、工程监理、造价咨询等单位相互分离,各部门之间沟通协调较为被动。某初级中学项目中,全过程工程咨询单位牵头,改变了传统监理和建设单位的关系。由于全过程工程咨询单位的加入,使得各单位之间能够实现事前沟通,"跟监理的沟通更顺畅",工作效率提高,如"关于施工方面的协调以及质量、价格控制的问题,提前跟监理沟通,沟通之后,初步达成一致意见,然后再跟建设单位、施工单位去讨论,就不会很被动"。建设单位、施工单位和监理单位三方主体借助全过程工程咨询平台,实现了更好的交流。"比如现场的土方,原计划是如果拆迁,土方可以放在现场,有地方可以堆放。但现在拆迁进展缓慢,不能堆放了,还涉及费用、手续问题等。跟监理事先沟通好应该采取的措施,初步测算土方,如果外运再购土回填,可能要 500 万左右的费用。事先分析,然后跟教育局汇报",所以"事前沟通很必要,遇到平行的工作内容,有问题时施工单位会同时上报给公司和监理,审核后如果有问题,再沟通,沟通之后,再跟施工单位核对,没问题了再下定论",提高了沟通效率。

(2) 内部配合,实现资源最大化利用

本项目中,全过程工程咨询单位驻现场人员"负责签证变更、计量及施工进度审核和现场资料的收集"。公司层面统筹把握,"内部管理,公司对全过程咨询服务很重视,会就这些项目定期在公司开会交流经验,把每个项目的情况汇报,经验分享,然后会制订一些措施,起指导作用"。"施工图预算审核、清单编制等有公司不需要驻场的专门人员来做,拿到现场收集的资料后先审核,审核后跟施工单位初步核对,核对完成后报公司"。

公司层面主导,一是通过业务例会汇报项目进展,讨论遇到的问题或分享经验;二是通过咨询月报、阶段性咨询报告,向公司反馈项目情况;三是特殊情况及时报告公司。

(3) 分包单位由全过程工程咨询单位推荐,建设单位易管理

不同于传统模式下监理由建设单位招标确定,在全过程工程咨询模式下,对于不在公司自有资质证书许可范围内的专业咨询,公司将在本地区具有较高知名度的甲级资质单位中选择一家,与之签订分包协议,由该企业委派具有丰富类似工程经验的专业团队(人员),参与本项目的全过程工程咨询服务。拟分包的专业咨询项目、拟选择的分包单位及其专业团队(人员)必须经建设单位审查同意后确定;拟订专业咨询分包协议书必须经建设单位审核同意后才能签订。

2) 以造价为主导的全过程工程咨询集成服务

投资控制是全过程工程咨询项目的主要目标之一,尤其对于具有投资限额指标要求的项目而言更为重要。造价咨询单位作为全过程工程咨询实施单位,"可能对价格的把控会更好一些",即提供以全过程造价管理为核心,以投资控制为主线的全过程工程咨询服务,充分发挥项目投资效益,其具有以下优势:

(1) 服务范围广

相对于监理、招标代理等咨询单位而言,造价咨询单位可通过提供包括投资估算、设计概算以及运维费用管控等服务在内的全过程造价管理服务,服务范围覆盖了项目全寿命周期。其次,造价管理工作与设计、施工、招投标等都具有高度关联性。

(2) 投资管控能力强

造价咨询单位作为全过程工程咨询的实施单位,能够保证在项目开展的全过程不同环节都落实关于投资控制的措施,充分利用专业技术和合理方法从项目整体角度实现对项目资源、造价、风险和利润的计划与控制,帮助业主实现投资效益最大化。

3.1.4 全过程工程咨询实施存在的问题

(1) 信息不对称

公司层面往往依据驻场人员提供的"清单、工程量、图纸等资料来了解项目","对于最新的情况不是了解最及时的,对于一些潜在的问题可能也没有现场最准确最清楚"。

(2) 各方的工作习惯变化缓慢

虽然业主和监理没有合同关系,但业主仍倾向于跟监理直接对接。其他参与方操作习惯、思维习惯等也未发生变化。如项目中提到"现在很多观念没转变过来,还是以传统的模式来做的。该找监理还是找监理"。对此,是否可以通过三方合同的形式来解决这个问题;是不是所有的问题都需要经过牵头单位,如安全、质量的问题;是否可以直接对接监理等。

(3) 项目层面缺乏正式的规则

现场负责人的协调和管控主要体现在流程性的、能够共同沟通探讨的问题,更倾向于探讨性的琢磨,相互之间能更好合作,通过非正式的、大家摸索的方式来建立合作关系,尚不愿意提出正式的管控措施。如项目中提到,"(书面化、正式化)方法是好,但是如果涉及的分包单位很多,是不是就会比较繁琐呢?……操作起来确实有一定的难度。有时候把不是很正式的一些内容突然正式化了,可能就会(比较反感)。……内部好多事情都是商量着来,商量着有时候就会出来新的解决方法。这些是对内的商量,对外要做好记录。……这些资料留下来确实是有好处的,这个到项目总结的时候就有内容了。内部协调能不能搞一个简单的形式,不要那么复杂"。

这种非正式的合作方式有利的一面是有助于各方接受,共同推进,不需要进行大的调整;不利的一面则是其以个人经验处理为主,也就是以体现个人能力为主,尚未形成有效的知识积累。

3.1.5 启示

(1) 提升设计管理能力

通过调研市场现状可知,目前市场上的造价咨询单位往往不具备设计能力,设计业务可能采用分包的方式,如本项目中,"目前还没做到把设计与投资控制相融合,或者设计方案上的考虑"。而造价咨询单位作为全过程工程咨询单位若不具备对设计业务的管控能力,则无法对设计过程进行管理,从而难以保证设计成果质量,增大自身的风险。因此,造价咨询单位需要注重培养和管理长期合作伙伴,合作伙伴可以是项目上的合作伙伴,也可以是技术支持。现阶段,难以通过获取资质的方式壮大企业,但是可以通过相互合作的方式提升企业在这方面的能力。

(2) 发展长期合作单位

为了满足市场上对综合性、多元化咨询服务的需求,咨询单位必须具备提供一站式咨询服务的能力。而造价咨询单位相对于项目管理单位、设计单位来说,规模较小且利润较低,因此难以通过兼并、重组等方式扩展其业务范围。因此对于造价咨询企业来说,可尝试发展长期合作单位,基于长期合作关系,双方建立良好的沟通机制,可避免重复花费资源和时间进行磨合所造成的浪费,也更能保障咨询成果的质量。

(3) 建立全过程工程咨询服务运作机制

当全过程工程咨询单位与分包单位无法实现有效沟通时,明确的服务流程、与分包单位的沟通协调机制以及"内部运作的规章制度"显得尤为重要。在与外部沟通时,如"和建设单位、施工单位出现很难协调的问题,公司会以会议纪要的形式反映,而且有文件。但是没有体现出与分包单位之间的协调,而是全过程工程咨询单位、监理单位、施工单位、建设单位的四方协调"。而该项目中存在建设单位跨过全过程工程咨询单位,仍按传统方式直接与监理单位沟通,使得全过程工程咨询单位的作用体现并不明显。因此,需建立起全过程工程咨询内外部运作机制,提高管理效率。

(4) 注重信息化手段

造价咨询单位应当重视信息化技术对其提升全过程工程咨询服务水平的作用,通过BIM、大数据等技术手段,搭建信息平台,充分挖掘造价信息的价值。这一方面有利于解决全过程工程咨询项目的信息"孤岛"问题,另一方面也有利于造价咨询单位进行数据储备,打造企业的核心竞争力。

(5) 已有管理体系的迭代

目前,公司已形成全过程工程咨询项目的管理体系,有助于项目全过程工程咨询服务的开展,但部分要求过于细致,不太适用于实际工作。如"工作交接资料处理方面,特别细致,实际工作过程中会发现想要做到这步很难,关于资料收集方面是否可以采取其他形式或者是精简的方式?因为资料收集如果按照管理大纲上面来做难度挺大的"。因此,对于公司已有的管理体系,应考虑适度的更新迭代,寻求与实践更加贴合的管理方式。

(6) 标准化管理

标准化管理内容包括对分包单位的要求、工作交接、资料等。标准化管理便于知识、经验的形成与积累,对于建设单位和承包单位来说,均有利于工作交接。

3.2 某服务区项目

3.2.1 项目概况

某服务区项目(装配式)为房建项目,建设单位为南京××高新区××开发有限公司,工程总承包单位为联合体。全过程工程咨询服务内容包括招标代理、工程监理、造价咨询、工程勘察、工程检测(桩基检测、基坑监测、沉降观测)等,其中分包内容包括工程监理、工程勘察、工程检测。项目全过程工程咨询服务组织结构类型为直线型,具体见图3.2所示。

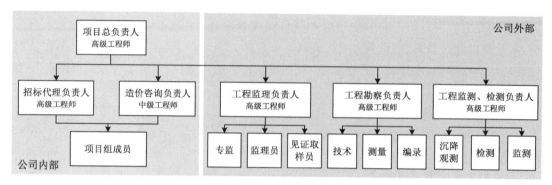

图3.2 项目全过程工程咨询服务组织结构

3.2.2 全过程工程咨询项目管控的难点和重点

(1) 自然条件限制

本项目位于××园区,根据类似工程所掌握资料,该地区岩土体类型多,层位变化较大,存在厚填土、软土、粉砂、混合土等不良地质和特殊岩土,对工程图纸、工期影响较大。

(2) 分包单位合作存在挑战

本项目中,监理单位由全过程工程咨询单位分包,但监理单位对勘察设计不够专业,可能出现误判等,如"桩基础刚开始进场施工时,桩机入岩钻孔出来的岩样,监理要求有红土且显颗粒状才算入岩,而实际桩长超过设计桩长。勘察认为钻孔超深了,其实有红土的时候,就应算入岩了。因当时勘察人员未在现场判岩,岩层情况与勘察报告不符,经勘察人员到现场研判后,发了一份联系函过来,明确有红土的时候,就算入岩。规定桩长不能打超,如超了,超出成本由桩基单位承担,建设单位不承担该费用",因勘察单位未与施工单位和监理单位就岩层判断进行技术交底,监理"对土质呈现状态和对勘察报告理解不够专业",误判为红土呈颗粒状才可判定为入岩,入岩深度超出勘察报告要求,成本增加,后通过全过程工程咨询单位协调解决。

(3) 分包单位行为改变缓慢

本项目中,分包单位仍然按照传统思维实施咨询服务,当全过程工程咨询单位要求分包单位提交相关资料时,分包单位表示"从来没干过这个";资料汇集中,分包单位"资料自己签"。为此,全过程工程咨询单位通过资金管控的方式,"(让分包)把所有的资料、成果,包括现场所有签字资料多收集一份给全过程工程咨询单位,如果不给,就拿不到价款"。可见全过程工程咨询单位较为被动,后经过磨合才有所转变。

3.2.3 全过程工程咨询实施的集成工具及方法

1) 全过程工程咨询项目管理团队的整合

(1) 多边组织合作的集成

本项目中,各分包单位人员应按合同约定时间到场,并确保人员资格、数量符合要求;同时各分包单位须及时提供成果文件。针对各咨询单位间的矛盾冲突,全过程工程咨询单位与分包单位商量达成共识。在此基础上,针对需要沟通协调的内容,由公司组织召开内部会议进行协商,如本项目中,监理相对来说"比较好沟通,但也有监理沟通较为困难。这时,全过程工程咨询单位就起到了很大的作用,多了一个中间环节,关系融合更恰当更紧密"。即全过程工程咨询单位与分包单位"都是一个系统,监理控制得不好也直接影响到其他单位"。

同时,与业主形成较好的合作共识,在出现分包单位不配合时,业主积极参与协调工作。如分包单位提供资料不及时,"跟监理沟通,因为是全过程工程咨询的分包单位,就要按照全过程工程咨询单位的要求提供资料,业主还是支持的"。

(2) 内部工作界面衔接较好,发现问题及时解决

施工现场工作界面的确定,影响整个工程进度,"从工作推进来说,造价跟各方面的衔接稍微好一些"。如传统模式下,检测单位直接和施工单位沟通,协调周期较长,效果不理想,而全过程工程咨询单位的介入,"进度上相对较快""现场的工作面,通过全过程工程咨询单位来协调",有助于各单位达成共识,不再仅仅关注自身工作内容,还需考虑与各项工作的搭接。本项目中,检测单位与施工单位工作界面由全过程工程咨询单位进行协调,"比如截桩头作为桩基检测和施工单位的工作界面,全过程工程咨询可以牵头协调确定由哪家单位来负责,如果没有全过程工程咨询,工作范围就衔接不了"。全过程工程咨询单位的介入,提前规划好桩基检测的路线和所需工作面,提前清理,同时增加设备,避免了可能存在的扯皮。

同时,咨询过程中,须做好与政府主管部门、建设单位、承包商等各方的沟通,特别是项目总负责人保持与建设单位代表的密切联系,发现问题及时解决。"现场的、平时的事情现场解决,每周有例会,大的问题,分包会提前把问题聚在一起,例会上讨论"。确保一般性问题当场解决,疑难问题当日解决,复杂性问题多方沟通后尽快解决,保证咨询过程快速有效地进行。

(3) 勘察单位参与建设过程

相对于以往勘察单位只提供勘察报告,除项目发生特殊状况,后期不参与现场的情况,本项目勘察单位负责人每周到项目现场2至3次,参与到施工过程中。如打桩过程中,勘察设计单位及时提供准确数据信息,提供打桩深度数据,全过程工程咨询单位直接通知勘察单位到现场,进行现场判定,"如果有空洞,或者入岩设计有要求,打到一定的深度,那么有没有入岩,是不是要加深?加深的话成本也相应地增加,所以要和勘察单位协调,相应的调

整造价,技术问题和造价问题一起解决",节省工期,避免因沟通困难或联系程序复杂而导致技术问题搁置,拖延工期。

(4) 现场负责人开始利用全过程工程咨询的平台主动寻求改变

由于采用了全过程工程咨询模式,各方也更容易协商,全过程工程咨询提供了一个共同的平台。某些全过程工程咨询项目实施过程中,现场负责人主动提出对其他咨询专业的配合需求,如要求监理、检测、勘察等配合跟造价相关的资料。如本项目中提到,"全过程工程咨询的介入有一个好处就是造价咨询服务专业,其他方面如果影响了造价,可以要求做得更好,要求提供资料,因为对后期的造价控制有影响"。在过程中对造价需求进行前置考虑,从造价角度处理一些可能的争议(检测的案例、监理的界面问题、勘察的界面),共同的问题解决等。

从咨询分包角度,由于存在全过程工程咨询这样一个平台,咨询分包也更愿意交流和探讨相互之间的配合问题。早先无直接合同关系的几方(如监理和检测)也逐渐出现了愿意配合的意向,愿意共同讨论一些潜在的配合和合作。

2) 以造价为主导的全过程工程咨询集成服务

(1) 施工阶段造价咨询工作由项目负责人组织、项目造价咨询组具体实施完成;根据施工单位进场时间,安排各专业驻场人员根据专业施工时间到岗;组织相关专业的造价工程师对过程文件进行审核工作,总工程师对重要过程文件进行审核、审定;对项目工程建设施工全过程进行投资跟踪管理。如"对现场发生的质量安全问题,全过程工程咨询从造价角度来补充还有哪些质量安全隐患,在现场控制造价,对工程施工月报工程量进行审核,对工程变更管理、索赔管理及施工全过程的造价动态控制等"。

(2) 施工阶段造价咨询关键环节控制工作主要针对"设计变更""现场隐蔽工程签证""暂定价材料的核价"等重点,做好事前控制,严格事中控制,对工程的量和价两方面重点控制。

(3) 竣工结算审核工作应按准备、审核和审定三个工作阶段进行,并实行专业咨询员、项目负责人、技术负责人分别署名盖章确认的内部审核制度,审核的重点包括送审资料、工程量、综合单价、取费标准、设计变更和施工签证、计税标准、项目质量与控制等。

(4) 造价控制力求准确、到位。目前阶段仍以造价管控为主,通过全过程工程咨询平台,更好地服务造价咨询业务。特别是将原来串联的工作,转变为并联或者交叉进行。造价和监理在成本方面存在较多可以结合的点,如监理的实测实量和造价的计价怎么组合,监理的质量验收和造价怎么结合。分包单位按照全过程工程咨询单位要求配置工作人员,全过程工程咨询单位行使对分包单位的见证和知情等职责,通过工程例会、现场微信工作群等方式进行沟通,相互合作。同时,分包单位存在自身管理体系,如"(检测)公司做静载实验时,数据会实时上传到公司网站,但是过程当中要有照片,有工作时间的记录,公司才认可数据,这是检测公司对质量的管控",实现现场质量、安全、进度、造价的合理控制。本项目全过程成本控制中,按实进行成本核算,全过程工程咨询单位利用现场数据和监理记录对施工单位提报工程量进行审核,现场磋商,这相较于传统模式下施工单位直接将工程量报建设单位而言更为合理。

(5) 充分运用公司 20 多年来积累的 2 000 余项目各类工程和设备、材料数据和咨询经验,结合项目的具体特点,设计出有针对性的项目实施方案,为建设单位在项目各环节工作决策,提供有力、全面、深入、细致的技术咨询。

(6) 保证本项目人才资源配置。在人员配置上公司提供具有高、中级专业职称,长期直接从事咨询业务,具有较丰富理论知识和实践经验的专业队伍,在技术上全过程支持项目咨询工作。保证本项目设备资源,为项目部常驻人员配备齐全的办公自动化设备。监督监理组配齐技术装备配置,督促勘察、桩基检测、基坑监测单位配置勘察设备、桩基检测设备、基坑监测设备,以满足工程进度需要,并注意设备日常维护保养,保证设备在现场正常作业,保证精密仪器达到规范规定的准确度,做好检测仪器型号、编号、检定日期、现场校准结果记录,确保其在标定使用期内。

3) 其他集成工具和技术

(1) 项目管理软件

要实现管理的项目化,需要一套符合项目化管理思想的管理工具。项目执行与沟通平台核心机制是实现管理的项目化,既可以管理有生命周期的项目,也可以管理常规事务,还可以将产品或客户建立为项目,甚至可对具体的员工进行项目化管理。项目管理软件要求能够简化项目管理流程,减少对项目经理的依赖,让项目成员参与项目管理。项目管理按"项目→任务→事件"的方式,"自上而下"地进行工作的部署、人员调动和资源分配。项目执行中所有涉及的信息将按照"事件→任务→项目"的方式,"自下而上"地进行汇总,数据化并以图表的形式展示。

(2) 充分尊重和采纳建设单位意见

全过程工程咨询服务中,能够尊重和采纳建设单位意见,所有咨询程序均须由建设单位确认方可执行。特别在招标代理中涉及对投标人单位的资格审查条件、合同主要条款以及评标定标办法的确定等关键事项,一定要建设单位最后确认。在不违反现行法律法规的前提下,时刻站在建设单位立场,维护建设单位的利益,令建设单位满意。

同时,为确保咨询工作保质保量保进度地圆满完成,凡是参与咨询工作的人员须无条件服从建设单位安排。咨询过程中每个过程的完成情况及工作安排须及时向建设单位有关人员汇报及沟通,保证建设单位对整个咨询过程的掌握。同时保证通信及交通工具畅通。

(3) 资料管理更加规范

传统模式下,各分包单位保存和提供各自资料,各单位分别协调各自工作面。而全过程工程咨询模式下,"前期资料、场地这些都要全过程工程咨询单位来提供",专业的事由专业的人来做。

如对于某部分造价控制,传统模式下,各单位仅提供相关资料,由建设单位负责造价控制。而全过程工程咨询模式下,各单位提供材料给全过程工程咨询单位,全过程工程咨询单位对资料质量的要求更加严格,并在提供材料的同时,对于可优化部分进行优化。

3.2.4 全过程工程咨询实施存在的问题

（1）全过程工程咨询单位进场时间较晚

本项目前期，"全过程工程咨询项目部是在招标代理结束后，与施工单位同时进场"，进场时间较晚，使得总体进度安排缺乏工作前置的考虑。如判岩、沉降观测以及桩基检测等各项前置工作，应提前通知勘测单位提报项目资料和进度计划到全过程工程咨询单位，全过程工程咨询单位做好各单位之间工作界面的衔接，优化现场路线，实现项目工期和成本的更好控制。

（2）分包单位主体责任意识不足

本项目桩基施工过程中，"桩基按 800 mm 设计，但后全过程工程咨询单位根据现场情况给设计提建议，如果有大型机械需要，可以用 800 mm 的桩基，但不需要所有的桩基都按 800 mm 的设计，正常 400 mm 或者 600 mm 就够了"。然而，"从设计和施工单位的角度，会尽可能做大。因为设计单位是终身责任制，设计的安全系数越大越好"，因此，设计单位、施工单位出于自身承担责任的考虑，按照高于标准要求进行设计施工，将桩基均按照 800 mm 直径进行设计，但局部荷载无需 800 mm 桩基，工程投资（造价）难以把控。同时，该工程中设计和施工融合度较差，施工单位发现该问题后无法直接反映到设计单位，难以及时进行设计优化，节省造价。

（3）对设计的审核较弱

本项目工程总承包需求中存在不能量化的设计要求，如内装、外装、智能化、园林绿化景观等，后期需求和技术变化较多，全过程工程咨询单位应发挥前期布局作用，"发挥积极的提前策划作用"。

如装饰装修中，往往建设单位不重视设计审核，且全过程工程咨询单位缺乏相应的人才。"实施过程中没有人对设计审核，但实际上对设计的造价咨询工作是非常重要的。对于工程总承包项目，如果没有对设计的审核，特别是仅仅有功能性要求的时候，后期可能面临较大的变化，造价上难以控制"。

3.2.5 启示

（1）全过程工程咨询项目部迟于分包单位进场，在资料获取的时间点上相对推迟。"作为牵头单位应该提前进场、提前介入，可以对各个分包单位提出要求"，尽早要求各分包单位提供进度计划、成果资料等，提前规划，或优化进场路线，以利于投资控制。

目前公司已具有较为丰富的全过程工程咨询的经验，可以借用各种平台、机会等影响建设单位和其他咨询方。如通过私下交流、研讨、提供公司的全过程工程咨询项目手册等方式，从思想和意识上影响其他的参与方，为实施和推行全过程工程咨询的管理工具、方法提供基础。比如某服务区项目中，"现场检测，沉降观测是一个单位，基坑检测的又是一个单位，如果之前把总进度计划报给项目部，或者把分包工作界面安排及早报给项目部，就能更好安排衔接，也可以提出更进一步的要求，项目部对现场的成本控制可能会更理想一点"。

（2）全过程工程咨询单位对设计图纸的审核,关注点更多在于价格的审核,缺乏审核设计是否满足功能要求的能力。本项目的装修、智能化、景观图纸尚未出具,这恰好是控制难点。不仅因为此类图纸涉及业主需求,其体量相比土建更大,且风险更多,如业主需求的变化、品牌的选择、总承包方提出难以购买选定品牌的理由等。作为全过程工程咨询单位。需在项目前期提前计划,谋篇布局,多与业主沟通,应对可能出现的情况,"如设计方案的时候优化数据,其实还是可以节省许多开支,避免浪费"。

（3）构建系统性的知识体系,加强培训。目前公司已有一批项目,也培养了一批专业人才,但知识的体系性尚存在不足。如何进一步推进全过程工程咨询业务,关键在人的能力和视野。增进与同行的交流和学习,在干中学。寻找专业力量更强的专业咨询分包单位。如监理单位"主要把控质量、安全、进度,对造价把控较薄弱"。而以造价咨询单位牵头,经验上,主要加强与其他专业进行统筹和配合,熟悉以牵头方的角色与业主打交道,扩展了之前以造价咨询业务为主的专业素质能力和知识范围,能够实现对总价的把控。强有力的监理单位作为分包,能够实现全过程工程咨询单位专业上的"补短板"。

（4）建立常态化的试点、实施、总结的管理体系迭代机制,有针对性地在项目中试点全过程工程咨询的理念、工具和方法。通过项目试点的方式,不停地迭代公司对于全过程工程咨询项目管理的能力和体系,这是一个动态的发展过程,而非停留在某一点。同时,持续性地学习,以形成同行难以模仿的资源。目前的优势并非不可学习,一定要快速地学习,快速地迭代管理体系和知识体系。

（5）固化和沉淀已有的良好做法。目前积累的与监理、检测、勘察、建设单位合作的经验,应尽快地形成文档,有针对性地在其他项目中进行推广,包括界面处理、责任的划分、与建设单位沟通和协调等。

（6）充分发挥项目负责人的桥梁作用。项目负责人作为联系公司、业主和分包的关键角色,应充分发挥好协调作用,通过正式或非正式方式,收集和传达项目开展全过程工程咨询的相关信息,如"分包单位每周参加会议,周报要提前报到项目负责人处,因为项目部要对整个项目有所了解,包括是否需要沟通、反馈的内容,以及成果的汇报"。"目前要求监测单位每天把监测结果在群里通报,项目部就可以知道监测的频率和工作情况,监测成果有无偏差,有没有安全隐患等"。

3.3 某湿地建设项目

3.3.1 项目概况

南京××国家湿地公园示范湿地建设项目为市政/房建项目,建设单位为南京××投资发展有限公司,工程总承包单位为联合体。经公开招标投标,公司中标为本项目全过程工程咨询服务单位,服务内容包括项目策划、工程监理、造价咨询、项目管理,监理工作由全过程工作咨询单位委托南京××工程咨询有限公司承担,项目全过程工程咨询服务组织结构类型为直线制,具体见图3.3所示。

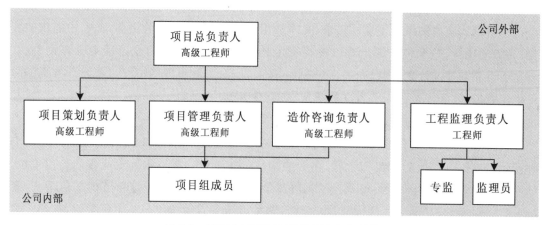

图 3.3 项目全过程工程咨询服务组织结构

3.3.2 全过程工程咨询项目管控的难点和重点

(1) 工期紧张

本项目具有严格的工期要求,2019年9月开始招标,仅用不到半年的时间完成面积2 700 m² 的房屋建筑和 27.5 万 m² 的景观改造工程,工期十分紧张。为抢工期进度,对造价的控制构成严重挑战。

(2) 项目现场条件较差

该项目岛内居民迁出多年,项目现场环境复杂,阻碍项目正常推进。项目建设期间,降雨量较大,水位超过正常水平,且异常情况持续时间较长,致使项目大量苗木死亡,且难以开展后续工作。项目与外界交通主要依赖轮渡,"施工工人上下班时间为早上7点到下午4点,施工时间短,如果遇到恶劣天气,施工时间更少",交通不便成为项目建设顺利开展的一大风险。

(3) 总体的规划和策划难度大

总体工作任务的安排,进度的协调,各咨询单位工作界面和搭接的考虑和协调,这些工作需要进行总体的规划和筹划,但由于工程的复杂性,仍存在较大挑战。如"在设计的过程当中,从开始就要规划好,这个是我们能做到的,知道各指标,把指标分解到位,然后再来做设计,在设计过程中不断调整,调到最后出来的成果,那就是满足要求的"。

(4) 各方工作习惯的变化缓慢

在全过程工程咨询项目中,业主、各专业咨询单位、施工单位等仍习惯按照传统的工作方式实施工程的建设管理,如建设单位对工程介入较深,施工单位对资料提交意识不足等,尚未形成全过程工程咨询的工作模式。

(5) 施工单位的趋利心理

工程总承包项目中,施工单位往往考虑自身利益的最大化,"总是会找到利润最大的方式",在满足基本要求的前提下,尽可能获取最大的利润,缺乏优化造价的动力。如本项目做施工方案和苗木选择时,在满足要求的情况下,尽可能选择成本较低的方案或苗木品种,以创造更大的利润空间。同时,现场签证在合同价基础上增加费用,也给施工单位创造了利润空间。

(6) 领导重视度高

本项目中各级领导高度重视,参与度高,对工程造价的控制提出了更高要求。如"招标时,园林绿化只是笼统的概念,而实际施工过程中,园林绿化的品种可能会经常变化,或者园林绿化的密度要加深等,影响造价控制"。

3.3.3 全过程工程咨询实施的集成工具及方法

1) 全过程工程咨询项目管理团队的整合

在确定全过程工程咨询单位、承包商及其他咨询单位后,公司作为全过程工程咨询牵头单位,积极与各参建方沟通交流,根据项目现场情况和各单位沟通习惯采取以下信息交流机制:

(1) 对于能够在现场解决或沟通的内容,采取"现场直接交换指令"的交流方式。

(2) 项目现场存在工程问题无法直接解决,需相关参建单位参与讨论的内容,各单位"提供建议,全过程工程咨询单位发出建议到总承包商。或是把各单位召集起来,再来协调",即由公司发起会议,组织相关单位负责人召开会议进行商讨。

2) 以造价为主导的全过程工程咨询集成服务

(1) 前期投资决策咨询

根据项目建设需求,依据《建设项目投资估算编审规程》《建设工程工程量清单计价定额》或相关的计价表、工程量计算规则、各种措施费、市场要素价格等进行项目投资测算分析,对项目建设的预期目标、预估总投资构成以及工程实施环境等做到心中有数,为立项后整个工程建设过程的投资控制、项目管理等全过程工程咨询服务打好基础。

(2) 全过程造价服务

为保证造价咨询正常进行,全过程工程咨询单位制订了如下的保障措施:

① 实行项目负责人负责制,主要负责项目实施全过程中与业主、建设单位等部门的沟通、协调;集中优势力量,组织具有同类建设项目造价咨询工作经验的人员组成项目小组开展工作;事前交底,专业分工,对各阶段工作全面、逐项审核,避免抽样造成的误差;对本工程项目全过程造价咨询工作各阶段工作成果进行三级质量复核,即详细复核、总体复核、最终复核;严格成果文件格式,规范管理。

② 设计概算、施工图预算的审核工作采用"专业咨询员自校—项目负责人复核—技术负责人审核"的三级审核制度,从而保证设计概算和施工图的预算的质量,便于后续工程投资控制、工程实施过程中的造价控制和工程结算等工作的开展。

③ 施工阶段造价咨询关键环节控制工作主要针对"设计变更""现场隐蔽工程签证""暂定价材料的核价"等重点,做好事前控制,严格事中控制,对工程的量和价两方面重点控制。

④ 造价控制措施。以苗木造价控制为例,本项目采用面积限价进行造价控制,设定上限。但由于未规定苗木的质量标准,包括品种、规格、种植密度,控制效果不佳。

⑤ 竣工结算审核工作应按准备、审核和审定三个工作阶段进行,并实行专业咨询员、项目负责人、技术负责人分别署名盖章确认的内部审核制度。审核的重点包括送审资料、工程量、综合单价、取费标准、设计变更和施工签证、计税标准、项目质量与控制等。

3) 其他集成工具与方法

(1) 企业内部三级质量控制机制

工程造价咨询三级质量控制制度,即专业咨询人员对造价咨询初步成果进行自校,项目负责人复核、技术负责人审核;成果文件的三级质量复核,即详细复核(第Ⅰ级复核)—总体复核(第Ⅱ级复核)—最终复核(第Ⅲ级复核)。

(2) 强强联合

本项目中,对于公司专业力量不强的项目管理业务,借助专业力量,以补足公司业务"短板"。

3.3.4 全过程工程咨询实施存在的问题

指标控制挑战大。本项目中,"施工缺乏质量标准控制指标,只有概念性的要求,无法具体阐述,特别是景观绿化工程,苗木品种、效果、密度要求",施工单位难以把握。采用费用单元计价时,应同时明确费用单元价格和质量。本项目中对费用单元进行了确定,如"考虑到用平方造价来控制",但未明确质量即技术标准,导致施工单位有机可乘。同时,造价控制重点在过程控制,应有完整的图纸,而本项目施工图纸根据施工效果完成,设计师把关,造价控制难度大。

3.3.5 启示

(1) 景观工程,特别是采用EPC模式的景观工程,业主发包前,设计图至少为扩初图,具备明确的工程定义,再由工程总承包单位完成施工图设计和后续项目建设工作。

(2) 适时进行造价数据整理。项目竣工结算后,公司作为造价咨询企业,应当及时总结本项目的景观工程等造价数据,从中总结得失,以供未来类似工程作参考。

(3) 调整计价方式。采用费用单元计价,应同时明确费用单元价格和质量。

(4) 设计前置及深度深化。设计尽可能前置,有图纸招标,施工图设计由总承包单位承担,提前筹划。

(5) 业务拓展。作为造价咨询单位,应积极吸收其他咨询业务,配备相应专业人才,以利于企业发展。

3.4 某学校项目

3.4.1 项目概况

××公学为房建项目,建设单位为南京××建设投资发展有限公司,施工总承包单位为南京××建设工程有限公司。经公开招标投标,公司中标为本项目全过程工程咨询服务单位,服务内容包括项目策划、招标代理、造价咨询、工程监理、工程设计,监理工作由全过程工作咨询单位委托南京××工程监理有限责任公司承担,工程设计按建设单位要求由全过程工作咨询单位委托南京××股份有限公司承担,项目全过程工程咨询服务组织结构类型为直线制,具体见图 3.4 所示。

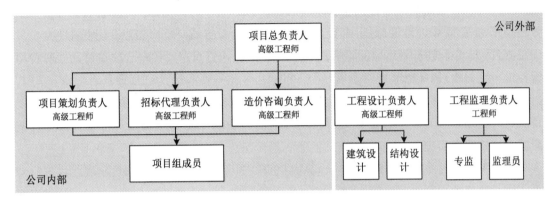

图 3.4　项目全过程工程咨询服务组织结构

3.4.2　全过程工程咨询项目管控的难点和重点

(1) 建设单位思维对设计控制较强

本项目中,建设单位借助全过程工程咨询平台与其他咨询服务单位建立合同关系,与全过程工程咨询分包单位之间仍按照传统思维模式运作。如设计单位虽然是全过程工程咨询单位分包,但设计图纸仍由建设单位提供,建设单位观念仍停留在传统模式,不接受全过程工程咨询单位建议,"观念老旧,缺乏引导",不利于全过程工程咨询单位和各分包单位的融合。

(2) 项目组织界面关系复杂

本项目"运营方是民营企业,××投资集团把学校建好后租给运营方,每年收租金,投资是靠租金。学校要怎么建,要造出什么样的学校是运营方拿主意。但是××投资集团要控制总投资,因为涉及收益问题"。由于本项目运营方即使用方,其关注项目建设效果,"租赁方要达到使用的要求,不能降档次降品牌",而建设单位关注项目总投资,双方对于学校建设存在各自不同的需求,建设单位关注投资与回收,租赁单位关注学校功能性要求的满足,建设单位投资控制与运营方需求存在"矛盾"。

3.4.3　全过程工程咨询实施的集成工具及方法

1) 全过程工程咨询项目管理团队的整合

公司作为全过程工程咨询牵头单位,对分包监理单位的工作质量应采用一定的监督措施。

(1) 公司充分发挥造价咨询企业优势,指导项目组充分融合工程监理工作,使工程监理分包单位团结合作、密切配合,全过程工程咨询服务卓有成效。目前项目正在顺利实施当中,项目投资也始终保持有效控制。

(2) 全过程工程咨询模式下,监理单位向全过程工程咨询单位提报月报、资料和参加例会等,相较于传统模式,不再是由监理直接签字,而是需要全过程工程咨询单位见证,并由全过程工程咨询单位见证材料是否合格、是否和招标品牌要求一致等。对分包单位管理更加严格,一方面,全过程工程咨询单位对监理单位进行监督,另一方面,"监理单位有自身的管理体系,包括现场监理实施细则、监理规划等"。施工前,监理单位提报监理规划给全过程工程咨询单位,全过程工程咨询单位按照规划要求,对监理单位实施的质量、进度、费用管控进行监督管理。

(3) 要求监理单位上报监理规划,对照规划检查监理行为是否合规。如要求监理在项目实施时旁站,"平时去现场查看,材料报验、送检的手续该完善就完善",检查旁站是否按照监理实施细则实施。

(4) 项目隐蔽工程验收计量时,公司项目组派人与监理单位同时参加验收计量,对监理工作进行监督的同时提高造价咨询工作的准确性。

(5) 实施月报制度,及时收集资料,确保监理资料上报完整。

2) 以造价为主导的全过程工程咨询集成服务

项目的使用方和项目的投资建设方有时不是一个单位,使用方注重功能目标;而投资建设方则要考核总投资控制目标的管理和实现情况,甚至还要考核其投资效益。在此情况下,项目的建设标准、功能目标要求和项目投资的经济性成为矛盾焦点。以造价咨询牵头的全过程工程咨询服务模式更有利于解决这一矛盾。

(1) 投资控制思路

投资咨询主要工作为项目投资测算分析。根据项目建设需求、《建设项目投资估算编审规程》《建设工程工程量清单计价规范》或相关的计价表、工程量计算规则、各种措施费、市场要素价格等进行测算和分析。一是依据项目建设需求进行规模分析;二是在规模内容及标准分析的基础上,参考相关投资估算指标,依据本地区市场价格水平,结合本公司多年积累的学校项目造价咨询成果经验数据,对项目总投资计划进行测算,帮助委托人合理确定项目估算总投资额。本项目的项目建议书确定项目总建筑面积为 9.7 万 m^2,而施工图设计完成后更改项目建筑面积约为 11 万 m^2,总建筑面积增加。

本项目投资控制工作思路为:首先,在总投资额(约 8 亿)的范围内,合理调整本项目的工程费用、工程建设其他费用和预备费用,使之更加贴合项目实际,更便于各项费用的控制使用;其后,做好施工阶段造价管理,严格控制设计变更和签证;最后,实事求是地依据施工总承包合同约定进行工程竣工结算审核。由此,使工程造价始终得到有效控制。

(2) 质量标准与价格联动控制

本项目方案设计由学校运营方负责提供,并要求按五星级酒店标准进行校园建设。公司及项目组对设计方案和校方建设标准要求进行仔细分析,根据以往同类型项目咨询积累的经验数据,预测按此要求设计的施工图预算必然严重超出既定的建安工程计划投资额。

因此,既要保证建设规模和满足寄宿制学校功能要求,又要符合控制项目总投资不突破计划总投资的110%的硬性要求,须重点做好设计阶段的工程费用控制。

一是进行两轮施工图预算编制,合理调整建安工程费的控制总额。在总平面图和施工图完成后,组织编制第1轮施工图预算,根据校方建设标准要求,对没有图纸的采用模拟清单或以专业工程暂估价方式计入预算,由于设计方案和校方要求的建设标准高于同类型工程水平,导致总价高达9.7亿元。对此,项目组根据以往同类型经验数据,在降低材料、设备、专业工程标准水平后提出调整意见,根据此意见,建设单位召集学校投资方与项目组设计、造价咨询人员进行了多轮磋商,最终形成第2轮施工图预算,总价降低为7.8亿元。该总价得到建设单位认可,将其确定为本项目建筑安装工程费的控制总额,并以此作为工程施工总承包的合同价签订施工总承包合同。

二是根据设计图纸进度及时进行比对、核算,合理控制造价。公司在收到该项目经审查合格的图纸后,立即组织专业人员与原图纸进行比对、计算,土建工程部分结构构件均有所增加,对此,项目组提出建议:进一步明确建安工程费增加额不超过施工合同价10%的投资控制总目标;允许设计院在设计过程中充分考虑投资控制总目标,尽量做到增减平衡。

(3) 施工阶段严格控制设计变更和签证

为保证项目2021年9月开学,项目开工前内装饰等专业施工图设计尚未完全完成,施工合同签约价中有较多暂估价材料和暂估价专业工程,在施工过程中不可避免地存在较多设计变更和签证。为此,项目组协助建设单位制定了严格控制设计变更和签证管理制度,规定施工变更和签证严格执行先审批后实施,除紧急事项允许补发外,否则不予审批、结算,从而保证设计变更及现场签证可以有效地进行事前估算,以达到成本过程控制的目标。全过程咨询项目部收到工程变更和签证后,首先审核工程变更和签证的合规性和有效性,是否在规定的期限内严格按照规定的流程进行申请,严格按工程变更和签证制度执行。

3) 其他集成工具和技术

(1) 投资控制动态情况书面报告制度

利用月报和专题报告及时向建设单位报告工程造价情况,提供投资控制方面的专业意见或建议,让建设单位充分了解投资状况。在项目的施工阶段,注重做好三方面工作:计算实际投资数据,了解投资的现状;进行预算值与实际值比较分析;发现偏差则立即提出采取控制措施的建议。

(2) 提供合作平台,使资料获取更便捷

传统模式下,各单位相互分离,资料无法获取,全过程咨询单位提供了各单位合作的平台,使各单位对原来不涉及的工作范围,能够提出一些要求,使得工程造价控制做得更好。如造价咨询中,监理提供有助于造价咨询的现场计量材料,准确性更高。

3.4.4 全过程工程咨询实施存在的问题

(1) 在设计方面话语权较弱,无法实现造价的主动提前控制

本项目中,由于公司不具备工程设计资质,须将设计工作分包给具有相应资质的设计

单位。为保证设计质量并符合建设单位对设计工作的管理要求,公司按照建设单位要求,选择具有房屋建筑行业设计甲级资质的本省知名设计单位承担本项目施工图设计业务,与之签订设计分包合同,由该单位委派设计组,在项目总负责人领导下,为项目提供设计服务。

本项目"招标时间紧张,招标图纸粗糙",设计不系统,大部分细节尚未深化,特别是装修机电标准不明确,导致后期施工图造价核算超投资估算,为全过程咨询单位的投资控制工作带来挑战。由于"全过程工程咨询服务中,设计管理能力较弱",及建设单位仍按照传统思维模式运作工程设计,全过程工程咨询单位无法对设计进行深入管理。

(2) 全过程工程咨询单位介入时间较晚

本项目中,"施工队伍三月份已进场,而全过程工程咨询团队四月份进场"。全过程工程咨询单位虽参与了本项目的多个阶段,但未能在项目开始初期就进行全过程把控,在管理上有一定难度。

3.4.5 启示

(1) 促进设计与造价融合

传统模式下,设计完成后进行预算;而全过程工程咨询模式下,在设计阶段提前规划,与造价同时进行,促进设计与造价的融合,对于整个投资效果较为理想。与建设单位交流过程中,应积极向其灌输设计与造价融合的观念,将需求前置,借助全过程工程咨询平台,实现造价与设计的融合。

(2) 妥善融合设计和监理工作

建设单位把设计、监理纳入全过程工程咨询范围内,为全过程工程咨询服务机构有效进行投资控制提供了技术保障。在与设计、监理单位合作过程中,清晰明确任务内容、范围、双方责任义务,并制订详细的违约处罚条款。在咨询过程中,造价专业人员紧跟设计步伐,及时跟进施工图预算,共同分析分部、分项工程超标原因,共同论证可行的调整建议方案,在工作中彼此充分尊重、团结合作、密切配合,以实现项目投资的有效控制。

(3) 帮助建设单位建立全过程工程咨询管理制度

目前,对于全过程工程咨询模式,公司已有较为完整的管理工作制度,"需要向业主灌输全过程工程咨询的概念,在确定全过程工程咨询合同之前,把实施方案、工作程序理出来,为业主提供构建建设工程管理制度的服务,这对全过程工程咨询单位也有要求,需要一定的技术力量、知识储备支持"。因此,全过程工程咨询如果能帮建设单位把全过程工程咨询模式下的建设工程管理制度建立起来,即实现建设单位全过程工程咨询内部制度,对于双方的合作将大有裨益。

(4) 深刻理解建设单位需求和顾虑

深刻理解建设单位的需求和推行全过程工程咨询的顾虑,始终要提前业主一步,组织和策划用于满足建设单位需求的技术和组织资源。比如在业主既信任,但是又犹豫的情况下,就要采用适宜的策略来影响建设单位。

3.5 对比分析

3.5.1 基本情况对比分析

本文 3.1 至 3.4 节研究分析了公司极具代表性的 4 个采用全过程工程咨询模式的工程总承包项目,在此基础上,增加至 10 个项目,分别从全过程工程咨询服务范围、签约酬金、分包等进行对比分析,具体见表 3.3 所示。

表 3.3 公司全过程工程咨询项目基本情况对比

序号	项目名称	签约酬金/万元	占投资估算比例	服务期限/日历天	分包
1	某初级中学项目	599.936 3	3.24%	618	工程监理
2	某服务区项目	8 136.690	2.10%	1460	工程监理、工程勘察、工程检测
3	某湿地建设项目	603.492	2.90%	150	工程监理
4	某学校项目	2 753.202	3.44%	635	工程监理、工程设计
5	某项目房屋建筑工程	18 955.490 2	1.54%	910	勘察(含检测)
6	某小学装修建设项目	101.669	6.18%	450	工程监理、工程设计
7	某安置房(公租房)项目	2 013.340	4.48%	900	工程设计、工程监理、其他[工程基坑监测、桩基检测、沉降(垂直)观测]
8	某棚户区改造项目	8 655.092 3	2.43%	1215	工程检测、工程监理
9	某中学改扩建工程项目	1 303.216 3	3.88%	930	工程监理、工程勘察
10	某道路维修及景观绿化改造工程	324.051 5	0.81%	1 825	工程监理

公司承担全过程工程咨询服务范围涵盖项目策划、招标代理、工程监理、工程设计、造价咨询、项目管理以及勘察、工程检测等,通常将工程监理、工程设计和勘察、工程检测咨询业务进行分包。

3.5.2 业务集成工具与方法

公司开展全过程工程咨询业务,受业主委托负责全过程的项目管理和服务,且"应当将依法需要资质但其不具备的(例如设计、监理)的服务分包给具备相应资质的企业实施"。因此,全过程工程咨询业务实施过程面临不同业务之间的集成。通过案例分析,本文对业务集成的工具和方法作了总结如下。

1) 整体管控

(1) 要求各分包单位人员按合同约定时间到场,并确保人员资质、数量符合要求,以及本着精简高效的原则设置本项目全过程工程咨询项目部，每个岗位由具有相应资格和经验的人员承担。如南京××服务区项目全过程工程咨询服务中，项目部设五个专业组，"在项目总负责人统一领导下分别承担招标代理、造价咨询、工程监理、工程勘察、工程检测等五个方面的工作，现场配备常驻15人，包括项目负责人1人、造价咨询6人、资料员2人、总监及监理员6人"。另外，公司组建专家顾问组，作为现场人员的后盾，为本项目建设出谋划策，并在需要时参与本项目的专题活动。但也存在各分包单位人员的专业性不足，如该项目中要求"咨询公司需要不同专业的人才，勘察、检测、设计、造价等，各专业的人都要有"。

（2）以造价控制为核心，要求各分包单位及时提供成果文件，以及对应分包工作的全面、详细的数据。传统模式下，各单位相互分离，资料无法获取，××公学项目中，全过程咨询单位为各单位提供了合作平台，并对各分包单位原来不涉及的工作范围提出一些要求，使得工程造价控制做得更好。如造价咨询中，监理提供有助于造价咨询的现场计量材料，准确性更高。各单位提供材料给全过程工程咨询单位，全过程工程咨询单位对资料的质量要求更加严格，并在提供材料的同时，对于可优化部分进行优化。

（3）针对各分包单位间的矛盾冲突，全过程工程咨询单位和各分包单位之间应树立整体意识，针对需要沟通协调的内容，由全过程工程咨询单位牵头协调解决。

以××初级中学监理分包为例，全过程工程咨询单位对监理单位工作质量监督机制具体包括：

① 见证。如材料、试块送检，公司项目组派人同监理单位共同见证，不再单纯的看报告签字。如在××初级中学项目中，"工程量存在争议时，全过程工程咨询单位和监理单位共同核对，无误后双方签字并向施工单位解释说明"。

② 要求监理单位上报监理规划，对照规划检查监理行为是否合规。如要求监理在项目实施时旁站，检查旁站是否按照监理实施细则实施。

③ 项目隐蔽工程验收计量时，项目组派人与监理单位共同参加验收计量，在对监理工作进行监督的同时提高造价咨询工作的准确性。如在××初级中学项目中，全过程工程咨询单位驻现场人员"负责签证变更、计量及施工进度审核和现场资料的收集"，并由公司层面统筹把握，实现企业内部资源的最大化利用。

④ 实施月报制度，及时收集资料，确保监理资料上报完整。在××初级中学项目中，也实施月报制度，由监理单位向全过程工程咨询单位提报月报、资料，并参加例会等。

2）造价主导

（1）全过程工程咨询服务过程，以投资控制为核心，进行项目质量验收

造价控制部门配合监理到项目现场，参照施工图纸检查项目现场实际情况，如发生施工单位改变施工工艺，及时进行核算。有些在图纸中未显示详细情况的，如某服务区项目入岩深度需现场判定，由监理现场记录并上报至公司，公司再根据现场实际情况审核施工单位上报价格是否准确、合理（防止超控制价）。

（2）分包单位及时提供造价数据信息

某服务区项目中，勘察单位负责人每周到项目现场2至3次，参与到施工过程中。勘察

单位现场判定入岩深度是否符合设计要求。项目遇特殊技术情况,如地下突然出现空洞,全过程工程咨询负责人可及时联系勘察负责人,由负责人到现场协助解决技术问题,同时确定造价,避免因沟通困难或联系程序复杂而导致技术问题搁置,拖延工期。同时,分包单位依靠自身管理体系,能够实现对现场质量、安全、进度、造价的合理控制。

3) 制度保障

(1) 实行项目负责人负责制,主要负责项目实施全过程中与建设单位、总承包单位等部门的沟通、协调。如某湿地公园项目中,项目负责人在现场采取"现场直接交换指令"的方式,沟通并解决问题;某初级中学项目中,"和建设单位、施工单位出现很难协调的问题,项目负责人以会议纪要的形式"进行沟通。

(2) 制订全过程工程咨询服务方案,明确全过程工程咨询服务制度和咨询服务思路,保障咨询工作正常进行,使业主满意。如公司层面使用全过程工程咨询服务手册,在投资控制方面,某学校项目规定,"在总投资额(约 8 亿元)的范围内,合理调整本项目的工程费用、工程建设其他费用和预备费用,使之更加贴合项目实际,以便于各项费用的控制使用"。

4) 信息共享

全过程工程咨询单位与其他参建单位的交流由事后沟通转变为事前沟通,资料获取时间提前,沟通机制更为顺畅。主要措施有现场会议、周/月报、例会、信息管理平台。具体包括:

(1) 对于能够在现场解决或沟通的内容,采取现场直接沟通交流方式。分包单位与全过程工程咨询单位的协调更多采用现场协调的方式。

(2) 项目现场存在工程问题无法直接解决的,各单位先将问题反馈至公司项目部,再由公司项目部通过联系单发布指令。

(3) 针对如某湿地公园苗木养护问题,各参建方开会对该问题进行讨论;但难以发出指令,需相关参建单位参与讨论的,由公司项目部发起会议,组织相关单位负责人与会商讨。

(4) 根据项目实际情况实施周/月报制度,及时收集资料,定期举行例会,以便于汇报和沟通项目实施进度和存在问题,为有效沟通提供依据和保障。4 个案例中均有周/月报制度,全过程工程咨询单位与建设单位、总承包单位之间通过该方式进行沟通协调。

(5) 运用信息管理平台,包括工程咨询管理办公系统、ECMS 管理系统、智慧造价等数字建筑平台搭建项目信息化应用平台,以实现项目信息化管理。

5) 协同一致

(1) 目标一致。打破传统模式下以阶段性目标为任务的目标体系,从全局出发,采用统一的工程总目标,不同工程咨询业务应该符合工程总目标。同时帮助建设单位和施工单位转变传统观念,高效协调以实现项目预期价值。如某服务区项目中,全过程工程咨询单位、勘察单位、检测单位在造价控制上,统一服务于工程总目标,提供准确数据资料,供设计单位使用。

(2) 责任一体化。注重不同工程咨询业务之间的内在联系。通过对工程咨询业务实行一体化决策、一体化组织、一体化控制,减少界面之间的漏洞,构建完整的全过程工程咨询机构责任体系,实现责任体系一体化。统一组织规则和组织文化,组织间摩擦小,效率高,形成高度集成化的团队。某服务区项目中,全过程工程咨询、监理、勘察、检测单位间合作密切,界面间虽存在矛盾,但通过全过程工程咨询单位协调,也得到了解决。但某学校项目中,设计不系统,大部分细节尚未深化,特别是装修机电标准不明确,导致后期施工图造价超投资估算,为全过程工程咨询单位的投资控制工作带来挑战。

3.5.3 不同业务组合方式下全过程工程咨询单位服务策略

1) 业务组合方式

为更清晰地展现目前公司全过程工程咨询项目所采用的咨询服务组合的情况,在基本情况对比的基础上,对4个案例中出现的咨询业务类型的频次以及专项业务被选择次数进行统计,具体如表3.4所示。分析可知,公司对于不同项目选择不同的服务组合类型,在7项咨询业务的选择频次对比中可知,造价咨询、工程监理、项目策划和招标代理四项业务所占的比例较高,占比分别为100%、100%、75%和75%,而工程设计与勘察检测所占的比例最低,均仅为25%。

表3.4 业务组合方式分析

名称	项目策划	工程设计	招标代理	造价咨询	项目管理	工程监理	勘察检测
南京市某初级中学项目	√		√	√	√	√	
某服务区项目			√	√		√	√
某湿地建设项目	√			√	√	√	
某学校项目	√	√	√	√		√	
合计	3	1	3	4	2	4	1
占比/%	75	25	75	100	50	100	25

2) "项目策划+造价咨询+招标代理+工程监理"业务组合

造价咨询单位具备融合招标代理和造价咨询的能力,招标代理和造价咨询服务的工作内容关联度较大,业主往往也倾向于将招标代理工作一并交予造价咨询单位,以提高招标代理工作的质量和减轻自身工作量。监理业务与造价确定联系密切,但由于造价咨询单位不具有承担监理业务的资质能力,本文的4个案例均将此项咨询服务进行分包,通过比选确定了合适的分包单位。

而由于设计业务的专业性要求非常高,造价咨询单位在原本不具备设计咨询能力的情况下难以在短时间内获得设计资质,因此在造价咨询作为实施单位的情况下,将工程设计业务进行组合的情况较少。如某项目中,"目前还没做到设计阶段的造价控制"。因此,造价咨询单位需要注重培养设计管理能力,一方面有利于对设计成果的把控,另一方面也能进一步提升"造价与设计业务的融合性"。某服务区项目和某公园项目中也提到,"咨询公司确实也需要不同专业的人才"。作为造价咨询单位,应积极吸收其他咨询业务,配备相应专业人才。

因此，企业自身能力、发展方向以及业主需求、项目实际情况等存在差异，不同项目所采用的全过程工程咨询服务组合类型也存在一定的差异。总体来说，少有咨询单位能够提供一站式的全过程工程咨询服务，因此公司全过程工程咨询单位的集成管理能力、服务融合能力还需要进一步提升。

3) 根据业务组合方式配置全过程工程咨询项目管理团队人员

全过程工程咨询单位根据咨询业务组合方式，组建对应专业组，在项目总负责人统一领导下分别承担各自专业工作。另外，公司组建专家顾问组，作为现场人员的后盾，为项目建设出谋划策，并在需要时参与项目的专题活动。

（1）人员要求

符合合同要求，懂造价。公司是以造价咨询为核心的全过程工程咨询单位，精通造价业务是除满足合同要求外的首要条件；此外，应具备项目经验；以及服从公司对各专业人员的调配。

（2）项目现场人员分工

① 负责人负责管理和全盘把控。

② 专业人员负责各项目专业技术支持。

（3）派遣至项目现场负责人的要求

具备综合全局的能力、协调能力（与业主及下设部门、项目承包单位、本组内部）；有与业主方合作经验的人员。

（4）动态考量

全过程工程咨询项目组根据项目进度需要配置驻场人员。如，项目集中在主体工程建设时，若只涉及土建、安装、装饰专业，项目组按现场专业需要，安排专业人员分别负责对应专业工程。

3.6 公司全过程工程咨询实践总结

3.6.1 目前取得的优势

（1）公司抓住了全过程工程咨询的战略发展期，率先积累了一批全过程工程咨询业绩

在全过程工程咨询推行早期，在装配式建筑可以采用邀请招标的政策背景下，公司及时联合监理企业拓展了第一批全过程咨询的业务，较早地积累了全过程工程咨询的项目经验和业绩，并参与了南京市建委的全过程工程咨询课题研究，以及到全国重点省份进行调研学习。

已完工程业绩将是影响下一步发展的重要因素。同时，如何充分挖掘已有项目经验，利用项目资源，培养和留住全过程工程咨询人才也是当前要重点考虑的问题。

（2）现场负责人开始利用全过程工程咨询的平台主动寻求改变

由于采用了全过程工程咨询模式,各方更容易协商,某些全过程工程咨询项目实施过程中,现场负责人主动对其他咨询专业提出配合需求,如要求监理、检测、勘察等在资料方面配合造价咨询工作。全过程工程咨询提供了一个各咨询专业协作的平台。

在实施过程中,造价咨询可以对造价需求进行前置考虑,从造价角度处理一些可能的争议(检测的案例、监理的界面问题、勘察的界面等)。从原来各自关注各自的咨询服务内容,到开始采用共同的问题解决方式,寻求各咨询方都满意的解决方案。

从其他合作咨询单位的角度,由于存在全过程工程咨询这样一个平台,其他的咨询单位也更愿意交流和探讨相互之间的配合和潜在的问题。早先无直接合同关系的几方(如监理和检测)也逐渐出现了愿意配合的意向,也有意愿共同讨论一些潜在的配合和合作等。

(3) 通过全过程工程咨询平台更主动地进行造价控制

目前,公司的全过程工程咨询仍以造价管控为主。通过全过程工程咨询的平台,造价咨询能更高质量地实施传统的造价咨询业务,特别是将原来串联的工作,转变为并联或者交叉进行。造价和监理在成本方面存在较多可融合的点,如监理的计量和造价的计价的组合,监理的质量验收和造价的结合等。

(4) 逐渐培养了一批承担全过程工程咨询项目的专业人才

由于参与了较多的全过程工程咨询项目,公司培养了一批全过程工程咨询项目的负责人。经验上,负责人逐渐熟悉跟其他专业进行统筹和配合,熟悉以牵头方的角色与业主打交道,扩展了之前以造价咨询业务为主的专业素质能力和知识范围。这一批人才在市场当中应当是稀缺的。

3.6.2 当前存在的问题

(1) 全过程工程咨询项目实施缺乏总体的规划和策划

牵头单位对如何做好整体规划仍缺乏系统性的认识。如总体工作任务安排,进度协调,各咨询单位工作界面和搭接的考虑和协调等。

为体现牵头单位的统筹能力和牵头作用,在项目开始前,应制订总体规划和筹划;项目过程中依照总体规划和策划实施;项目结束后,对总体规划和策划进行再复盘,总结和提升等。落实事前—事中—事后的全过程规范化管理。

(2) 意识到了跨专业合作的风险,但仍缺乏有效的方法

目前公司的全过程工程咨询项目是以造价牵头,因此仍很难从专业角度对监理、检测等单位提供支撑或管控,牵头单位还不具有相对应的专业能力。不同专业之间怎么进行协调,怎么理解不同专业的要求,同时在过程中找到契合的协调方式仍是全过程工程咨询实施的一个难点。

往后怎么选择分包,怎么管理分包,分包的界面如何划分等都是全过程工程咨询实施需要解决的问题。总体而言,如果是造价咨询企业牵头,对安全、质量控制相关活动的介入可能不会太深,因此在介入不深的情况下怎么牵头也将是一个难题。

(3) 各方的工作习惯的变化缓慢

项目各参建方的工作习惯变化缓慢,典型的如:在全过程工程咨询项目中,虽然业主和监理已无合同关系,但业主仍倾向于跟监理直接对接。此外,其他参建方的操作习惯、思维习惯等亦未发生根本性变化,仍采用原工作模式。

牵头单位的视野和项目管控能力目前仍处于发展中阶段,后续要更积极地影响业主和其他咨询单位,多形式、多途径地增进各参与方对全过程工程咨询的认识(如通过年终研讨、项目中期的交流等),使其对全过程工程咨询尽可能地达成共识。

(4) 业主对信任和控制的平衡

全过程工程咨询推行过程中业主仍在平衡信任和控制两方面。咨询企业要考虑业主是否愿意以全过程工程咨询组合的"打包"形式进行招标,如果不愿意,其背后的顾虑是什么?怎么来消除这些顾虑?只有在招标阶段消除了业主采用全过程工程咨询的顾虑,才能有全过程工程咨询实施的可能。其次,需要预估业主对全过程工程咨询实施过程的态度,是完全信任,还是会选择性信任兼以强监督。

(5) 全过程工程咨询成员之间的合作度的问题

虽然全过程工程咨询强调不同咨询服务的充分融合,但全过程工程咨询单位之间联系太紧密,是否也会导致业主的顾虑?咨询抱团,确实可能会损害业主的利益;但是太松散,联而不合,建设单位对全过程工程咨询这种形式也会存疑。怎么把握这个度是个难题,需要进行制度上的设计和考虑。

(6) 项目之间的交流和信息共享

目前公司有不少的全过程工程咨询项目,但是项目之间的熟悉程度不高,各个项目中好的做法并未被其他项目充分和及时地观察到,主要还是以现场负责人的自发性探索和实践为主。

(7) 与设计的协作尚未发挥关键作用

目前的全过程工程咨询项目中,设计未跟牵头单位进行有效融合,也缺乏工作上的搭接和进行限额控制等。因此,造价咨询单位需要注重培养设计管理能力,一方面有利于对设计成果的把控,另一方面也能进一步提升造价与设计业务的融合度。

(8) 项目层面缺乏正式的规则

目前现场融合性的改变仍以小范围、非正式的方式为主,现场负责人的协调和管控主要体现在流程性的、共同沟通探讨的问题,更倾向于探讨性、试探性地琢磨相互之间怎么能更好地合作,以非正式的、大家共同摸索的方式来建立合作关系,尚不愿意提出正式的管控措施。非正式的合作方式有利的一面是有助于各方接受,共同推进,不需要进行大的调整;不利的一面则是以个人经验处理为主,也就是以体现个人能力为主,尚未形成有效的知识积累。

(9) 全过程工程咨询的知识缺乏系统性

目前全过程工程咨询项目的实施仍以个人经验和理解为主,体现自发的学习和责任心,尚缺乏系统化的知识学习和提升。现场负责人的认识和知识体系很重要,这个可通过不同形式予以加强。

对企业而言,这些人才都是历经艰辛培养的,但在市面上,这些人都是稀缺的。能不能留住这一部分人才,将带来一系列的问题。

综上所述,公司开展全过程工程咨询服务,须继续明确全过程工程咨询服务总体规划,并在总体规划的基础上分别建立项目层面和企业层面的管理体系,实现公司全过程工程咨询服务向更高水平发展。

3.6.3 展望和建议

全过程工程咨询的推行主要带来了两个变化:咨询和业主的关系,以及咨询企业的集成能力。因此未来发展仍需以此为基础,有针对性地建立持续性的竞争优势。

(1) 解放思想,充分认识到全过程工程咨询提供了一个平台

全过程工程咨询为咨询服务的发展带来了全新的契机和可能,不宜局限在具体的模式或者单一的业务需求中,也不是简单的咨询业务的组合叠加等。在全过程工程咨询的平台上,可以开展多种形式的咨询服务。在思想上应充分认识到这一点。

(2) 总体规划

全过程工程咨询单位开展全过程工程咨询服务,应在前期做统一规划协调,于招标代理进场时开始介入,统筹协调勘察、检测、监理、施工单位的工作界面,提前规划各单位工作界面的搭接,避免产生矛盾,影响工程进度。同时,在前期策划阶段,将相互之间可能存在的配合点知会相关单位,以便于后续工作的开展,使前后联系更加紧密。

(3) 深刻理解业主的需求和顾虑

业主的咨询业务委托是咨询企业生存的根基。目前阶段,大部分业主对全过程工程咨询是有顾虑的,企业需要在业主招标前深入了解业主的顾虑,在招标前就要进行接触、了解,提前帮业主出谋划策,并始终提前业主一步。比如业主想采用全过程工程咨询,但是又有点犹豫的情况下,该采用怎样的策略来影响业主? 同时在这个变革时期,需要深刻理解业主的需求,同时也需要引导业主的需求,组织和策划用于满足业主需求的技术和组织资源。在进行全过程工程咨询服务总体规划和策划之前,应当对业主的需求做充分的调研,并在策划中全面体现和贯彻。

(4) 培育其他的咨询合作伙伴

合作伙伴可以是项目上的,也可以是技术支持性质的。对于公司专业上不是特别强的分包单位管理,一是通过合同约定,将勘察、检测、监理等分包单位的具体任务予以明确;二是通过全过程工程咨询单位的管理加强过程性资料审核,对分包单位形成约束与监督。现阶段,难以通过获取资质的方式快速壮大企业,但是可以通过相互合作的方式提升企业整合和调动外部资源的能力,培养和管理长期合作伙伴。与由建设单位推荐其他分包单位相比,全过程工程咨询自己培育其他合作伙伴,合作上更加便捷,效果更好。

还有一种考虑是聘请专家团队,这样可以即聘即用。考虑业务量的不连续性,即聘即用的专家团队在目前可能比雇佣一批专业人士更为有效。另外,可尝试发展长期合作单位,基于长期合作关系,双方建立良好的沟通机制,可避免重复花费资源和时间进行磨合所

造成的浪费，也更能保障咨询成果的质量。还可以跟其他类型的咨询企业（如监理）展开定期的交流，增进双方对不同咨询服务运作的理解。总而言之，为实施全过程工程咨询项目，企业需要有能调动其他咨询服务融合性工作的能力。

（5）主动影响业主和其他咨询方

目前公司已经站在全过程工程咨询行业的前端，可以借用各种平台、机会等影响业主和其他的咨询方。如通过私下交流、研讨、提供公司的全过程工程咨询项目手册和研究成果等方式从思想和意识上影响其他的参与方，为实施和推行全过程工程咨询的管理工具、方法提供基础。只有在各参建方认识一致的情况下，推行全过程工程咨询及其他理念才能更容易落地。

（6）构建系统性的知识体系，加强培训

目前已有了一批项目，也培养了一批专业人才，但知识的体系性尚存在不足，大家都在摸着石头过河。如何进一步推进和改进全过程工程咨询业务的质量和水平，关键在人的能力和视野。须增进与同行（同咨询专业、不同咨询专业）的交流和学习，在干中学，及时积累和沉淀相关的经验。

目前，各单位之间通常通过"面对面""开小会""到现场确认"等方式进行沟通，处理问题十分高效，但是对于知识的积累可能不是一个很好的方式，须考虑如何通过合适的机制，将经验固化。

（7）建立常态化的试点、实施、总结的管理体系迭代机制

公司可以有意识地在某些项目试点全过程工程咨询的某些理念、工具和方法。通过试点创新等方式促进持续性的学习，不停地迭代公司对于全过程工程咨询项目管理的能力和体系，以形成同行难以模仿的资源和能力。这是一个动态的发展过程，而非仅停留在某一点，因此，需要建立常态化的试点、实施和总结的管理体系迭代机制。

（8）固化和沉淀已有的良好做法

目前积累的与监理、检测、勘察、建设单位合作的经验，应尽快地形成文档，有针对性地在其他项目中进行推广。其中包括界面处理、责任的划分、与业主的沟通和协调等。另外还包括沉淀数据，充分挖掘造价信息的价值，这一方面有利于解决全过程工程咨询项目的信息"孤岛"问题，另一方面也有利于造价咨询单位进行数据储备，打造企业的核心竞争力。

（9）行业的宣传影响

工程咨询企业非常依赖自身在行业的声誉和影响，这是影响业主选择的关键因素之一。公司在全过程工程咨询方面积累了丰富的经验，可以更加充分地贡献经验和进行宣传。既可针对特定的建设单位群体，亦可针对业界同行。

（10）培育持续竞争力

目前，公司已具备较强的市场竞争优势，但行业改革频繁、同类企业发展势头较猛，企业竞争优势的保持是亟须筹划的重要内容。企业应均衡和协调内部与外部各种资源，充分考虑企业当前发展与长远发展的相互协调，使自身能够持续地比其他企业更有效地向市场提供服务，获得赢利，不断加强自身的综合素质。

第 4 章 项目层面全过程工程咨询管理体系设计

项目层面全过程工程咨询管理体系按照"工作任务（成果）→工作/管理活动（完成成果需要安排的工作或管理活动）→组织（为完成活动而安排的岗位和人员等）"的构建思路进行设计。

本章的内容安排如图 4.1 所示。

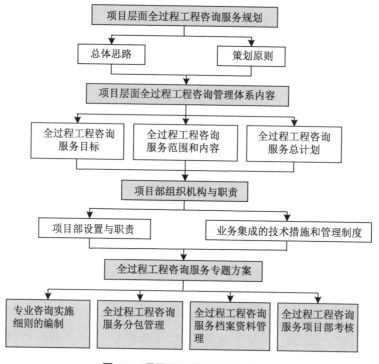

图 4.1 项目层面的总体策划内容

4.1 项目层面全过程工程咨询服务规划

全过程工程咨询服务规划对全过程工程咨询服务的实施起到指导和控制作用，是开展咨询服务的行动纲领和指南。通过服务规划，避免专项服务规划之间出现理念、原则不一致而引起阶段割裂、专业衔接不畅的问题，也有助于解决各专项咨询服务之间界面重叠、责任划分不清等问题，有助于整体性、系统性、集成性的咨询成果的形成。

从全局、整体的角度定义服务总目标是全过程工程咨询服务总体规划的首要工作，须综合考量服务范围、现场环境以及制约条件等多方面因素形成统一的总目标。随后根据总目标,基于各专业服务特征以及项目具体情况进行总目标的分解,根据总目标确立咨询服务的基本原则,建立服务理念,并基于已定的目标和服务原则进行全过程工程咨询服务实施的总体规划,包括组织机构设置、业务集成管理、专题方案编制、分包管理、档案资料管理等。全过程工程咨询服务的服务规划从集成管理的角度对工程咨询服务实施整体策划,基于全寿命周期的角度对各阶段、各专业的服务过程进行综合性考量,有效保障咨询服务的连续性和咨询策划的可操作性,可有效指导后续服务的落实。

4.1.1 总体思路

1) 全过程工程咨询服务规划编制的总体思路

全过程工程咨询服务规划编制采用"目标→理念→实施方式→考核"这样一个闭环的总体思路,见图4.2所示。

(1) 目标。从全局、整体的角度定义咨询服务目标,综合考量服务范围、现场环境以及制约条件等多方面因素,形成统一的咨询服务总目标。

(2) 理念。确立咨询服务的基本原则,建立服务理念和全过程工程咨询服务规划编制原则。

(3) 咨询服务实施方式。基于已定的目标和服务原则进行全过程工程咨询服务实施的总体规划,包括:总体计划、项目部组织设置与职责划分、各咨询业务集成技术措施和管理制度、分包管理、档案资料管理、专业咨询实施细则要点等,对全过程工程咨询项目的实施过程进行统筹安排和控制。

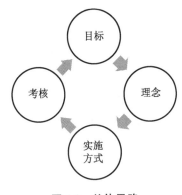

图 4.2 总体思路

(4) 考核。明确咨询服务成果形式以及成果的评价标准,为项目实施完成后的成果评价总结提供依据。

2) 全过程工程咨询服务规划的主要内容

(1) 编制依据;
(2) 项目概况;
(3) 编制原则;
(4) 全过程工程咨询服务的目标;
(5) 全过程工程咨询服务的咨询服务范围和内容;
(6) 全过程工程咨询服务总计划;
(7) 全过程工程咨询服务项目部设置与职责;
(8) 咨询业务集成的技术措施和管理制度;
(9) 全过程工程咨询服务专题方案;
(10) 各专业咨询实施细则的编制要点;
(11) 全过程工程咨询服务分包管理(如有);

（12）全过程工程咨询服务档案资料管理；

（13）全过程工程咨询服务考核。

3) 全过程工程咨询服务规划编制的流程

全过程工程咨询项目部编制全过程工程咨询服务规划→报全过程工程咨询部审核→报技术负责人审定→报业主批准或备案。

4.1.2 策划原则

1) 项目层面全过程工程咨询服务规划作用

（1）服务业主需求。全过程工程咨询服务规划需以业主/客户需求为本，赢得业主信任，以实现建设项目目标为中心，全面反映合同文件和业主需求，实现工程建设项目的最佳效益。

（2）作为纲领性文件。全过程工程咨询服务规划作为全过程工程咨询纲领性文件，指导和规范全过程工程咨询的实施，并为全过程工程咨询项目部以及分包单位（如有）的考核提供依据。

（3）统领专业咨询服务规划。全过程工程咨询服务规划对各咨询服务之间的工作融合、界面划分和流程衔接等进行详细的说明，作为后续各专业服务规划的指导，是各专业咨询服务规划和实施的统领性文件。

2) 全过程工程咨询服务规划注重各专业咨询服务之间的融合

（1）立足于项目层面，考虑各咨询业务的协调和工作责任，避免咨询业务之间的联而不合。

（2）站在集成管理的角度，运用集成管理思维对各项咨询服务的目标进行协调，以及实现对各专业服务的综合计划和综合控制。形成一体化、全过程的整体最优的咨询方案，以使项目创造最大效益。

（3）"跨主体"。对全寿命周期内所涉及的相关组织、组织间所存在的关系，以及由组织关系形成的责任界面、工作界面等问题进行全面、综合性考量，实现跨主体的融合。

（4）"跨阶段"。以全过程的思维，促进不同阶段的咨询业务提前介入和往后延伸，同一阶段的不同咨询业务充分融合。

（5）"跨专业"。各咨询服务对其他专业咨询提出配合的要求，并共同参与咨询服务成果的审核。特别是促进造价与设计、监理、招标代理的融合。

3) 全过程工程咨询服务规划实施保证机制

（1）全过程工程咨询服务规划应在工程咨询服务开展前由咨询项目负责人组织编制，经咨询单位相关业务部门审查、公司技术负责人批准后实施。由全过程工程咨询总负责人组织在咨询项目部内部进行交底并形成交底记录。

（2）全过程工程咨询各咨询业务均须按照服务规划的要求，设立相应的组织机构，明确职责，确立分项目标，制订管理办法，建立考核机制，围绕目标和共同责任，协同工作，全过程、全方位、全员实施综合集成管理。

(3) 全过程工程咨询成果文件应符合现行国家和行业有关标准规定。如业主对质量标准要求高于现行国家或行业有关标准规定的,应在全过程工程咨询合同中予以明确。

(4) 应根据服务规划,定期或不定期对其咨询工作进行回访,听取业主的评价意见,并结合本机构的质量保证体系进行总结完善。

(5) 全过程工程咨询项目部根据事前策划—事中实施—事后总结的闭环程序对服务规划进行持续提升。

(6) 全过程工程咨询总结报告流程:各专业咨询报告审核、审批或备案完成→项目现场负责人编制总报告→项目总负责人复核→全过程工程咨询部审核→技术负责人(或总工办)审定→总经理批准→公司签章→报业主→归入全过程工程咨询档案。

(7) 全过程工程咨询总结和考核流程:①项目部总结:全过程工程咨询档案完成移交→项目现场负责人编制总结报告→全过程工程咨询部审核→技术负责人(或总工办)审定→总工办归档。②专业项目考核,包括分包专业考核与自营专业考核:专业咨询档案移交→项目部提出考核意见→全过程工程咨询部审核→技术负责人(或总工办)审定→总经理审批。

当实际情况或条件发生重大变化时,全过程工程咨询服务规划应按要求进行修订和完善,并履行相关审批手续。

4.2 项目层面全过程工程咨询管理体系内容

首先,在全面分析项目重点和难点、环境调查和业主的管控要求的前提下,基于业主方要求的本项目咨询服务范围和具体工作任务内容,明确全过程工程咨询服务目标。其次,考虑各专业咨询服务的工作界面和协调,制订全过程工程咨询服务总计划,各专业咨询应根据总计划,明确各自的计划安排。

4.2.1 全过程工程咨询服务目标

1) 确定咨询服务目标前,进行总体分析

(1) 项目重点和难点。收集和调研过往各类型项目的经验,进行总结和分析。对项目存在的边界条件进行梳理,确定项目当前及实施过程中可能存在的重大风险、难点等。

(2) 环境调查。环境调查和分析包括建设环境(如能源、基础设施等)、自然环境、市场环境、政策环境和宏观经济环境等。对项目周边的约束情况进行综合分析,并分析当前政策情况,主要是分析政策中的约束和支持等方面。

(3) 业主的管控要求。重点分析业主的目标要求、业主对咨询的管控要求、业主的授权和管控界面、业主和全过程工程咨询单位的界面和协调机制。

分析业主对全过程工程咨询的期望,以及业主对项目的要求,明确业主需要管控哪些内容(如造价、设计、检测等)。全过程咨询单位要满足业主的管控要求,同时牵头单位须将管控充分反映到服务规划和专业咨询实施细则中。

(4) 风险分析。分析目前存在的潜在风险,对项目目标风险提出应对策略。特别是针对投资目标的确定、工期目标等的合理性进行系统分析,提示业主风险可能性,并提出相应的规避措施。

(5) 其他。包括在全过程工程咨询范围内的咨询服务的工作交接机制,以及已完咨询成果的分析,如项目建议书、可研报告等。分析其他的咨询业务的界面,如前期可行性研究是其他单位承担,应充分分析和理解可研的成果和要求等。

2) 工程建设项目总目标

(1) 业主制订的包括功能目标(功能、产品或服务对象定位、工程规模)、技术目标、时间目标、经济目标(总投资、投资回报)、社会目标、生态目标等。

(2) 本咨询服务预期实现的目标按照业主需求在工程咨询服务合同中约定。合同约定的管理目标及其责任,作为公司与项目总负责人及项目代表签订责任书的基础内容,是项目完成后考核评价的依据。在全过程工程咨询服务合同中,项目管理目标一般包括投资控制目标、项目质量目标、项目安全文明施工目标、项目进度目标等四项,并明确具体要求。

全过程工程咨询项目部须签订目标责任书且符合以下流程规定:全过程工程咨询部制定初稿→技术负责人审定→项目负责人签订责任书。

4.2.2 全过程工程咨询服务范围和内容

应按照业主需求,全面分析合同文件,明确全过程工程咨询的服务范围和内容;明确各专业咨询的服务范围和内容要求。

系统分析业主、承包商、全过程工程咨询三者的界面,针对特定的承发包方式,如平行发包和工程总承包等模式,梳理工作界面。对服务范围和工作界面模糊部分,应咨询业主进行澄清,予以明确界定。

全过程工程咨询服务阶段可以覆盖项目策划、决策、建设实施(设计、招标、施工)、运营维护全过程,常见的咨询服务包括:

(1) 项目管理,主要包括但不限于设计准备阶段项目管理、勘察设计阶段项目管理、施工安装阶段项目管理、竣工验收阶段项目管理、项目风险管理等。

(2) 项目策划,主要包括但不限于项目功能策划及论证、项目投资机会研究、项目(预)可行性研究编制、项目(预)可行性研究评估、项目申请报告编制、项目申请报告评估、项目资金申请报告编制等。

(3) 工程设计,主要包括但不限于建设方案设计、初步设计、施工图设计、岩土工程设计、环境设计、景观设计、建筑设计、结构设计、装饰设计以及建设实施阶段设计服务等。

(4) 招标代理,主要包括但不限于施工招标代理、货物采购代理、其他不在全过程工程咨询服务范围内的服务招标代理等。

(5) 造价咨询,主要包括但不限于投资估算编制或审核、项目经济评价报告编制或审核、概算编制或审核、施工图预算编制或审核、工程量清单编制或审核、最高投标限价编制或审核、施工全过程造价咨询、工程结算审核、工程决算配合等。

（6）工程监理，主要包括对工程进行进度、质量、投资、安全四控制，合同管理、信息管理，协调施工现场各方面关系。主要阶段一般分为勘察设计监理、施工监理、保修期监理等。

（7）工程勘察，主要包括但不限于岩土工程勘察、岩土工程设计、工程测量等。

（8）工程检测，主要包括桩基检测、基坑监测、沉降观测等。

（9）其他，主要包括 BIM 咨询、项目融资咨询等。

应根据业主需求和全过程工程咨询服务合同约定编制各专业咨询服务实施细则。对服务范围和内容进行风险分析，对属于业主的风险，考虑并提出合理的风险规避方式，风险过大的，应建议业主调整，并说明理由。咨询范围不清晰的应咨询业主进行澄清，予以明确界定。实施过程中的范围变更、业主需求变更等应签订补充协议。

4.2.3 全过程工程咨询服务总计划

全过程工程咨询总计划要立足于项目层面，考虑各专业咨询服务的工作界面和协调。将项目策划、工程设计、招标代理、造价咨询、工程监理、项目管理等咨询服务作为整体统一管理，形成连续、系统、集成化的全过程工程咨询管理系统（图 4.3）。

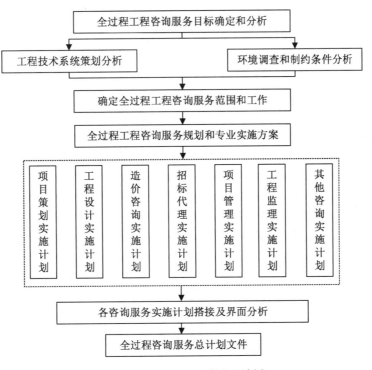

图 4.3 全过程工程咨询总计划

1）实施流程

实施流程包含 5 大阶段（依据全过程工程咨询合同进行菜单选择），如图 4.4 所示。

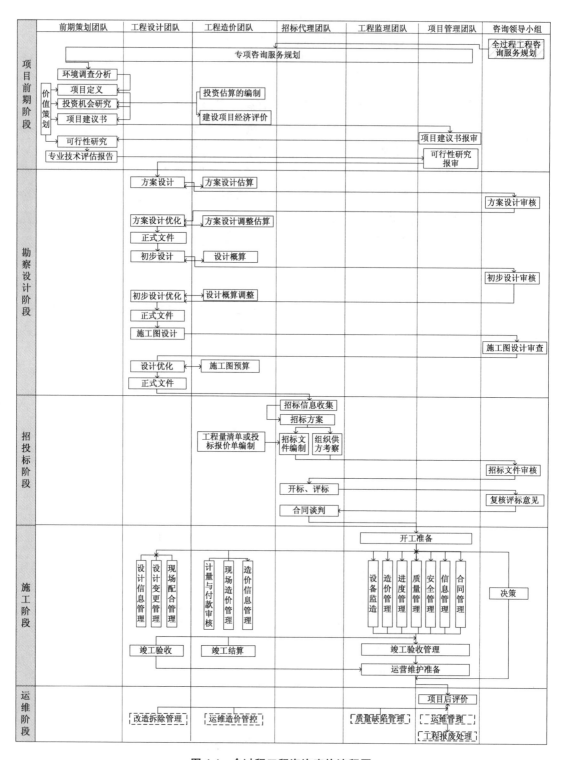

图 4.4 全过程工程咨询实施流程图

注：该图可根据项目的专业咨询内容进行调整

(1) 前期阶段

在整个项目开始实施之前,全过程工程咨询领导小组首先进行全过程工程咨询服务规划,以及各专项咨询服务的实施细则编制。前期策划过程主要由前期策划和工程造价团队参与(如有)。

(2) 勘察设计阶段

从前期阶段进入勘察设计阶段,工程咨询实施的主要团队由前期策划团队转为工程设计团队和工程造价团队。勘察设计阶段由咨询领导小组负责进行各阶段设计方案的审核和决策。

(3) 招投标阶段

从勘察设计阶段进入招投标阶段,设计团队从负责咨询业务开展的角色转变为辅助角色,招标代理团队开始发挥主要功能。

(4) 施工阶段

施工阶段是参与咨询团队最多的一个阶段。以项目管理和工程监理团队的管控协调为主,造价团队提供相应的造价管理服务,设计团队主要提供设计咨询协助,工程勘察、检测也将提供相应咨询服务。在全过程工程咨询实施流程确定的基础上,明确项目目标、咨询服务范围和内容,提前规划各专业咨询业务逻辑关系、进场时间、退场时间,协调工作界面和准备工作面,全过程工程咨询项目部总体管控,形成总计划,并以此作为考核依据。

(5) 运维阶段(根据合同需求情况进行设置)

对应全过程工程咨询总计划,编制相应的资源配置计划(包括资金、人员、机械设备、材料等),通过对投入的资金、人力、设备和材料进行有效、合理地规划及落实,在保证总计划实现的前提下,实现资源利用最大化。

2) 总计划编制原则

全过程工程咨询总计划编制的原则包括:

(1) 在遵守相关法律法规基础上,充分考虑业主对项目的管控要求。

(2) 充分考虑不同咨询服务专业的界面搭接,促进各咨询服务之间的融合。

(3) 贯彻风险意识,结合项目特征、当前的经济与政策等外部环境,提出适当的预防措施及应对策略。

(4) 应遵照PDCA(计划—实施—检查—改进)循环,建立计划的调整与反馈机制。实现对计划的动态闭合管理,有效指导全过程工程咨询服务的开展,符合工程实际。

全过程工程咨询领导小组根据项目总计划安排,对过程进行跟踪,分析实际情况与计划之间的偏差及原因,针对存在的问题提出具体解决措施。各专业咨询应根据总计划明确各自的计划安排。对于专业咨询的人员、机械设备、材料等计划情况应通过专业咨询服务实施细则予以细化,并以此作为考核的依据。

3) 招标代理工作流程

成立招标代理组→招标所需资料收集→招标(发包)方案编制→业主审核→招标公告(或资格预审公告)及招标文件编制(三级审核)→报业主审核→发布招标公告(或资格预审

公告)→投标人资格预审→发售招标文件→招标文件的澄清或修改,组织现场踏勘→接收投标文件,组织开标、评标、定标等相关工作→评标结果公示→公布中标结果、办理中标通知书等手续→招投标书面报告备案→协助业主与中标人签订合同→资料移交→项目部考核评价→公司考核。

4) 造价咨询工作流程

造价咨询项目总流程:成立造价咨询组→基础资料收集→编制并提交造价咨询工作方案→造价咨询作业(分项作业、三级审核)→初步成果报业主审核→修改完善→技术负责人审定→总经理审批→出具咨询报告→项目部考核评价→公司考核。具体流程如下:

(1) 投资估算

收集、熟悉资料→与业主沟通交流并踏勘现场→完成投资估算初稿→造价咨询组进行工程估算编制→造价咨询部审核→报业主审核→修改完善→技术负责人审定→总经理审批→出具投资估算报告。

(2) 方案比选

收集、熟悉各参选方案→对每个方案进行估算测算→衡量比较各参选方案的经济性、实用性、可行性→提出比选意见→造价咨询部审核→报业主审核→修改完善→技术负责人审定→总经理审批→出具方案比选报告。

(3) 设计概算编制或审核

收集、熟悉初步设计图等资料→完成设计概算编制或审核初稿→造价咨询部审核→报业主审核→修改设计概算编制或审核初稿→设计概算提交评审→修改完善→技术负责人审定→总经理审批→出具设计概算编制或审核报告。

(4) 限额设计

① 收集、熟悉经批准的投资估算和各专业使用功能标准→确定投资分解方案→完成限额设计方案初稿→造价咨询部审核→报业主审核认定→出具限额设计方案报告。

② 初步设计概算审核初稿→报业主审核认定→技术负责人审定→提出限额设计审核意见。

(5) 优化设计咨询

熟悉各专业使用功能标准→研究现有设计方案→运用合适方法、利用各种指标进行分析比较→提出优化设计意见初稿→造价咨询部审核→报业主审核认定→技术负责人审定→出具优化设计咨询意见。

(6) 施工图预算编制或审核

收集施工图、招标(投标)等文件资料并熟悉施工现场→施工图答疑澄清→完成施工图预算初稿→造价咨询部审核→报业主审核→修改完善施工图预算→技术负责人审定→总经理审批→出具施工图预算报告。

(7) 工程量清单、最高投标限价的编制或审核

① 招标清单(EPC 招标)、最高投标限价:收集发包人要求、立项、投资估算等相关资料并熟悉施工现场→答疑澄清→完成招标清单、最高投标限价初稿→造价咨询部审核→报业

主审核→修改完善招标清单→技术负责人审定→出具招标清单、最高投标限价报告。

② 工程量清单(施工招标)、最高投标限价：收集施工图等文件资料并熟悉施工现场→施工图答疑澄清→完成工程量清单、最高投标限价初稿→造价咨询部审核→报业主审核→修改完善工程量清单、最高投标限价→技术负责人审定→出具工程量清单、最高投标限价报告。

(8) 中标人的投标报价书审核

审核中标人投标报价书→出具审核意见，提出签订合同时应考虑或应解决的事项及建议→造价咨询部审核→技术负责人审定→出具中标人投标报价书审核意见。

(9) 提出资金使用计划建议

确定投资控制总目标→投资总目标分解→提出投资控制方面的专业意见和建议→完成资金使用计划建议初稿→造价咨询部审核→报业主审核→修改完善→技术负责人审定→形成实施过程中各阶段资金使用控制目标→利用月报或专题报告向业主报告工程造价情况→提供投资控制方面的专业意见和建议。

(10) 工程款支付咨询

审核每月工程完成量报表→审核工程款支付申请→完成工程款支付咨询意见初稿→造价咨询部审核→报业主审核→修改完善→技术负责人审定→出具工程款支付咨询意见报告。

① 工程变更：审核工程变更申请→工程量及造价增减分析→计算工程变更价款→造价咨询部审核→报业主审核→签署并出具审核意见。

② 工程签证：接收隐蔽工程现场签证通知→与监理共同进行现场验证→现场实测资料留存→签署现场签证意见。

③ 工程索赔的处理：接收索赔通知→现场调查、收集相关证据材料→分析索赔事件的形成原因→判断事件发生的责任主体→审查索赔要求的合理、客观、真实、有效、合规性→提出索赔处理意见→造价咨询部审核→报业主审核→签署索赔处理意见→协助索赔处理。

(11) 工程结算审核

接受工程结算及资料→初步审核资料完整性→现场踏勘→审核→完成审核初稿→造价咨询部审核→报业主审核→业主主持与报审单位核对→修改完善→报业主审核认定→签署审定单→技术负责人审定→总经理审批→出具结算审核报告。

(12) 工程竣工决算咨询

配合建设单位完成项目竣工财务决算及审计部门的审计工作，按建设单位的要求和安排，向政府审计机构提交相关的资料和数据，参加相关会议，对财务决算和审计部门提出的相关问题做技术性解释和分析。

(13) 全过程工程造价管理咨询

确定管理目标→检查审核→纠正偏差；分设计、招标、项目实施、竣工结算四个阶段，做到事前、事中、事后全面控制。

5) 专项分包咨询业务的工作流程

(1) 专项咨询分包单位选择流程

按项目规模和业主要求择优拟定候选分包单位短名单→收集短名单单位资料→报业

主审核→确定分包单位。

(2) 专项分包咨询业务实施流程

专项咨询分包工作有明确的工作任务划分,在各专业咨询完成每一项咨询服务工作、形成咨询服务成果提交业主审核前,均需由公司现场负责人审核。具体流程如下:

① 项目策划的工作流程：签订专业分包合同→成立咨询小组→基础资料收集→现场调查采样→室内分析(造价咨询组配合进行投资分析与研究)→编制咨询报告→分包单位内部审核→业主审核→报主管部门审批或备案→咨询成果档案报项目部备案→项目部考核评价→全过程工程咨询部审核→技术负责人审定→费用结算。

② 设计的工作流程：签订设计分包合同→成立设计组→基础资料收集→设计作业(分4部分工作内容)→项目部考核评价→全过程工程咨询部审核→技术负责人审定→费用结算。

A. 方案设计：设计人熟悉资料→与业主沟通交流并踏勘现场→完成方案初稿→设计单位内审(造价咨询组配合进行投资估算审核)→业主审核→修改完善→方案设计提交规划审查→修改完善→提交规划评审→批准。

B. 初步设计(含概算)：完成初步设计初稿→设计单位内审(造价咨询组配合进行工程概算审核)→业主审核→修改完善→初步设计(含概算)提交审查→修改完善→提交政府审查→批准。

C. 施工图设计：完成施工图设计初稿→设计单位内审(造价咨询组配合进行工程预算编制或审核)→业主审核→修改完善→施工图设计提交图审中心审查→修改完善施工图设计→审图中心审查合格→出图。

D. 设计服务：设计交底→设计意图贯彻→招标配合→重要材料设备采购咨询→施工过程及设计变更服务→竣工图审核及竣工验收→城建档案备案配合。

③ 工程监理的工作流程：签订监理分包合同→配备总监并成立监理组→基础资料收集→编制监理规划和专项监理实施细则→监理单位内部审核→现场负责人审核→业主审定→驻场监理实施→组织项目竣工预验收→编制监理总结报告→监理单位内部审核→现场负责人审核→报业主审核→报质量、安全部门审查备案→组织项目竣工备案→监理档案报项目部备案→项目部考核评价→全过程工程咨询部审核→技术负责人审定→费用结算。

④ 工程勘察的工作流程：签订勘察分包合同→成立勘察小组→基础资料收集→编制并提交勘察工作方案→现场放线定位→钻探采样→室内试验分析→编制勘察报告→分包单位内部审核→现场负责人审核→业主审核→通过图审中心审查→勘察成果档案报项目部备案→项目部考核评价→全过程工程咨询部审核→技术负责人审定→费用结算。

⑤ 工程检测的工作流程：签订工程检测分包合同→成立工程检测小组→基础资料收集→编制并提交工程检测工作方案→现场检测作业→室内分析并定期提交阶段数据→编制工程检测咨询报告→分包单位内部审核→现场负责人审核→业主审核→报质量监督部门审查备案→工程检测成果档案报项目部备案→项目部考核评价→全过程工程咨询部审核→技术负责人审定→费用结算。

⑥ 其他专业(如有)的工作流程：签订专业分包合同→成立专业咨询小组→基础资料

收集→编制并提交专业咨询工作方案→现场作业→室内分析并定期提交阶段数据→编制咨询报告→分包单位内部审核→现场负责人审核→业主审核→报主管部门审批或备案→专业咨询成果档案报项目部备案→项目部考核评价→全过程工程咨询部审核→技术负责人审定→费用结算。

(3) 分包专项咨询费用结算与支付流程

① 结算：分包单位提交结算申请书→项目部复核→全过程工程咨询部审核→报业主审核(或业主委托审计)→财务部审定→结算审定。

② 支付：业主支付款到账→分包单位申请支付→项目部复核应付费用→全过程工程咨询部审核→财务部审定→总经理审批→支付。

4.3 项目部组织机构与职责

全过程工程咨询企业受业主委托，在企业中选派特定的专业人士，按照统一的工程咨询总目标、责任体系一体化、信息共享、跨阶段融合的原则，组成跨职能部门的全过程工程咨询团队。全过程工程咨询团队依照咨询合同，以业主利益为主进行全阶段或分阶段的专业咨询服务，同时监督和帮助承包人行使权利和履行义务，协调业主与承包人之间的关系。

全过程工程咨询系统连续、系统集成，通过信息共享、跨阶段延伸、跨业务融合、跨组织协同、问题解决机制和跨职能管理的业务集成技术措施落实到组织责任，实现各相关专业咨询业务主体共同决策、共同计划、共同控制。

4.3.1 项目部组织策划

1) 项目部组织策划的原则

(1) 统一的工程咨询总目标

各阶段咨询业务应符合统一的工程咨询总目标，不是阶段性目标，也不是各专业只关注各自目标。须分析业主提出的项目总目标要求，并在总目标分解后，落实权、责、利。

(2) 责任体系一体化

构建完整的全过程工程咨询机构责任体系，统一组织规则，实行一体化决策、一体化组织、一体化控制，最大限度地调动各咨询专业的积极性。通过"现场负责人－专业咨询组负责人－专业工程师"三级纵向管理体系，以及同时成立的咨询领导小组对全过程工程咨询总体服务进行跨越职能界限处理项目决策问题，保持组织责任一体化。

(3) 信息共享

信息沟通方便，能够降低不同业务和不同阶段的信息孤岛和信息不对称的不利影响。因此须建立全过程工程咨询实施的数据库/资料库，采用信息/平台技术支撑各个专业咨询业务之间的信息交流和融合。

(4) 不同阶段的咨询业务提前介入和往后延伸，同一阶段的不同咨询业务充分融合

全过程工程咨询项目部是履行全过程工程咨询服务合同的组织机构。须构建"现场负

责人－专业咨询组负责人－专业工程师"的三级纵向组织结构,其中全过程工程咨询现场负责人作为全过程工程咨询服务组织内部最高层级管理人员,对项目进行总体的管理把控;各专业咨询组由专业咨询负责人及工程师组成,专业咨询负责人承担项目咨询业务的总体责任及与其他咨询业务负责人之间的横向沟通,工程师负责完成具体的技术咨询工作。

项目部组织策划流程见图4.5所示。

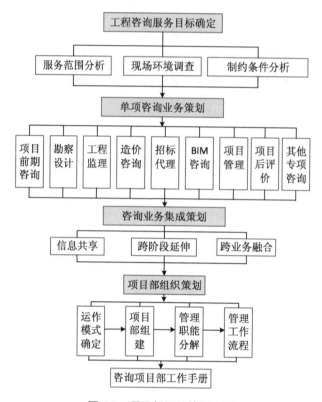

图4.5 项目部组织策划流程

2) 项目部组织职能及人员选聘

通过明确的层级分工,层层落实工程总目标,加强咨询团队彼此之间的沟通和协调。通过成立由项目总负责人、项目负责人和专业咨询组长组成的领导小组,对全过程工程咨询总体服务进行跨越职能界限处理项目决策问题。

(1) 项目总负责人

项目总负责人代表公司全面负责履行合同、主持全过程工程咨询项目部工作。

(2) 现场负责人

现场负责人代表项目总负责人联系业主,履行全过程工程咨询项目部的管理和协调职能,负责从技术资料(包括各专业工程咨询成果资料)的收集、整理、归档,直至编写提交全过程工程咨询总结报告的所有工作。现场负责人应常驻现场工作。

小型项目、一般项目可由造价咨询组组长兼任现场负责人;大型项目可选派专人担任现场负责人;特大型项目或者全过程工程咨询内容含有项目管理的,可设置以现场负责人为组长的项目管理组,同时履行项目管理专业组职能。

(3) 专业咨询组长

各专业咨询组长由造价咨询部、招标代理部选派或者由分包单位、合作单位委派。在项目总负责人和现场负责人的管理协调下,专业咨询组长带领各组内专业工程师,负责项目策划、工程设计、招标代理、造价咨询、监理等专业咨询服务。

(4) 领导小组职责

从项目层面,组织全过程工程咨询服务规划编制,组织审核各专业实施细则,对全过程工程咨询服务实施过程中出现的偏差和问题,共同决策、共同计划、共同控制。

全过程工程咨询项目部的组织架构参见图 4.6 所示。

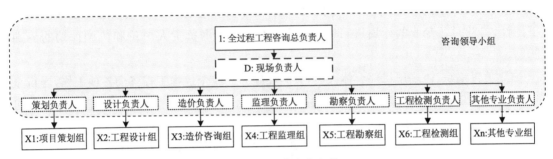

图 4.6 项目部组织架构

(5) 项目部成员选聘

① 现场负责人选聘

现场负责人应具有良好的职业道德,遵纪守法、廉洁奉公、作风正派、责任心强,执业信用记录良好。

全过程工程咨询项目现场负责人应取得工程建设类注册执业资格且具有工程类或工程经济类高级职称,并具有同类工程经验(业绩)等。

现场负责人还应具有与承担项目咨询任务相适应的专业技术管理、经济和法律等知识体系;具有参与相关全过程工程咨询项目的经验;具有 T 型知识结构体系,精于造价咨询业务,但同时能理解其他咨询业务的基本程序和工作重点,充分理解造价咨询业务和其他咨询业务之间的搭接;具有较好的沟通协调能力,能应对界面冲突等突发事件。

② 项目部成员的组成

专业咨询组由全过程工程咨询专业负责人、专业咨询工程师组成,服务机构应根据服务内容配备,专业齐全,数量应满足建设项目全过程工程咨询的工作需要。对某些临时性的咨询工作,可采用聘请专家团队的形式进行补充。

4.3.2 项目部所设置的岗位职责及管理

1) 项目部主要岗位职责及管理

(1) 全过程工程咨询项目总负责人应履行的职责

全过程工程咨询项目总负责人应根据全过程工程咨询单位的授权范围和内容,履行管

理职责,对项目全过程工程咨询进行全面的协调和管理,实现预定的工期、成本、质量等咨询目标要求,并承担相应责任。具体如下:

① 牵头制订项目部组织架构、专业分工、决策机制、管理制度、工作流程以及相关表格和成果文件模板等,并组织实施。

② 组织编制全过程工程咨询服务规划、咨询目标、实施方案,审核专业咨询服务实施细则,上报公司审核后呈报业主,负责进行全过程工程咨询目标任务分解并实行系统管理。

③ 根据需求确定全过程工程咨询服务机构人员及其岗位职责,特别是明确各专业咨询服务的负责人及其职责。

④ 组织编制全过程工程咨询项目总计划,要求各专业咨询负责人按总计划编制专项工作计划,并对各专业的计划进行审核,召集各专业咨询负责人讨论和协调计划的界面问题。

⑤ 负责组织、协调项目部全体人员,共同实施并完成全过程工程咨询各项工作,履行全过程工程咨询职责;根据工程进展及全过程工程咨询工作情况调配全过程工程咨询服务机构人员;可委托现场负责人负责项目部日常工作。

⑥ 统筹、协调和管理项目全过程各专业咨询服务工作,检查和监督工作计划执行情况。

⑦ 与业主及各参建单位进行沟通,主持项目重要工作会议或专题会议,履行工程质量、安全职责;参与组织对项目全过程各阶段的重大决策,在授权范围内决定任务分解、利益分配和资源使用。

⑧ 审核确认全过程工程咨询成果文件,负责全过程工程咨询档案资料的收集、汇总、归档和移交工作。

⑨ 审核各专业咨询文件、报告,上报公司审核后,呈报业主并按相关规定履行审批手续。

⑩ 对各专业工程咨询组工作进行协调和管理,对各专业咨询工作质量和完成情况进行监督、测评和考核,并出具意见,上报公司审核并报总经理批准。

⑪ 参与项目竣工验收和交付工作,指导各专业咨询组完成项目工程技术资料收集、整理和上交,以保证符合业主要求和城建档案归档要求。

⑫ 主持编制全过程工程咨询总结报告。

⑬ 按照合同约定,负责咨询费用的申请。

⑭ 参与或配合全过程各专业咨询服务成果质量事故的调查和处理,配合业主工程缺陷责任期内的相关工作。

⑮ 调解业主与承包人的有关争议。

⑯ 履行全过程工程咨询单位或业主委托授予的其他权责。

⑰ 协助项目检查、鉴定和评奖申报。

⑱ 接受审计,处理全过程工程咨询服务项目部解散的善后工作。

(2) 现场负责人的职责、权限和管理

① 现场负责人职责

A. 在总经理领导下,受项目总负责人委托,按照合同要求联系业主,做好全过程工程咨询项目的日常工作,负责业主提供资料的接收、整理、归档和归还工作。

B. 与业主及各参建单位进行直接协调与沟通,参加建设单位召开的工程例会、商务谈判、图纸会审等一系列与质量、安全、进度、造价等相关的工作会议,参加工程安全事故(件)和质量事故(件)的调查,及时向建设单位通报各项咨询工作的执行情况。

C. 履行全过程工程咨询项目的协调与管理职责,负责编制全过程工程咨询实施方案。

D. 督促各专业咨询组编制、提交咨询服务实施方案、专业咨询报告等文件,予以审核并上报项目总负责人和公司审核并经总经理审批后,呈报业主并按规定履行相关手续。

E. 代表项目总负责人,按照审批通过的专业咨询方案负责对各专业咨询的技术协调、组织管理、质量管理工作,撰写对各项专业咨询服务的通知等文件(包括服务现状、存在问题、建议意见、整改情况,必要时并附影像资料),编写每周、每月全过程工程咨询情况书面报告。

F. 协调各专业咨询服务的界面问题,针对界面争议,召集各咨询方共同商讨。

G. 参与项目竣工验收和交付工作,督促各专业咨询组完成项目工程技术资料收集、整理,及时收集全过程工程咨询资料,登记、编号、签收、整理成册,保证符合业主要求和城建档案归档要求。

H. 编写全过程工程咨询总结报告初稿,报项目总负责人审核。

I. 按照合同约定,进行咨询服务费的申请。

J. 对各专业咨询工作质量和完成情况进行测评和考核,出具初步考核意见。

K. 配合业主工程缺陷责任期内的相关工作。

L. 履行项目总负责人或公司授予的其他权责。

M. 协助项目检查、鉴定和评奖申报。

N. 接受审计,处理全过程工程咨询服务项目部解体的善后工作。

② 现场负责人权限

A. 参与全过程工程咨询合同签订。

B. 参与全过程工程咨询项目部组建。

C. 参与选择并直接管理专业咨询分包人,负责分包合同签订手续。

D. 参与公司对项目各阶段的重大决策。

E. 参与制订全过程工程咨询项目部管理制度。

F. 按照项目总负责人授权负责全过程工程咨询项目部日常工作;履行各专业咨询实施细则及专业咨询报告的审核权;履行各专业工程咨询组工作的协调、监督管理权,以及资料收集权;履行各专业咨询工作质量和完成情况的初步测评和考核权。

G. 完成项目总负责人委托的其他事项。

③ 现场负责人管理

现场负责人接受总经理领导,接受项目总负责人和全过程工程咨询部的业务管理;全过程工程咨询部按公司规章、对照全过程工程咨询项目目标责任书和项目考核结果对现场负责人进行考核。

(3) 专业咨询组组长的职责

① 充分了解全过程工程咨询服务总体规划,负责编制所负责专业咨询服务的实施细则,或审核所负责专业咨询服务分包单位以及其他单位提交的实施细则。

② 按工作计划、任务分配和现行法律法规、标准规范、质量要求等,带领本专业工程师完成本专业咨询服务工作,服从项目总负责人或现场负责人的指令,并及时报告本专业咨询情况和成果。

③ 复核本专业咨询成果,对所承担的任务和出具的成果负责,并承担相应责任。

④ 参与和协助全过程工程咨询服务范围内非本专业的咨询服务,向其他专业咨询组提出本专业所需配合的要求。

⑤ 完成项目总负责人或现场负责人安排的其他咨询服务工作。

(4) 项目组专业工程师的职责

① 在专业咨询组组长领导下,协助现场负责人对照目标责任书,遵守全过程工程咨询服务的标准与原则,团结协作,努力完成项目全过程工程咨询服务任务。

② 依据全过程工程咨询服务要求,执行作业计划,对所承担的本专业咨询工作质量和进度负责。

③ 承担专业咨询任务的人员,应根据本专业咨询实施方案细则的要求,展开各自工作,选用正确的咨询数据、计算方法、计算公式、计算程序,做到内容完整、计算准确、结果真实可靠。

④ 对实施的各项专业咨询工作进行认真自校,做好各自工作方面的自主控制。工作成果经复核后,负责按复核意见修改。

⑤ 完成项目资料的收集、整理及归档。

2) 各专业咨询项目组的职责、权限和管理

(1) 项目策划组的职责、权限和管理(表 4.1)

表 4.1 项目策划组的职责、权限和管理

项目策划组	内容
职责	(1) 接受项目总负责人及现场负责人统一管理,根据全过程工程咨询合同要求和项目需求,负责项目建议书、可行性研究、评估咨询以及配合报批或备案手续等工作。项目策划任务完成标准:项目建议书、可行性研究、评估咨询报告经项目总负责人上报公司审核后呈报业主,通过业主和政府主管部门审查,并获得批复或备案通知。 (2) 负责对其他咨询专业提出的相关要求予以配合。 (3) 参与审核咨询成果中与本专业相关的内容
权限	根据全过程工程咨询合同和专业咨询分包合同的约定,履行专业咨询人责任、权利与义务;按专业咨询分包合同约定收取咨询费用
管理	(1) 严格按分包合同约定责任、权利与义务进行管理。 (2) 督促重点:项目策划各项工作在业主规定期限内完成,各项研究、评估资料和报告符合规范要求

(2) 工程设计组的职责、权限和管理(表4.2)

表4.2 工程设计组的职责、权限和管理

工程设计组	内容
职责	(1) 接受项目总负责人及现场负责人统一管理,根据合同要求和项目需求以及设计任务书,负责项目规划方案设计、初步设计(含概算)、施工图设计、设计优化、设计变更、全过程设计服务等。设计任务完成标准:规划方案设计通过业主和规划部门审查,初步设计(含概算)通过业主和政府主管部门审查,施工图通过业主和图审中心审查合格,完成设计报审、施工期设计配合、变更以及配合竣工验收交付等各项设计服务工作。 (2) 负责对其他咨询专业提出的相关要求予以配合。 (3) 参与审核咨询成果中与本专业相关的内容
权限	依据法律法规,根据全过程工程咨询合同要求和设计分包合同约定,履行设计人工程质量、安全以及其他责任、权利与义务;按合同约定收取设计费用
管理	(1) 严格按分包合同约定责任、权利与义务进行管理。 (2) 督促重点:各阶段设计工作符合业主设计任务书要求,并在业主规定期限内完成,各阶段设计文件资料和设计深度符合规范规定,主动完成各阶段设计审查配合工作并能做到一次性通过,随工程进度做好设计服务工作

(3) 招标代理组的职责、权限和管理(表4.3)

表4.3 招标代理组的职责、权限和管理

招标代理组	内容
职责	(1) 接受项目总负责人及现场负责人统一管理,根据合同要求和项目需求,负责项目招标代理工作。招标代理任务完成标准:代拟发包方案、招标公告、资格预审文件、招标文件及其澄清答疑、招投标情况书面报告等招标过程文件的备案事项均通过招标办审查,招标投标流程符合法定程序,中标候选人公示、中标人公告按期发布,依法依规妥善处理质疑和投诉,中标通知书按期发放,合同备案完成。 (2) 负责对其他咨询专业提出的相关要求予以配合。 (3) 参与审核咨询成果中与本专业相关的内容
权限	依据法律法规,根据全过程工程咨询合同约定,履行招标代理人责任、权利与义务;掌握全过程工程咨询项目招标代理工作任务及计划安排,对项目所涉及的人力资源进行协调、调配
管理	在公司总经理领导下,全力配合全过程工程咨询项目部工作;严格按公司招标代理制度进行管理。项目总负责人或工程咨询部按公司规章、对照全过程工程咨询目标责任书和项目考核结果对招标代理组进行考核

(4) 造价咨询组的职责、权限和管理(表4.4)

表4.4 造价咨询组的职责、权限和管理

造价咨询组	内容
职责	(1) 接受项目总负责人及现场负责人统一管理,根据合同要求和项目需求,负责项目造价咨询工作。包括:投资估算的编制与审核,经济分析(方案比选、限额设计、优化设计),设计概算的编制、审核与调整,施工图预算的编制与审核,项目资金使用计划编制,工程量清单及最高投标限价的编制与审核,施工阶段造价控制,工程结算的审核,工程竣工决算咨询,全过程工程造价管理咨询。 (2) 负责对其他咨询专业提出的相关要求予以配合。 (3) 参与审核咨询成果中与本专业相关的内容

(续表)

造价咨询组	内容
权限	依据法律法规,根据全过程工程咨询合同约定,履行造价咨询责任、权利与义务;掌握全过程工程咨询项目造价咨询工作任务及计划安排,对项目所涉及的人力资源进行协调、调配
管理	在公司总经理领导下,全力配合全过程工程咨询项目部工作;严格按公司造价咨询制度进行管理。项目总负责人或工程咨询部按公司规章,对照全过程工程咨询目标责任书和项目考核结果对造价咨询组进行考核

(5) 工程监理组的职责、权限和管理(表 4.5)

表 4.5 工程监理组的职责、权限和管理

工程监理组	内容
职责	(1) 接受项目总负责人及现场负责人统一管理,根据合同要求和项目需求,负责项目监理工作。负责工程施工管理和现场及周边条件的协调工作,负责施工图会审、专项施工方案和设计变更审核等技术咨询,负责工程质量、工期的控制和安全文明施工监管,负责质量缺陷责任期工程保修工作。监理任务完成标准:工程质量、工期、安全文明施工达到全过程工程咨询合同约定标准,工程项目按期交付业主,工程技术文件资料齐全、整理规范,提交的监理档案、监理工作总结符合规范规定并通过质量监督部门的备案审查。 (2) 负责对其他咨询专业提出的相关要求予以配合。 (3) 参与审核咨询成果中与本专业相关的内容
权限	根据全过程工程咨询合同要求和监理分包合同约定,依据法律法规,履行监理人工程质量、安全等责任、权利与义务;凡可能引起工程质量、安全、工期以及造价(或承包价)变化的监理指令和按监理规范需要签署的工作表(旁站记录除外),必须按全过程工程咨询合同规定经项目总负责人或现场负责人审核,并经业主审核同意后,由总监理工程师签发;按监理分包合同约定收取监理服务费用
管理	(1) 严格按分包合同约定责任、权利与义务进行管理。 (2) 检查重点:总监及监理人员到岗到位情况;总监及监理人员履职尽责情况;监理日志和监理报告文件及时性情况;现场质量、安全文明施工、工程进度状况;异常情况及时报告;监理档案、监理工作总结符合规范规定等

(6) 勘察组的职责、权限和管理(表 4.6)

表 4.6 勘察组的职责、权限和管理

勘察组	内容
职责	(1) 接受项目总负责人及现场负责人统一管理,根据合同要求和项目需求,负责项目勘察工作。勘察任务完成标准:勘察成果报告通过业主和图审中心审查合格,完成勘察报审、施工期勘察配合以及配合竣工验收交付等各项服务工作。 (2) 负责对其他咨询专业提出的相关要求予以配合。 (3) 参与审核咨询成果中与本专业相关的内容
权限	依据法律法规,根据全过程工程咨询合同要求和勘察分包合同约定,履行勘察人工程质量、安全等责任、权利与义务;按勘察分包合同约定收取勘察费用
管理	(1) 严格按分包合同约定责任、权利与义务进行管理。 (2) 监督重点:现场勘察钻探符合设计要求,勘察成果须满足主体结构设计和基础及基坑支护设计要求,勘察成果报告须通过业主和图审中心审查合格

(7) 工程检测组的职责、权限和管理(表4.7)

表 4.7　工程检测组的职责、权限和管理

工程检测组	内容
职责	(1) 接受项目总负责人及现场负责人统一管理,根据合同要求和项目需求,负责项目工程检测工作。工程检测任务完成标准:工程检测报告符合规范要求,并通过质量监督部门审查。 (2) 负责对其他咨询专业提出的相关要求予以配合。 (3) 参与审核咨询成果中与本专业相关的内容
权限	依据法律法规,根据全过程工程咨询合同要求和分包合同约定,履行工程检测工程质量、安全等责任、权利与义务;按工程检测分包合同约定收取工程检测费用
管理	(1) 严格按分包合同约定责任、权利和义务进行管理。 (2) 监督重点:工程检测内容符合设计和技术规范规定,工程检测工作与施工单位的配合,在规定期限内完成工程检测工作,工程检测资料和工程检测成果报告符合规范要求

(8) 项目管理组的职责、权限和管理(表4.8)

表 4.8　项目管理组的职责、权限和管理

项目管理组	内容
职责	(1) 接受项目总负责人及现场负责人统一管理,根据合同要求和项目需求,履行项目管理和项场负责人职责。项目管理咨询任务完成标准:按时办好项目报建报批等手续,切实履行工程质量、安全、进度、造价管理职责,做好合同管理、各专业咨询组的管理与协调以及与其他各参建方的协调工作,完善项目信息与资料管理,按期完成竣工验收与交付工作,配合进行项目后评价管理。 (2) 负责对其他咨询专业提出的相关要求予以配合。 (3) 参与审核咨询成果中与本专业相关的内容
权限	依据法律法规,根据全过程工程咨询合同约定,履行项目管理人的责任、权利与义务
管理	在总经理领导下,接受项目总负责人和工程咨询部的业务管理。项目总负责人或工程咨询部按公司规章、对照全过程工程咨询项目目标责任书和项目考核结果对项目管理组进行考核

(9) 其他专业组(如有)的职责、权限和管理(表4.9)

表 4.9　其他专业组的职责、权限和管理

其他专业组	内容
职责	接受项目总负责人及现场负责人统一管理,根据合同要求和项目需求,负责项目专业咨询工作。专业咨询任务完成标准:专业咨询报告符合规范要求,并通过业主和相关部门审查。对其他咨询专业提出的相关要求予以配合
权限	依据法律法规,根据全过程工程咨询合同要求和专业咨询分包合同约定,履行专业咨询人工程质量、安全等责任、权利与义务;按专业咨询分包合同约定收取专业咨询费用
管理	(1) 严格按分包合同约定责任、权利和义务进行管理。 (2) 专业咨询工作内容符合业主要求,专业咨询成果报告须通过业主和相关部门审查合格

4.4 业务集成的技术措施和管理制度

对工程咨询服务须进行集成化管理,将项目策划、工程设计、招标、造价咨询、工程监理、项目管理等咨询服务作为整体统一管理,形成连续、系统、集成化的全过程工程咨询管理系统。坚持咨询成果导向,咨询服务集成的工具和方法都体现在具体的工程文件中,以实现咨询服务的规范化管理。全过程工程咨询业务集成技术措施须落实到组织责任,以实现各相关专业咨询业务主体共同决策、共同计划、共同控制。

4.4.1 信息共享

全过程工程咨询将各阶段任务集成管理,集成各主体专业知识,依此来协调专业间的冲突并解决咨询问题,形成主体间的信息共享。

(1)通过组织层面的信息交流实现信息共享,如通过建立微信群、周工作例会、现场专题会议等实现高效信息传递;建立统一信息平台实现资料实时共享,优化管理界面。

(2)开展全过程工程咨询工作标准、工作大纲、授权清单和管理用表的编制等辅助工作。

(3)通过技术层面的技术手段实现信息共享,如应用公司工程咨询ECMS管理系统、智慧造价软件实现设计、造价等多项咨询业务信息的集成,达到项目建设各阶段信息共享。

(4)通过项目部例会与专题会议以及重大事项处理实现信息共享,其流程如下:

① 项目部例会与专题会议

确定会议内容→确定会议时间、地点、参会人员→确定会议议程→会议签到与记录(纪要)→项目总负责人或现场负责人复核→全过程工程咨询部审核→报业主审核定稿→项目部存档→分送各与会人员签收→报业主备案存档→执行与检查记录。

② 重大事项处理

重大事项发生记录→编制拟采取的技术措施或设计变更方案→拟采取的技术措施或设计变更方案评审会议记录(纪要)→项目总负责人或现场负责人复核→全过程工程咨询部审核→技术负责人审定→报业主审核→报主管部门审批或备案→报业主备案存档→项目部存档→执行与检查记录。

4.4.2 跨阶段延伸

(1)前期策划阶段充分考虑项目的可实施性,投资、工期、质量的风险分析,并充分考虑运营维护阶段的成本和效益,了解实施和运维阶段的利益相关方的需求。通过项目建议书、可行性研究报告、技术评估报告等形成建设项目咨询成果,为设计阶段提供基础。

(2)设计阶段对前期策划阶段形成的研究成果进行深化和修正,同时充分考虑施工和运维的需求,将各利益相关方的需求和建设项目目标转化成设计图纸、概预算报告等咨询成果。

(3)招投标阶段结合前期策划、设计阶段的咨询成果,通过招标策划、合约规划、招标过程服务等咨询工作,对优选建设项目承包商的条件、资质、能力等指标进行策划,并形成招标文件、合同条款、工程量清单、最高投标限价等咨询成果。

(4) 实施阶段严格遵循合同文件约定,并提前做好试运行准备。

(5) 运营阶段对建设项目进行评价,分析运营需求,并反馈到下一个项目的决策阶段,使建设项目前期决策具有更充分的依据。

4.4.3 跨业务融合

根据项目全过程工程咨询需求,站在项目整体运营的角度,制订各专项咨询信息交流、沟通制度,按照全过程工程咨询总规和工作任务的搭接要求,建立相互制约与平衡机制,对全过程工程咨询各专业咨询服务进行业务职能间的融合和资源整合,实现咨询工作的相互支撑和协调。

(1) 在项目策划阶段结合造价、监理、设计等多个部门对项目定位提出专业性建议;设计服务向后延伸,实现与项目施工的结合。

(2) 工程监理提前介入工程设计,对设计提出现场安全、质量管理和施工管理方面的建议,并查看设计文件对现场安全、质量和施工管理等的考虑程度。

(3) 牵头单位组织工程设计、造价咨询、招标代理、工程监理、其他专项咨询等与咨询业务相关的联络会议、工程月度例会、专题协调会等,项目管理人员全程参与,并协助共享会议信息。

(4) 牵头单位组织工程设计、工程监理等协助参与造价咨询业务,严控限额设计和设计优化;通过工程监理提前参与预防现场变更;共同审查造价咨询成果文件。

(5) 项目管理和工程监理常驻现场,及时反馈现场信息,通过项目管理提供共享信息平台和高效的信息交流机制,编制全过程工程咨询月报。

(6) 造价部门为设计咨询中心提供施工图预算及管理技术支持,充分发挥专业能力,融合设计服务实现设计优化;完成需上报招标平台招标项目的招标咨询(清单、预算)的审查工作,为招标开、评标提供技术支持。

(7) 招标代理与项目管理、工程设计、造价咨询等相关服务工作团队获取并结合相关信息,根据项目特征和实际需要等研究招标文件条款,确定实质性要求。

(8) 当全过程工程咨询服务有分包咨询业务的,由牵头单位负责统一协调和界面管理。

4.4.4 跨组织协同

全过程工程咨询单位依据合同约定进行全过程或分阶段的管理,需处理好组织内外部的监督和协调管理。

(1) 统一决策。关键的界面协调和融合机制由咨询服务领导小组进行统一商讨、决策。在全过程工程咨询服务过程中遇到问题时,由领导小组协调组织相关人员讨论,提出解决办法,并协调各部门明确职责,形成解决问题的方案,根据问题具体情况安排解决问题的时限。

(2) 统一计划。各专业的实施计划服从全过程工程咨询总计划的协调,各咨询服务提出各自的实施计划,并参与项目总计划制订。根据项目进度及交付时间,制订可执行的工程计划安排,并根据计划合理安排时间,协调好各环节的工作。

(3) 统一控制。对全过程工程咨询实施状态进行统一控制,由全过程工程咨询负责人组织各专业咨询组,从不同专业角度分析当前状态存在的风险,全过程工程咨询负责人、现场负责人和各专业负责人协同专业咨询小组共同协商制订应对措施,形成统一控制措施。

4.4.5 共同的问题解决机制

(1) 在全过程工程咨询服务过程中遇到问题时,由咨询服务领导小组协调组织各专业负责人讨论,提出解决办法,并协调各咨询专业明确职责,形成解决问题的方案,根据问题具体情况安排解决问题的时间限期。

(2) 现场负责人及时追踪项目执行情况,保证每个环节的顺利进行,遇到问题及时协调各咨询部门,对整个工程进度负责。

(3) 各咨询小组共同协助解决现场问题,追踪、检查配套备份并追踪遗留问题,避免工期延误,协助运行管理。

(4) 加强项目文件材料积累管理,实现内外部实施过程建设与工程文件材料收集整理同步推进,作为解决可能出现的共同问题的文字资料依据。

4.4.6 跨职能管理

1) 项目前期阶段

全过程工程咨询前期阶段管理职能分工不仅需要考虑如何最大化发挥各咨询团队的专业能力,更需要考虑如何通过分工协作提高项目前期阶段与设计、施工、运维等各阶段之间的连续性。

本阶段管理职能分工如表 4.10 所示:

表 4.10 项目前期阶段管理职能分工表

工作任务	主要工作项	职能分工						
筹划-P、决策-E(E1-咨询总负责人,E2-咨询领导小组)、执行-D、检查-C、信息-I、组织-O、配合-A		前期策划团队	工程设计团队	工程造价团队	招标代理团队	工程监理团队	项目管理团队	咨询领导小组
全过程工程咨询服务策划	总服务规划							P、D
	项目管理咨询服务规划						P、D	E1
	前期策划咨询服务规划	P、D						E1
	工程设计咨询服务规划		P、D					E1
	工程造价咨询服务规划			P、D				E1
	招标代理咨询服务规划				P、D			E1
	工程监理咨询服务规划					P、D		E1

（续表）

工作任务	主要工作项	职能分工						
规划咨询	环境调查分析	P、D					I	
	项目定义和目标论证	P、D	A					E2
投资机会研究	基本投资机会分析	P、D		A				
	投资估算的编制、审核	A		D				
	建设项目经济评价	A		D				
相关报告编制与评审	编制项目建议书	D、O	I	I				E2
	项目建议书报审						D	
	编制可行性研究报告	D、O	I	I				E2
	编制技术评估报告	D、O				A	A	
	可行性研究报审						D	
价值策划	项目价值的定义、识别和评估	P、D、O	A	A	A	A	A	

注：主要工作项根据全过程咨询合同作为菜单选项。

2）勘察设计阶段

本阶段管理职能分工如表4.11所示：

表4.11 勘察设计阶段管理职能分工表

管理职能	主要工作项	职能分工						
筹划-P、决策-E（E1-咨询总负责人，E2-咨询领导小组）、执行-D、检查-C、信息-I、组织-O、配合-A		前期策划团队	工程设计团队	工程造价团队	招标代理团队	工程监理团队	项目管理团队	咨询领导小组
进度管理	分析和论证项目总进度目标	I				A	P、D	
	编制项目实施的总进度规划					A	P、D	E1
	编制设计阶段项目实施进度计划		A			A	P、D	E1
	执行设计进度管理					D	C	
	编制工程发包与物资采购工作的详细进度计划				I、A	A	P、D	E1
	进度目标和总进度计划的分析与调整					D、C	C	
质量管理	分析和论证项目的质量目标	I					P、D	E1
	确定项目质量的标准和要求		A			A	P、D	

(续表)

管理职能	主要工作项	职能分工					
质量管理	设计提出的材料、技术、设备的分析	I,A			D	C	
	阶段性设计文件编制	P,D			C		
	阶段性设计文件评审						E2
	设计优化	P,D	A				E2
	设计过程质量跟踪				D	C	
	可施工性分析	D,O	A		A	C	
投资管理	分析和论证项目总投资目标	I		A	A	D	
	编制和调整设计阶段资金使用计划		A		A	P,D	E1
	对设计方案提出投资评价	I,A	D			C	
	编制及调整设计估算、概算、施工图预算	I,A	P,D				E1
	限额设计管理	D,O	A		A	C	
信息管理	建立项目的信息编码体系及信息管理制度				A	D	
	建立会议制度、各种报表和报告制度				A	D	
	设计阶段信息的收集、整理和分类归档	I,A	I,A		I,A	D	
报批报建管理	设计方案报批	A				D	
	开工报建				A	D	

注：主要工作项根据全过程咨询合同作为菜单选项

勘察设计阶段业务集成主要进行了如下的考虑：

（1）监理提前介入设计阶段

相较于传统咨询模式，具有丰富施工管理经验的工程监理团队提前介入设计阶段，与项目管理团队共同全面负责设计阶段的进度、质量、投资、信息和报批报建管理工作。其中监理主要负责配合项目管理进行计划的编制，以及相关计划后期的执行和调整，并配合项目管理完成报批报建工作，以及对造价文件和设计文件的检查工作等。监理和项目管理共同参与的分工方式首先有利于在勘察设计阶段建立起完善的管理体系，提高设计成果的整体质量；其次有利于监理深入了解设计意图，有效进行后续现场施工的管理。

（2）多专业共同开展可施工性分析

设计团队组织各咨询团队共同开展可施工性分析并进行相应的设计修改，可施工性分析完成后负责编制可施工性分析报告。工程监理主要参与和配合可施工性分析的完成,结合施工经验审查设计方案,指出设计方案中不利于现场施工之处并提出改进意见。工程造价团队在可施工性分析过程中主要就改进方案的造价合理性进行分析并提出意见。项目管理团队结合现场管理经验提出改进意见并负责可施工性分析报告的审查工作。

(3) 多专业共同开展限额设计

设计团队总体负责限额设计的实施,在设计过程中充分利用价值工程方法,对项目功能设计进行分析和调整,并组织各团队参与限额设计工作。工程监理团队也可配合设计团队对项目功能分析提出一定的建议。造价团队负责确定限额设计指标,并在限额设计实施过程中与设计团队进行充分沟通,进行成本的分析和必要的调整,配合设计团队实现成本与功能之间的平衡。而项目管理团队总体负责限额设计的管理工作,以及限额设计工作中的有关决策工作,并对限额设计效果进行审查。

(4) 造价参与设计优化,咨询领导小组发挥审查决策功能

设计优化过程中工程造价团队可提出工程设计、施工方案的优化建议,以及配合进行各专项方案工程造价的编制与比选,并由咨询领导小组选择最终设计方案。

3) 招投标阶段

在前期策划阶段,招标代理团队完成了项目整体的招标策划,因此在招投标阶段主要进行招投标过程的实施和管理,为业主选择合适的承包商。

本阶段管理职能分工如表 4.12 所示:

表 4.12 招投标阶段管理职能分工表

管理职能	主要工作项	职能分工						
筹划-P、决策-E(E1-咨询总负责人,E2-咨询领导小组)、执行-D、检查-C、信息-I、组织-O、配合-A		前期策划团队	工程设计团队	工程造价团队	招标代理团队	工程监理团队	项目管理团队	咨询领导小组
招标采购信息	招标采购需求	I	A		D		C	
	施工单位及供应商信息收集				D		C	
招标方案编制	进度计划等				D		C	
招标	招标文件编制及审核			A	D			C、E2
	供方考察			A	D			
	发售招标文件				D		C	
	组织现场踏勘、投标预备会				P、D		C	
	补遗文件编制及审核			A	P、D		C	
	组建评标委员会				D		C	

(续表)

管理职能	主要工作项	职能分工					
开标、评标、中标	开标			D		C	
	清标、评标	A		D		A	
	中标公示			D		C	
	发出中标通知书并退还投标保证金			D		C	
合同签订	合同签订	A	A	P、D		A	C

注：主要工作项根据全过程咨询合同作为菜单选项

招投标阶段业务集成主要进行了如下的考虑：

(1) 全面收集招标采购需求

招标代理进行招标采购需求的收集，以此为基础开展后续施工单位和供应商招投标工作。前期策划团队可根据前期策划阶段成果为招标采购提供所需的信息；工程设计团队则根据设计方案，对涉及的新材料、新设备等提出采购需求。

(2) 招标文件开展内部评审

在招标文件编制中，工程造价团队主要负责进行工程量清单以及最高投标限价的编制。此外，招标文件的编制需要咨询领导小组进行内部评审，工程设计负责人可结合设计要求对标段划分、特殊资质能力要求等方面提出建议；工程监理负责人则可结合现场管理经验对承包商选择标准提供合理建议等。招标代理团队结合多方需求和意见对招标文件作出补充修改，更有利于全过程工程咨询单位与承包单位之间的配合和管理。

(3) 共同完成合同签订

招标代理团队可集结全过程工程咨询团队多专业力量共同完成合同签订工作，如组织造价团队对相应造价条款进行审核和补充，设计团队就合同中与新工艺的做法、成果相关的条款进行把关等，保证合同的严谨性和适用性。

4) 施工阶段

本阶段管理职能分工如表4.13所示：

表4.13 施工阶段管理职能分工表

管理职能	主要工作项	职能分工					
筹划-P、决策-E(E1-咨询总负责人，E2-咨询领导小组)、执行-D、检查-C、信息-I、组织-O、配合-A		前期策划团队	工程设计团队	工程造价团队	招标代理团队	工程监理团队	项目管理团队	咨询领导小组
进度管理	审查施工进度计划					D	C	
	编制年、季、月度工程综合计划					D	C	E1
	检查、分析和调整施工进度计划					D	C	

(续表)

管理职能	主要工作项	职能分工					
进度管理	编制设备采购及设备监造工作计划	A	A		D	C	E1
	施工进度跟踪控制				D	C	
	影响进度的问题处理				D	O,C	
	进度协调				A	D	
	审查各年、季、月进度控制报告				D	C	
质量管理	设计交底及图纸会审	D			A	C	
	设计变更控制和技术核定	A			D		E2
	设备制造单位和材料审查				D	C	
	施工过程相关质量文件审核				D	C	
	施工单位相关资格、标准和成果的审查				D	C	
	设备制造、装配、组装、出厂管理				D	C	
	确定重大和关键工序施工方案				D		E2
	工程变更方案比选				D		E2
	施工过程的质量跟踪				D	C	
	处理工程质量事故				A	D	E1
	质量事故的跟踪检查				D	C	
	隐蔽工程、检验批、分项工程和分部工程验收	A			D	O,C	
	工程竣工预验收	A			D	O,C	
	专项验收、技术验收、单位工程验收、试生产	A			D	O,C	
造价管理	编制、调整施工阶段资金使用计划		A		D	C	
	施工过程造价动态管理		D		A	C	
	技术经济比较和论证	A	D		A		
	施工阶段采购管理造价控制		D	A	A	C	
	进行工程计量		D		D	C	

(续表)

管理职能	主要工作项	职能分工					
造价管理	处理索赔事项			D		C	E1
	工程款支付审核			D	D	C	E1
	工程变更管理			D	D	C	E1
	工程签证审核			D	D	C	E1
	工程结算管理			D	A	C	E1
	编制投资控制最终报告			A	A	D	
信息管理	编写相关施工管理文件					D	C
	督促各施工、采购单位整理提交工程技术资料					D	C
	工程信息的收集、整理、存档	A	A	A	A	D	
	组织提交竣工资料	A	A	A	A	D	
合同管理	跟踪和控制合同履行					D	C
	合同变更处理				A	D	E1
	施工合同争议处理		A	A	D	C	
	施工合同解除					D	C
	保修合同签订					D	C
安全管理	安全生产相关文件、方案、措施审核					D	C
	审查制度、资格、手续等					D	C
	施工过程安全监督					D	C
	组织现场安全综合检查					D	C
	意外伤害事故的调查和处理					D	E1
	巡视检查危险性较大的分部分项工程专项施工方案实施情况					D	C
	整改安全事故隐患					D	C
运维准备	总结评估以及回访	A	A	A	A	A	D
	编制建筑使用说明书、房屋维修手册等材料		A			A	O、D
	运营管理人员培训					D	
	设备设施移交					A	D
	配合运营的系统调试与修正					A	D
	质保期管理		A			A	D

注：主要工作项根据全过程咨询合同作为菜单选项

施工阶段业务集成体现在以下几个方面：

(1) 咨询领导小组团队决策功能

对于需要结合咨询团队各专业力量进行评估才能决策的工作任务，由全过程工程咨询领导小组负责，如重大和关键工序施工方案的选择、工程变更方案比选以及设计变更控制和技术核定等。

(2) 总负责人的个人决策职能

除了参与咨询领导小组的共同决策外，全过程工程咨询总负责人还额外承担部分日常工作的决策职能，如相关计划的审核确认、造价管理工作的最终审核、意外伤害事故处理决策等。作为全过程工程咨询内部审核的最后一个环节，对其他咨询团队工作的成果进行确认。

(3) 多专业协同进行信息管理

施工阶段多专业通过统一信息平台等方式进行统一的信息管理，由项目管理团队负责信息管理总体把控，其他咨询团队通过及时整理和移交档案、定期在信息平台录入数据、参与信息管理培训等各种方式配合信息管理工作。

(4) 多专业共同进行总结评价

各专项咨询团队在项目管理团队的组织下对策划、设计及施工阶段工作进行总结评价，以及为运维阶段做准备工作。

5) 运维阶段

本阶段管理职能分工如表 4.14 所示：

表 4.14 运维阶段管理职能分工表

管理职能	主要工作项	前期策划团队	工程设计团队	工程造价团队	招标代理团队	工程监理团队	项目管理团队	咨询领导小组
筹划-P、决策-E(E1-咨询总负责人，E2-咨询领导小组)、执行-D、检查-C、信息-I、组织-O、配合-A								
工程质量缺陷处理	检查和记录工程质量缺陷					D	C	
	监督实施缺陷处理					D	C	
	调查工程质量缺陷原因，确定责任归属					D	C,E	
项目后评价	项目后评价报告的编制	A	A	A	A	A	D	
	价值实现效果评价							E2
运维咨询	项目的维修保养和回访	A				A	D	
	运营期绩效考核报告的编制						D	
	运维费用支付审核			D		A	C	
延续更新咨询	配合项目延续更新	D					C	

（续表）

管理职能	主要工作项	职能分工				
辅助拆除	提供建筑全寿命期提示制度,协助专业拆除公司制订建筑安全绿色拆除方案等	D			C	

注：主要工作项根据全过程咨询合同作为菜单选项

全过程工程咨询考虑从以下两个方面完善运维阶段咨询服务：

(1) 咨询领导小组负责价值效果评价

在运维阶段,咨询领导小组以价值策划报告为基础,从使用者感受、功能实现程度、全寿命周期成本等各方面进行综合分析,完成价值策划、价值实现到价值评价的闭环。

(2) 根据需求参与项目运维、更新、拆除工作

全过程工程咨询单位为项目提供长期的运维咨询服务,其中设计团队可结合设计方案、施工技术等制订维修保养计划,并由项目管理团队根据回访结果进行对应的调整,以及由造价团队负责进行运维费用管控等。

4.5 全过程工程咨询服务专题方案

全过程工程咨询采用多种服务方式组合,为项目决策、实施和运营持续提供局部或整体解决方案以及管理服务。通常情况下,全过程工程咨询项目按照各专业咨询服务内容和标准实施具体的咨询服务,但对于部分工程项目,由于项目需要或项目实施条件的特殊性,存在咨询服务重点内容或风险点,需要编制针对该咨询服务重点的专题方案。

全过程工程咨询服务专题方案是针对全过程工程咨询服务中关键风险、咨询服务的重点和难点所提出的针对性策划方案。专题方案须在符合全过程工程咨询服务合同、全过程工程咨询服务总计划及相关法规、规范的基础上进行编制。

4.5.1 专题方案编制原则

1）编制原则

全过程工程咨询服务专题方案应服从全过程工程咨询服务总计划,体现和满足全过程工程咨询服务总体安排和基本规定,并能指导专业咨询实施细则的编制。专题方案的编制原则包括：

(1) 贯彻国家工程建设的法律、法规、规程等。

(2) 将全过程工程咨询服务总计划要求融入到专题方案实施计划及保证措施中。

(3) 贯彻全过程工程咨询管理理念,组织协同、均衡和连续的集成化管理方案。

(4) 体现风险管理原则,充分考虑潜在风险及具体应对措施。

2) 编制流程

专题方案的确定应在全过程工程咨询服务规划编制工作开始前,由全过程工程咨询领导小组纳入工程咨询服务规划组织编制。专题方案的编制流程如下:

(1) 根据业主单位的要求,需针对某一专业提供专题服务方案的,应由相关专业负责人组织编制,报全过程工程咨询领导小组共同审查后,纳入全过程工程咨询服务规划。

(2) 根据业主对全过程工程咨询服务过程管理需要,需编制全过程工程咨询服务内部管理专题方案的,应由全过程工程咨询领导小组和各专业咨询部门共同协商编制全过程工程咨询服务管理专题方案。

(3) 其他由于全过程工程咨询服务过程外部管理监督需要或项目管理情况复杂特殊,需提供相关专题服务的,应由全过程工程咨询领导小组和各专业咨询部门共同协商编制相关专题方案。如项目涉及的标段众多或参与建设的施工单位较多,全过程工程咨询单位应有针对性地编制施工分包单位管理协调专题方案。

3) 典型专题方案

(1) 全过程工程咨询内部管理专题。
(2) 各专业管理专题,如项目管理、费用管理、设计管理、施工管理等。
(3) 各专项管理专题,如安全管理、质量管理、风险管理等。
(4) 全过程工程咨询分包单位管理专题。
(5) 施工分包单位管理专题。
(6) 其他内外部专业专项管理专题(如推行某项新措施的方案,如过程结算、价值工程优化、BIM咨询等)。

4.5.2 全过程工程咨询服务风险管理专题方案

全过程工程咨询服务周期包括项目决策、勘察设计、施工、运营四个阶段的全生命周期,或者至少涵盖两个或两个以上阶段,将项目策划、工程设计、招标、造价咨询、工程监理、项目管理等咨询服务作为整体统一管理,形成具有连续性、系统化、集成化的全过程工程咨询管理系统。在这样长的服务周期中,可能发生各种风险,因此需要针对全过程工程咨询服务风险管理制订专题方案。

1) 全过程工程咨询服务风险识别

全过程工程咨询服务的风险内容包括但不限于:

(1) 工程质量、安全风险

工程质量、安全风险包括工程质量、安全事故;公司缺乏工程质量管理经验和技术力量;公司缺乏安全生产、文明施工管理经验和技术力量;业主拟定的工程质量标准过高等。

(2) 非本企业资质范围内专业咨询的风险

① 技术管理风险:公司缺乏该类专业管理经验和技术管理力量。
② 服务水平风险:分包人服务水平达不到全过程工程咨询合同要求。
③ 合同管理风险:分包合同的服务范围、边界、周期不清晰;履约标准不明确,双方权利、责任和义务考虑不周;咨询费用计取、收取、分配方式不准确;违约罚则不明确或不具有

可操作性。

④ 联合体承包风险：一是各联合体成员单位之间的管理与组织差异，二是联合体各成员单位在行为能力上的差异和各自履约的相对独立性，均可能导致全过程工程咨询合同履约失控。

(3) 资金风险

项目计划总投资与拟建规模不匹配，主要是拟建规模大，而计划总投资少。

(4) 工期风险

施工工期无故拖延；或者业主要求工期严重少于国家工期定额或类似工程常规工期。

(5) 咨询费支付周期过长风险

业主拟定的咨询费支付周期过长。

2) 全过程工程咨询服务风险防控

针对以上全过程工程咨询服务风险制订专题方案，包括风险预估、评估和防控措施。

(1) 风险预估

保持应有的执业谨慎性，投标前，仔细研究全过程工程咨询招标文件，认真调查、分析所能收集到的项目资料，充分预估可能存在的风险。

(2) 风险评估

合理运用专业判断，评估本单位对可能存在的全过程工程咨询风险的承受能力，研究规避风险、分担风险、采用新技术化解风险、采取技术措施控制或降低风险的可能性。

(3) 风险防范与控制措施

① 工程质量风险防控措施

一是与其他具备工程质量管理经验和技术力量的单位合作；二是聘用具备工程质量管理经验和技术能力的工程技术人员弥补缺陷。

② 安全风险防控措施

一是与其他具备安全生产、文明施工管理经验和技术力量的单位合作；二是聘用具备安全生产、文明施工管理经验和技术能力的工程技术人员弥补缺陷；三是制订咨询人员安全生产制度，加强安全培训，提高安全意识。

③ 非本企业资质范围内专业咨询的风险防控措施

将非本企业资质范围内的专业咨询服务分包给具备专业资质单位的，需强化分包合同管理，合同的服务范围、边界、周期和履约标准必须明确，并充分、周全考虑双方权利、责任和义务，咨询费用的计取、收取、分配方式必须符合全过程工程咨询合同且准确无误，并须具有明确的、可操作的违约责任条款。

④ 其他全过程工程咨询服务风险防控措施

A. 建议业主调整。应当用充分理论论证、说明与拟建规模不匹配的计划总投资、过短的工期要求、过高的质量标准对项目建设的损害可能性，建议并协助业主制订合理的计划总投资、工期要求和质量标准。

B. 风险自留。经评估存在风险在本单位承受能力范围内的，或者消除风险所需付出的代价大于风险本身造成的损失的，则采取措施控制风险范围，选择风险自留。

C. 减轻或隔离。采用新技术或采取专业技术措施,花费较小的代价,减轻风险损失或者隔离风险。

D. 分散、转移。通过设计、监理等专业咨询分包,将工程质量、安全风险合理分散给有专业能力的分包方共同承担,或通过购买保险进行质量、安全风险转移,以降低风险。

E. 规避。如风险不可控,则不参与投标,以规避风险。

4.5.3 某学校项目投资控制专题方案

本项目建设单位对项目总投资控制有硬性要求,项目可研报告批复的总建筑面积比项目建议书批复的总建筑面积增加了约 1.5 万 m^2,但是,可研报告批复的总投资估算额仍等同于建议书批复的总投资额而没有增加。综合考虑建设规模和学校投资方提出的建设标准要求,建设单位提出总投资额必须控制在批复的总投资估算额 110% 以内。因此,将项目最终总投资额控制在建设单位要求的范围内,是本项目全过程工程咨询服务的重点,应制订投资控制专题方案。

1) 服务范围及组织模式

本项目全过程工程咨询范围包括施工图设计、招标代理、工程监理、工程造价咨询。根据协议,本项目建设方案设计由投资方负责提供,建设单位审核后报规划部门核准,建设单位在政府工程建设行政主管部门质量、安全机构的监督下,单独委托工程勘察和工程质量检验检测。根据建设单位采用的管理模式和合同结构、项目特点等因素,工程项目建设总体管理组织架构如图 4.7 所示。

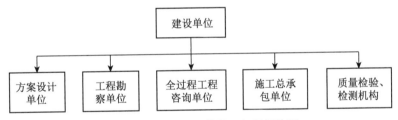

图 4.7 项目建设总体管理组织架构图

公司采取项目总负责人制,有组织地开展全过程工程咨询服务。项目总负责人受公司总经理授权对项目全过程工程咨询负责,项目部对建设单位及其项目独立开展工作,各部门为项目部提供专业人员和专业技术支持,针对项目不同阶段的具体需要提供具有针对性的、专业的全过程工程管理和技术咨询服务。对于本企业不具备资质的设计和监理业务,分包给具有相应资质的设计和监理单位,依据分包合同要求,设计和监理单位委派设计和监理专业咨询组,在项目总负责人领导下,为项目提供设计和监理咨询服务。本项目全过程工程咨询服务组织架构如图 4.8 所示。

(1) 各专业咨询工作内容

① 工程设计

工程设计包括土建水电设计、地下建筑(含人防)设计、室内精装修设计、暖通设计、消防设计、建筑与校园智能化设计、室外景观绿化设计、室外运动场设计、大门与围墙设计、室

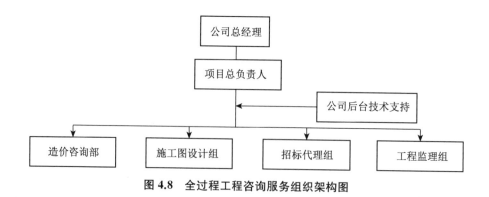

图 4.8　全过程工程咨询服务组织架构图

外道路、停车场、综合管网设计、海绵城市设计、绿色建筑设计,以及在设计审查、施工、验收等环节提供配合服务。

② 招标代理

招标代理即工程勘察、施工、材料、设备采购等的招标。具体包括代拟发包方案;发布招标公告(发出投标邀请书);编制资格预审文件;组织接收投标申请人报名;审查潜在投标人资格,确定潜在投标人;编制招标文件;组织现场踏勘和答疑;组织开标、评标;草拟工程合同;编制招投标情况书面报告;与发包有关的其他事宜以及招投标过程管理等。

③ 工程监理

工程监理包括项目红线范围内的工程施工阶段全过程监理,对工程进行进度、质量、投资、安全四控制;合同管理、信息管理;协调施工现场各方面关系。

④ 造价咨询

造价咨询包括编制工程量清单、招标控制价(或施工图预算);施工阶段造价控制工作,如分析合同价款(投标报价),确定工程造价控制目标,编制资金使用计划;审核工程计量与价款支付;审核工程索赔与签证费用;审核工程价款调整;材料设备询价;分析工程投资偏差,调整工程造价控制目标;工程竣工结算审核。

(2) 全过程工程咨询服务工作职责

根据项目全过程工程咨询服务内容,项目部计划设四个专业组,在项目总负责人统一领导下分别承担工程施工图设计、招标代理、造价咨询、工程监理咨询服务工作。另外,公司专家顾问组作为现场人员的后盾,为项目建设出谋划策,并在需要时参与本项目的专题活动。本项目全过程工程咨询项目部的每个岗位均由具有相应资格和经验的人员承担。全过程工程咨询项目部是一个相互协作的团队,各小组成员分工不分家,共同为实现项目目标努力工作。

项目总负责人为建设项目提供全过程工程咨询服务,负责编制全过程工程咨询实施方案;组织、协调项目组全体人员,组织驻场人员的工作,共同实施并完成全过程咨询各项工作;负责项目与建设单位及各参建单位的对接、沟通、汇报并参加现场会议,全权处理全过程工程咨询服务问题;在咨询过程中掌握业务实施状况,协调各专业咨询进度及技术关系,发现并解决存在的问题;定期向建设单位提交工作报告。

2) 投资控制专题实施方案

项目由国有资金投资建设，项目建成后由民营教育单位租赁办学，建设单位对项目总投资控制提出了硬性要求，即控制在可研报告批复的总投资估算额以内，即便今后因兑现项目引进协议而必须突破的，突破额也必须控制在总投资额的10%以内。因此，公司在综合考虑项目质量、进度、投资、安全生产的同时，主要以投资控制为主线开展咨询服务。

(1) 明确投资控制目标

本项目于2019年取得项目建议书批复，项目总投资估算额约8亿元。项目可研报告批复的总建筑面积比项目建议书批复的总建筑面积增加了15.3%，但可研报告批复的总投资估算额不变，仍为8亿元，而工程费用由项目建议书提出的7.3亿元降低为6.1亿元，同时增加了工程建设其他费用和预备费用。

本项目建设单位对项目的总投资控制有硬性要求，即在保证建设规模和功能要求的前提下，控制项目总投资不突破计划总投资的110%。因此，将项目最终总投资额控制在建设单位要求的范围内，使项目投资符合国家、省、市、区各级政府关于建设项目投资估算政策的相关规定，成为本项目全过程工程咨询服务的重要任务。

(2) 建立投资控制工作思路

本项目投资控制工作思路为：首先，在总投资额(8亿元)的范围内，合理调整本项目的工程费用、工程建设其他费用和预备费用，使之更加贴合项目实际，更便于各项费用的控制使用；其次，重点做好设计阶段的工程费用控制，在施工图设计审批前项目组根据设计进度，两轮编制施工图预算，以施工图预算衡量限额设计，必要时调整设计；然后，做好施工阶段造价管理，严格控制设计变更和签证；最后，实事求是地依据施工总承包合同约定进行工程竣工结算审核，使工程造价始终得到有效控制。

(3) 合理调整本项目的各项费用组成

公司项目部组建后，首先认真分析项目建议书和可行性研究报告，经与建设单位共同研究分析，根据本项目实际情况和公司多年来对学校建设项目咨询方面积累的经验数据，可研报告的工程建设其他费用中，场地准备及临设费、工程项目保险费、建设单位管理费、市政基础设施配套费等费用实际并不需发生或可以减少额度，设计费、造价咨询费、招标服务费、监理费统一纳入全过程工程咨询费中，项目预备费可按工程费用的5%计列。在得到了建设单位的认可后，在总投资额(8亿元)的范围内，合理调整本项目的工程费用、工程建设其他费用和预备费用，项目总投资各项费用调整如表4.15所示。调整后的项目总投资各项费用更加贴近项目实际，更便于各项费用的控制使用。

表4.15 项目总投资各项费用调整表

序号	工程及费用名称	项目建议书费用/亿元	可行性研究报告费用(在项目建议书费用基础上)	可研调整后费用(在可行性研究报告费用基础上)
一	工程费用	7.3	−17.05%	16.98%
二	工程建设其他费用	0.3	305.29%	−55.08%
三	预备费	0.4	90.91%	−51.14%

(4) 重点做好设计阶段的投资控制

本项目方案设计由学校投资方负责提供,其要求按五星级酒店标准进行校园建设。公司及项目组对设计方案和校方建设标准要求进行了仔细分析,根据以往同类型项目咨询积累的经验数据,预测按此要求设计的施工图预算必然严重超出既定的建安工程计划投资额。因此,既要保证建设规模、满足寄宿制学校功能要求,又要符合控制项目总投资不突破计划总投资的110%的硬性要求,就必须重点做好设计阶段的工程费用控制。

① 进行两轮施工图预算编制,合理调整建安工程费的控制总额

在总平面图和建筑设计图完成后,项目组立即组织编制第1轮施工图预算,对尚未出图的室内精装饰、幕墙、室外景观绿化、道路管网、运动场等工程,根据校方建设标准要求,采用模拟清单或以专业工程暂估价方式计入预算。

由于设计方案和校方要求的建设标准高于同类型工程水平,导致第1轮施工图预算总价高达9.7亿元。对此,公司项目组根据以往同类型经验数据,在降低材料、设备、专业工程标准水平后提出调整意见,根据此意见,建设单位召集学校投资方与项目组设计、造价咨询人员进行了多轮磋商,最终形成第2轮施工图预算。第2轮施工图预算总价降低为7.8亿元,该总价得到建设单位认可,将此总价确定为本项目建筑安装工程费的控制总额,并以其作为工程施工总承包的合同价。

② 根据设计图纸进度及时进行比对、核算,合理控制造价

随着结构图设计完成,施工图文件经审查合格,公司在收到该项目经审查合格的图纸后,立即组织专业人员与原图纸进行了比对、计算,土建工程部分结构构件如筏板厚度、框架柱的几何尺寸以及配筋规格、间距均有所增加,导致施工图预算增加2%。对此,公司项目组提出建议:进一步明确建安工程费增加额不超过施工合同价10%的投资控制总目标;允许设计组在设计过程中充分考虑投资控制总目标,尽量做到增减平衡。

(5) 施工阶段严格控制设计变更和签证

为保证项目9月开学,项目开工前内装饰等专业施工图设计尚未完全完成,施工合同签约价中有较多暂估价材料和暂估价专业工程,在施工过程中不可避免地存在较多设计变更和签证。为此,公司项目部协助建设单位制订了严格控制设计变更和签证的管理制度,规定施工变更严格执行先审批后实施,除紧急事项允许补发外,设计变更和签证同样必须先审批后实施,否则不予认可,从而保证设计变更可以有效地进行事前估算,以达到过程控制目标。全过程工程咨询项目部收到工程变更和签证后,首先审核工程变更和签证的合规性和有效性,是否在规定的期限内严格按照规定的流程进行申请,并严格按工程变更和签证制度执行。具体审核内容如下:

① 变更和签证通知严格执行先审批后实施,除紧急事项允许先发口头指令并于两个工作日内补发书面指令外,其他变更和签证事项在实施后提交申请的一律不予认可,从源头上降低后补变更率。同时从承包单位进场开始就从合同端口进行交底工作,保证该项制度能够充分落地。

② 变更和签证的资料审核。资料应包括设计变更单或工程通知单,施工承包方报送联

系单资料需要经监理、建设单位确认,同时应包含变更图纸或现场测量记录、视频影像资料以及估算报价书等。签证联系单中应明确以下内容:发生的部位或范围,增加的工程量或减少的工程量,相关图纸说明。所有签证资料不允许随意涂改,对关键数字出现手动更改需重新办理签证确认手续。对于无法根据设计变更、工程指令文件按图计算出工程量的签证,必须由经办监理工程师和项目工程师签字确认工程量。

③ 每份变更和签证执行"一单一结"原则,要求施工承包方变更签证事项完工后7个工作日内报送签证结算,项目组在收到完整合格资料后7个工作日内核对,双方核对一致后应在签证结算书上签字确认结算金额,签证结算表后应附计算过程。

(6) 建立投资控制动态情况书面报告制度

利用月报和专题报告及时向建设单位报告工程造价情况,提供投资控制方面的专业意见或建议,让建设单位充分了解投资状况。

在项目的施工阶段,注重做好三方面工作,分别为计算实际投资数据,了解投资的现状;进行预算值与产值比较分析;发现偏差提出采取控制措施的建议。

① 计算实际投资数据,让建设单位了解投资的现状。计算实际发生的投资数据,包括工程数量及价格的计算,施工过程中发生的设计变更、现场签证、索赔等价格调整事项,期中付款的审核等。工程数量在签订合同时已经由施工总承包和公司复核过,但施工过程中经常会出现设计变更、现场签证及价格调整等事项,因此必须对实际工程量进行计算。进行实际工程量计算的另一个目的就是使建设单位了解投资的现状,同时帮助建设单位制作下一阶段开支的预算表,以供建设单位财务安排及其他用途。

② 进行预算值与产值比较分析。进行预算值与实际值比较分析能使进一步采取的投资控制措施更加具有针对性。通过预算值与产值的比较,可以检验工程建设的投资是否按计划执行。在项目的实施过程中,公司定期进行预算值与实际值的比较,包括估算与预算之间、实际实施结果与合同签约价(第2轮预算)之间的比较等。这些比较可以通过建立合同管理台账、建立投资目标值内容动态对比表等方法实施。

③ 发现偏差提出采取控制措施的建议。通过预算值与实际值的比较,分析产生偏差的原因并提出投资控制措施,如一个专业工程价超支,则在不影响使用功能的基础上,提出对其他专业工程造价目标值的调整建议并采取控制措施,从而使整个工程造价保持在可控范围内。

4.6 专业咨询实施细则编制

专业咨询实施细则是在全过程工程咨询服务总体规划下,不同专业咨询服务对本专业咨询服务宗旨、工作目标、主要工作内容、工作要点和工作方法及措施等进一步明确的重要文件。专业服务实施细则应满足全过程工程咨询服务规划的总体安排和基本规定,各不同专业咨询实施细则应保持协同一致。在专业咨询服务工作开始前,由专业咨询负责人根据工程咨询服务规划组织编制,经不同专业咨询相互审查后,由全过程工程咨询项目负责人批准实施。

4.6.1 专业咨询实施细则主要编制依据

专业咨询实施细则编制，主要依据以下资料：
（1）本专业适用的法律、法规、规程、规范及标准等。
（2）已批准的全过程工程咨询服务规划。
（3）本专业相关的合同文件和相关工程文件。
（4）其他相关资料等。

4.6.2 专业咨询实施细则主要内容

（1）专业咨询服务特点、宗旨和原则

明确本专业咨询服务特点，及基于此特点梳理提供本专业咨询服务的宗旨和原则，以指导专业咨询业务人员或小组工作。

（2）专业咨询工作目标

专业咨询工作目标包括基于全过程工程咨询的总目标，分解各专业咨询工作目标。

（3）专业咨询主要工作内容

一方面，分析本专业咨询主要工作内容，制订本专业咨询工作计划，并满足项目全过程工程咨询服务总计划要求。明确与其他专业咨询服务的逻辑关系及界面搭接情况，梳理需全过程工程咨询单位协调的工作界面和要求；另一方面，针对项目特点和业主、全过程工程咨询单位要求，明确本专业咨询工作的重难点。

（4）专业咨询工作要点

一是专业咨询业务人员完备；二是本专业向其他专业咨询服务提出的配合要求；三是对其他专业咨询向本专业提出要求的配合；四是针对项目重难点提出行之有效的应对方法，以及提出服务增值的建议，提升业主满意度。

（5）专业咨询工作方法及措施

一是从技术上开展本专业咨询工作的方法和措施；二是从组织上开展本专业咨询工作的架构，如人员配备、管理等；三是从工作流程上，保证工作顺利进行的方法及措施。

（6）不同专业咨询的集成方法和措施

信息共享、跨阶段延伸、跨业务融合、跨组织协同、共同的问题解决机制、跨职能管理等在本专业咨询服务中的体现。

（7）专业咨询成果形式及成果审查、考核机制

一是明确专业咨询提交成果内容和成果形式；二是明确成果文件的应用途径，及响应其他专业咨询提出的成果文件需求；三是明确专业咨询的考核目的、考核依据、考核主体、考核范围、考核形式、考核评分表、考核结果处理等。

（8）档案资料管理

一是明确本专业咨询档案资料清单；二是明确本专业咨询档案资料的保存、移交等管

理形式;三是明确档案资料直接管理人。

(9) 应急预案

专业咨询服务建立应急预案机制,包括应对突发任务的反应机制、赶赴现场的反应时间(如需赶赴现场)、应急处理方案、重大会务/救灾承诺等。

4.6.3 某全过程工程咨询项目跟踪审计实施细则

1) 相关法律、法规依据

(1)《建设工程造价咨询规范》(GB/T 51095—2015)。

(2)《建设项目全过程造价咨询规程》(CECA/GC 4—2017)。

(3)《南京市工程造价业务档案管理手册》(南京市古城造价管理处南京市工程造价管理协会)。

(4)《建筑工程施工发包与承包计价管理办法》(建设部令第 107 号)。

(5)《全过程工程咨询服务合同》。

(6) 其他有关法律、法规依据。

2) 服务宗旨

(1) 以"服务性、公正性、独立性和科学性"为原则,及时贯彻和执行国家对建设工程审计方面的法律法规,严格遵守《全过程工程咨询服务合同》的约定和本公司有关审核方面的规章制度,依法维护建设单位和各参与实施单位的利益。

(2) 加强对工程投资的计划管理和使用监管,及时防弊纠错,避免超计划、超规模,促进和提高建设投资效益的最大化和真实体现。

(3) 监督检查项目建设内部的控制及有关管理制度落实,跟踪、检查和记录项目实施的全过程,发现并建议业主纠正实施过程出现的偏差,及时监督解决项目实施过程中发生的纠纷。降低工程成本,提高投资效益,尽可能避免投资失误及造成的经济损失。

(4) 监督参与项目建设各主体单位认真履行各自职责,依法依规办事,提高建设工程质量,促进项目建设管理的法制化、制度化、规范化。

(5) 制订跟踪审计方案,对跟踪审计的职责做合理的定位,做到监督不缺位,到位不越位,监督与服务并重,重点保证工程造价的真实合理。

3) 跟踪审计原则

(1) 不介入建设或代建单位原定审批程序,不增加一道审计审批关口。

(2) 热情服务,积极配合施工进度和施工程序履行。

(3) 分清轻重缓急,提高审计工作效率。

(4) 直面问题,深入研究,抓住重大问题不放过。

(5) 审计工作做到独立不分家,参与不越权,多沟通、勤汇报。

4) 审计方法与操作要点

(1) 审计方法

具体采用查阅资料、复核计算、专家咨询、现场取证、会议座谈、信息披露和经验总结等审计方法。

(2) 操作要点

① 参加监理例会。全程参加监理单位主持的例会,与建设单位主管部门、监理单位、设计单位、施工单位等部门联动协调,随时提示审计程序的合规要求,审核计价的合理联动协调,随时提示审计程序的合规要求,审核计价的合理报审等事宜。

② 参加内部审计会议及建设单位主管部门联席会议。定期及不定期(重要及临时事宜)举行内部审计会议,沟通汇报项目进展情况,及时计划下一步审计工作并开展实施,有效组织审计工作的执行。

③ 实时跟踪现场,做好重要事项的查勘、取证、见证工作。审计组派代表常驻现场,进行日常查勘、见证施工进度及监理工作程序,对于重要事项,审计组参与会议、检验等事宜。做好相关资料的收集取证工作,见证事项真实性,为审计工作进行奠定基础。

④ 独立进行市场考察,参加设备、材料采购统一市场考察,履行设备、材料的询价采购参考职能。坚持独立考察市场,同时参加建设单位主管部门集体讨论,确定设备、材料采购的统一市场考察,了解建材市场真实销售状态,完成审核谈判委托工作,为建设单位主管部门确认采购价格做出决策参考。

⑤ 编制审计日记。审计组坚持全程编写审计日记,记录程序及实质问题,为审计工作保存第一手资料,验证审计工作过程。

⑥ 编制审计底稿。随着项目的实施进行,审计组对于涉及造价控制的招标、合同等文件管理,价款审核的费用内容、费用分配、计价性质,以及市场询价状况等方面,采集对造价有影响的相关事项,编制审计底稿,记载其产生、解决和效果等内容,为审计工作总结经验。

⑦ 编写过程简报及总结。按照月份及施工阶段,审计组编写工程简报和总结资料,及时与各方进行沟通汇报,使审计工作及时为项目管理和实施服务,以及提示风险,进行价款控制监督。同时,接受各相关部门的对等审查监督,做到依法审计。

⑧ 非书面咨询服务。结合建设项目实施的时间及地点特征,随时为各方提出口头性或纪要性咨询意见,提供即时的造价咨询服务。

5) 跟踪审计工作内容

(1) 跟踪审计范围及内容

① 分析合同价款(投标报价)。

② 确定工程造价控制目标,编制资金使用计划。

③ 审核工程计量与价款支付,审核工程索赔与签证费用。

④ 审核工程价款调整。

⑤ 材料设备询价。

⑥ 分析工程投资偏差,调整工程造价控制目标。

(2) 跟踪审计单位条件及需提供的相应资料

① 企业资质:具有独立法人资格,提供加盖单位公章的企业营业执照复印件;具有工

程造价资质甲级资质,提供加盖单位公章的资质证书复印件;企业近三年(2018年1月1日起)完成单项合同总建筑面积40 000 m^2 及以上的房屋建筑工程(不含厂房)的跟踪审计(全过程工程咨询服务)业绩,并提供加盖单位公章的业绩合同和竣工验收证明复印件。

② 跟踪审计组:由跟踪审计单位派出,人员配备须满足本项目要求且专业配套齐全,所有成员必须具有造价咨询工作经验(提供建设行政主管部门注册证书或已认可的造价员证书)。其中组长必须具有一级注册造价工程师资格,提供加盖单位公章的资格证书复印件;具有丰富的跟踪审计工作经验,并且近三年来信誉良好,必须常驻施工现场,提供常驻施工现场承诺书,签字并加盖单位公章。

(3) 跟踪审计要求

① 跟踪审计组必须服从公司现场全过程工程咨询项目部的管理,接受全过程工程咨询项目部考核。

② 跟踪审计组进驻项目现场一周内,依据项目特点制订有针对性的《跟踪审计实施方案》,明确审计目标、审计内容、审计重点、审计方法与关键环节,落实人员分工与工作要求,报跟踪审计单位同意并加盖跟踪审计单位公章后,上报建设单位审核,同时报送全过程工程咨询项目部审核,待审批后回复跟踪审计组;项目建设发生重大变化,应及时调整该方案。

③ 经批准的《跟踪审计实施方案》提供纸质版和PDF电子版(包括跟踪审计单位盖章页),跟踪审计组须按经批准的《跟踪审计实施方案》开展工作。

④ 跟踪审计组须建立合同台账,确定工程造价控制目标,编制资金使用计划,建立工程款支付台账,并上报建设单位审核,同时报送全过程工程咨询项目部。

⑤ 跟踪审计组保证每天有造价人员在现场且能满足现场的专业需求,组长每周在现场不少于三天,每月1日把上月考勤报全过程工程咨询项目部。

⑥ 跟踪审计组参加涉及建设项目造价的会议(设计交底、图纸会审、监理例会、造价专题会等),对造价发生重大变化的事项,提出审计建议。

⑦ 跟踪审计组及时做好跟踪审计日记,每月1日把上月日记电子版报全过程工程咨询项目部。

⑧ 跟踪审计组应在每月1日前将上月的跟踪审计情况以《跟踪审计月报》的形式上报建设单位,并报全过程工程咨询项目部;每月5日前将《跟踪审计月报》纸质版和PDF格式电子版(包括跟踪审计单位盖章页)报送全过程工程咨询项目部。

⑨ 跟踪审计组对跟踪审计过程中发现较重大的问题(未按图施工或未按施工组织设计施工并影响计量等),应填写《跟踪审计通知单》。《跟踪审计通知单》须清晰表述通知内容、发生时间、发现问题、审计意见等,并附影像资料,由审计组长签字确认上报建设单位,同时报送全过程工程咨询项目部、抄送相应监理单位的总监;收集经总监审核同意的整改情况报告(附影像资料),作为《跟踪审计通知单》附件,并将《跟踪审计通知单》(含附件)电子版(PDF格式)报送全过程工程咨询项目部。

⑩ 跟踪审计组在跟踪审计过程中发现的重大事项(如对造价影响较大的经审图后的设计图与招标用图量差、设计变更等，单因素影响造价超 5 万元的事项)，必须及时向建设单位出具《跟踪审计重大事项报告单》，同时将其纸质版和电子版(PDF 格式)报送全过程工程咨询项目部。

⑪ 跟踪审计组对经总监审核后的签证、索赔、核价、预付款和进度款等事项，出具《跟踪审计意见》并加盖跟踪审计单位公章，上报建设单位，并将其纸质版和电子版(PDF 格式)报送全过程工程咨询项目部。

⑫ 跟踪审计组每年 12 月底编制《跟踪审计阶段报告》，报告首先概述跟踪审计进场等情况，正文包括工程基本情况、工程开竣工时间、工程合同造价、参建单位、跟踪审计工作成果等，次年 1 月 15 日前将其纸质版和电子版(PDF 格式)报送全过程工程咨询项目部。

⑬ 跟踪审计项目工作完成后，跟踪审计组应向建设单位提交《跟踪审计报告》，报告首先概述跟踪审计进场等情况，正文包括工程基本情况、工程开竣工时间、工程合同造价、参建单位、跟踪审计工作成果等，将其纸质版和电子版(PDF 格式)报送全过程工程咨询项目部。

⑭ 除建设单位另有要求外，按上述格式执行。

6) 跟踪审计考核管理

全过程工程咨询项目部代表公司按季度对跟踪审计组进行考核。考核形式分第 1 次、最后 1 次和中间次。上季度进场且不足一个月的归到本季度考核，为第 1 次。每次考核采取总分 100 分制，考核暂按三年共 12 次；由跟踪审计组组长填报签字后报送全过程工程咨询项目部考核，未报考核表的按 0 分计算。跟踪审计工作完成后考核汇总得分率低于 80% 的将影响造价咨询服务费的支付。

4.7 全过程工程咨询服务分包管理

在全过程工程咨询服务中，可以将项目策划、前期项目咨询(含项目建议书、可行性研究报告编制、项目实施总体策划等)、项目管理、报批报建管理、勘察及设计的管理、规划及设计的优化、工程监理、招标代理、造价咨询等咨询服务整合在一起，由单一主体统一实施。全过程工程咨询单位也可将自有资质证书以外的其他业务分包给具备相应资质等级的单位独立完成。全过程咨询服务单位与各专项咨询单位，如监理、造价、招标代理等单位之间存在分包关系。

由于全过程工程咨询单位需要对咨询成果的全面性、完整性和准确性承担总体责任，因此需加强对分包单位的选择、监督、协调、考核等管理工作。

4.7.1 分包单位的选择

全过程工程咨询单位依据与业主的全过程工程咨询合同选择和管理分包单位，分包范围、选择方式管理流程服从全过程工程咨询合同的约定要求。

1) 咨询业务分包范围

分包范围应遵从招标文件(合同)的规定,符合有关法律法规的规定和全过程工程咨询单位的要求,包括但不限于以下情形:

(1) 全过程工程咨询服务合同中,业主明确要求分包的咨询业务。

(2) 公司无相关资质的咨询业务,可通过分包,借助专业力量,补足公司业务"短板",培养和管理长期合作伙伴。但同时需通过合同约定,以及公司加强过程性资料审核,保证咨询成果的质量。公司须选派有管理分包单位能力的人员加入项目部,或者聘请外部专家,保证咨询成果的质量。

2) 咨询业务分包的选择方式

(1) 分包单位的选择流程

分包单位的选择流程为:项目部推荐分包单位及专业负责人→全过程工程咨询部审核→报总经理同意→业主审核分包单位→谈判,成功后拟定分包合同初稿→全过程工程咨询部审核→报总经理审核批准→业主审核分包合同→签订分包合同→分包合同呈报业主签章或备案→业务实施。

(2) 分包单位的选择方式

① 业主和公司共同选择确定。公司和业主共同选择、确定咨询业务分包单位,由公司和分包单位签订分包合同,报业主审核,分包单位的合同款由公司负责支付。

② 公司选择,业主审核。分包单位由公司选择,业主方审核、认可,同时由公司与分包单位签订合同,分包单位的合同款由公司负责支付。

③ 业主选择,公司签约。分包单位由业主方选择确认,分包合同由公司与分包单位直接签订,咨询分包单位的确认和合同签订要经过公司认可,分包单位的合同款通过公司支付。

(3) 分包单位的基本条件

承担咨询业务分包的单位,应符合合同文件的相关规定,包括:

① 近五年内,在其业务范围内未出现过重大质量事故和重大 HSE 事故,履约信誉良好。

② 分包单位具有丰富的与项目相类似的工程业绩。

③ 分包单位企业资质满足项目规模要求。

④ 分包单位成员配备齐全以及人员证书完备,能够根据本项目需要,配备具有相关资格条件的专业咨询工程师或注册工程师,并达到规定的人员数量要求。

⑤ 分包单位须注重分包咨询业务负责人的业绩和能力的考核,注重咨询项目部的人员配备。对分包人员的确定和安排在分包合同中予以明确。

⑥ 依据全过程工程咨询合同,公司与分包单位草拟《分包合同》,《分包合同》经由业主审核同意后,公司与分包单位方可签订《分包合同》,并报业主同意。

4.7.2 组织架构和职责

在全过程工程咨询服务组织中构建"项目现场负责人—专业咨询组长—专业咨询工程师"的三级纵向管理体系。其中全过程工程咨询负责人作为全过程工程咨询服务组织内部最高管理层级人员,对项目进行总体控制,同时作为咨询领导小组成员,负责组织、协调小组完成决策工作;专业咨询组长负责该项咨询业务的总体控制及与其他咨询业务负责人之间的横向沟通;专业咨询工程师负责完成具体的技术咨询工作。

1) 对分包单位进行管理应遵循的原则

(1) 目标统一原则。各分包咨询业务应符合统一的咨询总目标,分析业主提出的工程总目标要求,并在总目标分解后,对权责利进行落实。

(2) 责任体系一体化原则。构建完整的全过程工程咨询机构责任体系,组织规则统一,实行一体化决策、一体化组织、一体化控制,最大限度地调动各专业咨询的积极性,规避不理性的风险。

(3) 信息的共享和工作活动搭接。降低不同业务和不同阶段的信息孤岛和信息不对称的影响,不同阶段的咨询业务分别提前介入和往后延伸,同一阶段的不同咨询业务充分融合,形成前后搭接的责任体系。

2) 各方对分包单位管理的职责

(1) 全过程工程咨询项目部的管理职责

① 依照全过程咨询服务规划对分包专业咨询实施细则提出编制要求。

② 审批专业咨询实施细则。

③ 检查分包单位是否按照实施细则开展咨询工作。

④ 检查分包单位的合同履行情况。

⑤ 对分包单位的咨询成果进行审核。

⑥ 对分包单位人员到位情况进行审核、监督,督促分包单位更换不合格的咨询人员。

⑦ 协调解决分包单位工作中遇到的有关问题。

⑧ 配合业主对分包单位的检查和管理。

(2) 分包单位的管理职责

① 对合同范围的工作内容全面负责,严格履行分包合同,按照合同约定,组建专业咨询机构,配备相应的专业组组长、技术人员、力量和设备。

② 制订专业咨询服务细则,建立专业咨询服务质量责任制,强化质量管理,建立健全质量保证体系,开展高质量咨询服务工作。

③ 接受项目部的统筹安排和调度,承担分包合同内规定的责任并履行相关的义务;配合其他专业咨询小组的需求,参与总咨询成果的编制与复核。

④ 接受业主的监督检查,执行经过项目负责人转达的公司及业主的各项指示。

(3) 业主的工作

① 对项目部呈报的全过程工程咨询服务规划、实施细则、咨询成果文件、专业咨询成果报告,按相关规定履行审批手续。

② 审查拟分包的专业咨询项目、拟选择的分包单位及其专业团队(人员),审核拟订的专业咨询分包协议书,同意后签订。

③ 监督检查全过程工程咨询服务规划、实施细则落实情况。

④ 协调解决公司与分包单位重大界面冲突问题。

⑤ 参与项目竣工验收和交付工作,监督公司和各分包单位完成项目工程技术资料收集、整理和上交,以保证符合业主要求和城建档案归档要求。

(4) 牵头单位公司各部门的管理职责

① 全过程工程咨询部根据项目需求,提出监理、设计等分包单位名单,报总经理批准后通知项目部予以落实;负责监管分包单位选定程序执行情况;组织审批(或备案)、监管分包总体计划表或分包申请、分包招标工作大纲、招标报告(侧重商务部分);对监理、设计等分包单位有建议权;接受有关单位的监督检查,配合业主对分包单位的检查和管理。

② 造价咨询部(或现场造价咨询小组)负责审查分包工作中与造价相关的内容;同时参与分包招标文件的编制,参与招标过程。

③ 财务部依据财务管理办法和资金监管协议,负责并监管合同款的支付和流向等。

分包单位对其分包业务的实施以及行为向公司负全部责任。分包单位应对分包服务的进度、质量和验收等实施监督和管理。分包合同费用的支付由公司严格按分包合同规定执行。

4.7.3 分包单位工作监督、协调、融合机制

1) 全过程工程咨询单位对分包单位的管理原则

(1) 严格履约管理。加强对分包单位履约管理,以分包合同和专业咨询实施细则为依据。

(2) 程序协调。从进度安排上为分包专业组提供程序协调,如提前安排场地。

(3) 过程监督。加强对分包专业组的过程性资料审核,对分包专业组形成约束与监督。

通过过程监督控制和程序协调,加强对分包专业咨询的监督检查,注重各分包专业咨询服务的工作界面和协调,使得各分包专业咨询之间的目标保持一致,组织责任体系连贯,且信息连贯。

在制订全过程工程咨询项目总计划时,须注重各分包专业咨询服务的工作界面和协调。将项目策划、工程设计、招标、造价咨询、工程监理、项目管理等咨询服务作为整体统一管理,形成连续、系统、集成化的全过程工程咨询管理系统,形成统一的总计划。加强现场的过程跟踪,分析实际情况与计划之间的偏差及原因,针对存在的问题提出具体解决措施。深入现场了解咨询业务分包情况,对由于咨询业务分包引起的质量问题和质量隐患及时做出处理。

2）过程控制中对分包专业组监督的主要内容

（1）分包单位履行合同情况，如组织机构、人员到位、管理制度、现场装备、合同或国家和地方约定的其他技术服务及特殊事项等。

（2）分包单位现场专业组能否满足现场需要，如专业组人员和设备到位情况、资料（月报、进度报告、工作通知单等）、现场管理（符合安全、质量、进度、投资控制要求，及时发现问题并切实解决问题）、规章制度的执行情况和管理效果等。

（3）分包专业咨询人员有无损害业主和公司利益情况。

分包专业组及其人员应配合项目部安排，对分包工作完成情况、工作安排及调整及时向现场负责人汇报及沟通，保证公司对整个分包工作过程的掌握。实施过程中如遇无法解决的问题，须及时向项目部汇报，项目部做好分包单位之间的协调，确保咨询服务顺利实施。

各分包单位共同构成的组织在项目运作过程中需具备高度的集成性。

项目部和各分包专业咨询组之间应树立整体意识，以项目目标最大化为导向，将各项专业服务有机结合起来，解决各专业之间条块分割的问题。

项目部与分包专业咨询组实行一体化决策、一体化组织和一体化控制，减少界面之间的漏洞，构建完整的全过程工程咨询机构责任体系，实现责任体系一体化，形成高度集成化的团队。

各专业咨询组之间、项目部和分包专业咨询组之间形成良好的信息沟通渠道和信息共享平台，建立高效的信息交流机制，有效保证数据信息的互通。各分包单位及时提供成果文件，以及对应分包工作的全面、详细的数据。

4.7.4 与分包专业组的沟通机制

与分包专业组建立正式或非正式沟通渠道，加强业务交流。正式沟通渠道如例会、报告、变更会议、合同和协议、往来公函等。同时，与业主建立良好的工作关系，了解各方处事风格，推动项目的顺利实施。与分包专业咨询组的沟通机制包括以下方面：

1）与分包专业组的沟通机制

（1）会议机制。正常情况下项目上每周召开一次例会（业主代表、施工单位负责人、所有咨询分包负责人以及项目负责人参会），公司每月召开一次分包专项会议，总结改进并提出下一步工作措施，以上会议监理方负责人必须参加，项目部成员原则上全部参加。

（2）报告机制，包括工作报告和文件。分包专业组适时通过书面报告向项目部汇报工作进展、反映发现的问题，如周报、月报、季报、年报等。项目部内外部文件的上传和下达也是重要的沟通方式，如将公司各管理制度传达给分包单位等。

（3）提前沟通机制。分包专业组涉及项目建设相关情况应与项目部提前沟通。

2）与分包专业咨询的沟通方式

在全过程工程咨询项目实施过程中与分包专业咨询的沟通方式主要有：

(1) 对于能够在现场解决或沟通的内容，采取现场直接沟通交流方式，如现场土方堆放问题，现场工作面界定的问题等，方式较为灵活。

(2) 项目现场存在工程问题，无法直接解决的，各专业组先将问题反馈至项目部，再由项目部通过联系单发布指令。

(3) 针对难以做出指令、需相关参建单位参与讨论的内容，由项目部发起并组织相关单位负责人召开会议商讨。

(4) 根据项目实际情况实施周/月报制度，及时收集资料，定期举行例会，以便于汇报和沟通项目实施进度和存在问题，为有效沟通提供依据和保障。

以会议或函件进行的，必须形成相应的会议纪要或盖章联系单，会议纪要由相应部门保存，工作联系单由档案室保存。以约谈形式进行沟通的，则须形成约谈记录，并由相应部门保存。以工作报告、文件进行的，报告和文件由公司档案室保存。同时运用公司ECMS信息管理平台，落实资料整理、上传的责任。

4.7.5　界面冲突的解决机制

当不同咨询服务之间产生界面冲突时，各方遵循的解决机制包括：

(1) 遵循严格履约原则。界面冲突的解决以分包合同、专业咨询实施细则等经批准的文件为基准，遵循严格履约的原则。

(2) 注重合同状态的分析。分析界面冲突时的合同状态条件，收集合同状态的证据和资料，充分尊重事实情况。

(3) 以整体最优的方式协调界面冲突。针对界面冲突，各专业咨询充分提出各自专业诉求，咨询领导小组针对各专业的诉求，以项目目标为导向，协调解决冲突问题。

(4) 充分分析各咨询专业的诉求。充分尊重各专业咨询对界面冲突的观点和诉求，进行平等协商。

项目层面争端的解决，以全过程工程咨询领导小组协商为主。针对长期合作或者有长期合作可能性的企业，可建立合作企业层面的争端解决机制，对项目层面的冲突，可以在企业层面进行协商解决等。公司通过建立对分包小组协调管理工作机制，统筹内部协调资源，动态跟踪和实时监督分包单位的生产和实施情况，建立常态界面协调工作机制，落实各专业咨询服务界面协调责任，及时协调解决出现的界面冲突问题。加强项目部和分包专业咨询文件材料管理，实现内外部实施过程建设与工程文件材料收集整理同步推进，以此作为解决可能出现的界面冲突问题的文字资料依据。

全过程工程咨询领导小组具体负责日常协调管理，开展项目建设内外部协调和问题处理工作。分包专业组及时向项目部汇报界面冲突问题，提出拟采取的处理措施，反馈解决成效。公司就重大冲突问题上报业主协调解决。

4.7.6　咨询分包风险管理

咨询业务分包风险管理，须充分考虑分包管理的潜在风险及具体应对措施，并将预防措施制度化或写入分包合同。

1) 全过程工程咨询服务分包风险

(1) 服务水平风险。分包人专业咨询业务水平达不到全过程工程咨询合同要求的服务水平风险。

(2) 服务质量风险。分包人敬业精神不佳造成分包专业服务质量不良,甚至影响全过程工程咨询整体服务质量的风险。

(3) 合同履约风险。分包合同的服务范围、边界、周期、履约标准、双方权利、责任和义务、咨询费用计取、违约罚则等条款不明确或不具有可操作性的履约纠纷风险。

2) 全过程工程咨询服务分包风险防控

(1) 风险预估

保持应有的执业谨慎性,招标前仔细研究咨询服务范围,认真调查、分析所能收集到的分包单位资料和项目资料,充分预估可能存在的风险。

(2) 风险评估

合理运用专业判断,评估对可能存在咨询服务风险的分包单位的承受能力,研究规避风险、分担风险、采用新技术化解风险、采取技术措施控制或降低风险的可能性。

(3) 风险防范与控制措施

① 强化分包单位的资格与能力审查。

② 强化分包合同条款编制,保证分包合同的服务范围、边界、周期清晰,履约标准明确,周全考虑双方权利、责任和义务,明确咨询费用计取、分配、支付方式,明确规定具有可操作性的违约罚则。

③ 强化对分包专业咨询业务的过程监督,强化对分包专业咨询业务的季度、年度考核,依据合同兑现奖罚。

④ 强化对分包专业咨询资料的收集、整理、归档审查。

4.7.7 分包考核机制

在严格履行合同条款的基础上,明确分包履约考核要求,体现过程控制和目标管理相结合,旨在强化责任体系和过程控制,但并不寻求以扣分扣款、制裁违约行为为目的,而是以强化过程管理和实现最终总目标为目的。咨询业务分包单位考核依据,包括国家对相关行业的法律、法规、标准,全过程工程咨询合同、分包合同,经审批的《专业咨询实施细则》等。

项目部成立考核小组,考核小组成员可根据项目具体情况进行组合,一般可包括业主代表、现场负责人、各专业负责人等。分包单位考核工作自监理、造价咨询、检测、监测、观测等分包单位进场日开始,至工程竣工验收、资料全部移交结束。考核采用季度考核和平时抽查相结合,公司项目部收到自评表后一定期限内完成考核工作。季度考核中,每季度初各分包单位对上季度工作情况进行自评并签字盖章后报公司项目部审核;平时则由业主或公司对分包单位实施抽查。

分包的考核范围包括以下内容(具体见附录7)：

(1) 合同履约情况,包括是否按计划安排咨询人员进场,是否按合同要求投入设备和设施等。

(2) 制度管理情况,包括专业咨询实施细则等工作制度是否健全,是否严格执行制度。

(3) 业务工作情况,是否严格按相关规定和要求认真做好专业咨询实施细则的工作。

(4) 资料管理情况,咨询记录和资料报表是否齐全、真实、准确。

从分包合同总价中提取费用单独设立"考核专项基金",对分包的过程履约绩效分别予以考核,根据考核结果予以实施奖励和惩罚措施。对于过程考核不合格的单位,应约见分包单位的主要负责人,要求限期整改;或责令更换不合格的专项咨询负责人或咨询工程师等。

4.8 全过程工程咨询服务档案资料管理

全过程工程咨询服务档案资料管理是顺应公司信息化建设的需要,规范文件归档与管理工作,保障文件的真实性、完整性、有效性和安全性的重要工作。档案资料管理是指在各项咨询服务活动中产生并具有保存价值的电子文件的形成、收集、整理、上传、管理、使用的过程。

档案资料的整理、归档和使用管理应坚持"三个纳入"制度和"三个同步"原则。"三个纳入"即"纳入管理制度、纳入合同和专业咨询实施细则管理、纳入责任考核";"三个同步"即"档案与工程建设同步形成、同步收集、同步整理"。

4.8.1 组织架构和职责

全过程工程咨询档案管理遵循统一领导、分级管理、专人负责的原则,维护项目档案资料的完整与安全。各部门、各参建单位应配备专人或指定人员负责项目档案管理工作,负责人应具备档案管理专业知识和技能,经过项目档案管理培训,并保持稳定,在全过程工程咨询服务期间不得随意更换。同时,需结合有关规定、咨询服务特点和项目实际制订项目档案分类方案。因此,公司应建立以档案室为核心,全过程工程咨询领导小组统筹,专业咨询小组参与的档案管理工作架构,并建立沟通协调机制。

1) 公司档案室的职责

(1) 对公司全过程工程咨询项目档案进行集成管理,负责各类档案资料的接收、整理、分类、鉴定、保管、统计、安全保护等工作。

(2) 负责对部门或项目专职档案工作人员进行业务监督、指导和培训,组织公司档案管理知识宣贯,加强档案管理队伍建设。

(3) 制定和组织实施档案管理工作的各项规章制度,并在年终对各项目档案工作进行检查、评比。

(4) 负责档案信息资源的开发与利用工作。编制各类档案检索工具,建立档案检索体系,编写或配合有关部门编写各种档案参考资料,全面、综合开发档案信息。

(5) 做好计算机、光盘辅助管理档案工作,利用计算机技术、多媒体技术、网络技术,实现档案的数字化、信息化和网络化现代管理。

2) 全过程工程咨询领导小组的职责

(1) 负责项目档案的统筹规划、组织协调、监督指导等工作。组织并监督各专业咨询小组将档案管理工作纳入项目的管理工作中,落实档案管理责任制,配备专人负责项目文件材料收集、整理和归档工作,保证项目档案工作与项目建设同步进行,确保项目档案完整、准确、系统。

(2) 对各咨询小组的档案工作进行检查、监督和考核;对各咨询小组的档案管理人员进行考核,督促各单位更换不合格的档案管理人员。

(3) 工程实施过程中,指导并监督各参建单位的工程档案管理工作(包括纸质文件、电子文件、声像资料等的编制归档),定期和不定期检查原始记录的填写、形成、积累、资料整理及预立卷情况、电子文件的数据录入和编制情况;定期考核各参建单位的档案管理情况,提出改进档案管理工作的意见和建议并督促整改、落实,存在问题且经过复查仍未解决的,将采取通报批评和处罚措施。

3) 各咨询小组的职责

(1) 明确岗位分工,保证档案工作整体质量,人员的配置、岗位的考核、办公设备、信息管理等满足项目档案工作要求,以确保文件材料组卷、归档管理工作顺利进行。

(2) 按各自承担的工作范围、内容和合同责任做好文件材料的收集、整理和组卷,须在专业咨询实施细则中制订项目档案管理规划,按照规定和要求向全过程咨询领导小组提交真实、合格的项目档案。凡不能按时提交项目档案文件材料或者提交项目档案文件材料不完整、不准确,视为未履行合同责任和义务,应承担由此造成的责任和损失。

4.8.2 档案资料整理

档案资料的整理应遵循文件形成规律,保持档案之间的有机联系,符合一体化管理要求,保证纸质档案材料和电子档案整理协调统一,便于保管和利用。

1) 档案资料编码设置

(1) 一级编码。全过程工程咨询项目编号(档案号)以"年份+项目号"表示,如"202001"表示2020年第1个签订合同的全过程工程咨询服务项目。

(2) 二级编码。项目中的专业咨询代号,在一级编码下分设,包括:01项目管理;02项目策划;03工程设计;04招标代理;05造价咨询;06工程监理;07工程勘察;08工程检测;09其他咨询(自定义)。

(3) 三级编码。专业咨询中的分项工作代号,在二级编码下分设,如在二级编码01项目管理下设三级编码：0101 项目基础资料；0102 全过程工程咨询合同文件；0103 全过程工程咨询实施方案……

（4）四级编码。分项工作中的子项工作代号，在三级编码下分设，如在三级编码 0102 全过程工程咨询合同文件下设四级编码：010201 全过程工程咨询招投标文件及中标通知书；010202 全过程工程咨询合同；010203 业主合同变更通知等文件……

通常，一级编码、二级编码由公司统一编设；三级编码、四级编码由项目部据实编设。

2）档案文件资料内容与编码

档案资料内容、编码与责任人见表 4.16 所示。

表 4.16 档案资料内容、编码与责任人

类别	目录与编码	责任人
1. 项目管理，编码：202001-01（年份＋项目号＋项目管理代号）	（1）基础资料目录及交接记录（编码：202001-0101） 项目批准文件（编码：202001-010101） 规划许可文件（编码：202001-010102） 工程地形、地质及地下管网资料（编码：202001-010103） 周边建（构）筑物资料（编码：202001-010104） 测绘部门出具的定位放线图及水准点、坐标控制点（编码：202001-010105） 基础资料其他文件（编码：202001-010106）	
	（2）全过程工程咨询合同文件（编码：202001-0102） 全过程工程咨询招投标文件及中标通知书（编码：202001-010201） 全过程工程咨询合同（编码：202001-010202） 业主合同变更通知等文件（编码：202001-010203） 全过程工程咨询补充协议（编码：202001-010204） 全过程工程咨询合同其他文件（编码：202001-010205）	
	（3）全过程工程咨询实施方案（编码：202001-0103） 现场踏勘记录（编码：202001-010301） 全过程工程咨询实施方案书（编码：202001-010302） 全过程工程咨询实施方案书批准文件（编码：202001-010303） 全过程工程咨询实施方案其他文件（编码：202001-010304）	
	（4）全过程工程咨询服务周、月、年报（编码：202001-0104） 周报（编号：202001-周报第 001 期） 月报（编号：202001-月报第 01 期） 年报（编号：202001-年报第 01 期）	
	（5）重大事项（编码：202001-0105） 重大事项记录文件（编码：202001-010501） 调研、分析等文件（编码：202001-010502） 相关技术措施或设计变更文件（编码：202001-010503） 相关会议纪要或审核批复文件（编码：202001-010504）	
	（6）项目竣工验收、项目移交文件（编码：202001-0106） 相关会议纪要、联系函等（编码：202001-010601） 项目竣工验收证明文件（编码：202001-010602） 项目移交文件（编码：202001-010603）	

(续表)

类别	目录与编码	责任人
1. 项目管理,编码:202001-01(年份＋项目号＋项目管理代号)	(7) 项目获奖文件(编码:202001-0107)	
	(8) 项目竣工结(决)算文件(编码:202001-0108) 项目竣工结算汇总及说明(编码:202001-010801) 项目竣工决算汇总及说明(编码:202001-010802)	
	(9) 全过程工程咨询费用结算文件目录及交接记录(编码:202001-0109) 全过程工程咨询服务费用结算报告(编码:202001-010901) 结算审核会议纪要等文件(编码:202001-010902) 全过程工程咨询费用结算审定文件(编码:202001-010903)	
	(10) 施工全过程影像资料及交接记录(编码:202001-0110) 施工全过程影像资料(编码:202001-011001)	
	(11) 全过程工程咨询总结报告文件及交接记录(编码:202001-0111) 全过程工程咨询总结报告(编码:202001-011101)	
2. 项目策划,编码:202001-02(年份＋项目号＋项目策划代号)	(1) 项目策划单位选定文件(编码202001-0201) (2) 分包合同文件(编码202001-0202) (3) 基础资料移交(编码202001-0203) (4) 专业咨询方案文件(编码202001-0204) (5) 调查记录文件(编码202001-0205) (6) 专业咨询报告及其审批(编码202001-0206) (7) 专业咨询其他文件(编码202001-0207) (8) 向业主移交项目策划资料(编码202001-0208) (9) 项目策划咨询费结算文件(编码202001-0209)	
3. 工程设计,编码:202001-03(年份＋项目号＋工程设计代号)	(1) 设计单位选定文件(编码202001-0301) (2) 设计任务书和分包合同文件(编码202001-0302) (3) 基础资料移交(编码202001-0303) (4) 设计工作方案及相关文件(编码202001-0304) (5) 方案设计图及其审批文件(编码202001-0305) (6) 初步设计图及其审批文件(编码202001-0306) (7) 施工图及其审查合格文件(编码202001-0307) (8) 设计变更与施工阶段服务文件(编码202001-0308) (9) 其他设计文件(编码202001-0309) (10) 向业主移交设计资料(编码202001-0310) (11) 设计费结算文件(编码202001-0311)	
4. 招标代理,编码:202001-04(年份＋项目号＋招标代理代号)	(1) 招标(发包)方案(编码202001-0401) (2) 招标公告及资格预审文件(编码202001-0402) (3) 发布招标公告及资格预审文件(编码202001-0403) (4) 资格预审及其报告(编码202001-0404) (5) 招标文件及澄清、修改文件(编码202001-0405) (6) 招标文件发放(编码202001-0406) (7) 开标、评标、清标、定标工作(编码202001-0407) (8) 中标公示(编码202001-0408) (9) 质疑、投诉处理文件(编码202001-0409) (10) 中标公告、中标通知书(编码202001-0410)	

(续表)

类别	目录与编码	责任人
4. 招标代理，编码：202001-04（年份＋项目号＋招标代理代号）	（11）书面报告（编码 202001-0411） （12）业主与中标人签订合同（编码 202001-0412） （13）开工前手续（编码 202001-0413） （14）招标代理其他文件（编码 202001-0414） （15）向业主移交招标代理资料（编码 202001-0415）	
5. 造价咨询，编码：202001-05（年份＋项目号＋造价咨询代号）	（1）投资估算编制与审核（编码 202001-0501） （2）方案比选的经济分析咨询（编码 202001-0502） （3）限额设计的经济分析咨询（编码 202001-0503） （4）优化设计的经济分析咨询（编码 202001-0504） （5）设计概算编制与审核（编码 202001-0505） （6）施工图预算编制与审核（编码 202001-0506） （7）项目资金使用计划编制（编码 202001-0507） （8）招标清单或工程量清单的编制与审核（编码 202001-0508） （9）最高投标限价编制与审核（编码 202001-0509） （10）投标报价书审核（编码 202001-0510） （11）施工阶段造价风险分析报告（编码 202001-0511） （12）工程计量及工程款支付审核（编码 202001-0512） （13）造价咨询月报（编码 202001-0513） （14）造价咨询年度报告（编码 202001-0514） （15）人、材、机价格咨询（编码 202001-0515） （16）造价咨询其他文件（编码 202001-0516） （17）工程造价动态管理报告（编码 202001-0517） （18）工程竣工结算编制与审核（编码 202001-0518） （19）工程竣工决算编制与审核（编码 202001-0519） （20）向业主移交造价咨询资料（编码 202001-0520）	
6. 工程监理，编码：202001-06（年份＋项目号＋工程监理代号）	（1）监理单位选定文件（编码 202001-0601） （2）分包合同文件（编码 202001-0602） （3）资料移交（编码 202001-0603） （4）监理规划、监理实施细则（编码 202001-0604） （5）监理会议纪要（监理第一次工地会议、监理例会、专题会议、设计交底和图纸会审会议等）（编码 202001-0605） （6）施工组织设计、（专项）施工方案报审文件（编码 202001-0606） （7）施工进度计划报审文件（编码 202001-0607） （8）分包单位资格报审文件（编码 202001-0608） （9）施工控制测量成果报验文件（编码 202001-0609） （10）开工、暂停、复工令，开或复工报审文件（编码 202001-0610） （11）工程材料、构配件、设备报验文件（编码 202001-0611） （12）见证取样和平行检验文件（编码 202001-0612） （13）工程质量检查报验资料及相关验收资料（编码 202001-0613） （14）工程变更、费用索赔及工程延期文件（编码 202001-0614） （15）工程计量、工程款支付文件（编码 202001-0615） （16）监理日志、旁站记录（编码 202001-0616） （17）质量或生产安全事故处理文件（编码 202001-0617） （18）监理函、通知单与联系单（编码 202001-0618） （19）监理月报（编码 202001-0619）	

(续表)

类别	目录与编码	责任人
6. 工程监理,编码：202001-06(年份＋项目号＋工程监理代号)	（20）监理年度报告(编码 202001-0620) （21）工程质量评估报告及竣工验收监理文件(编码 202001-0621) （22）监理工作总结(编码 202001-0622) （23）质量和安全监督部门要求的文件(编码 202001-0623) （24）向业主移交工程监理资料(编码 202001-0624) （25）监理费结算文件(编码 202001-0625)	
7. 工程勘察,编码：202001-07(年份＋项目号＋工程勘察代号)	（1）勘察单位选定文件(编码 202001-0701) （2）分包合同文件(编码 202001-0702) （3）资料移交(编码 202001-0703) （4）勘察咨询方案及相关文件(编码 202001-0704) （5）勘察咨询文件(编码 202001-0705) （6）质量监督部门要求的文件(编码 202001-0706) （7）勘察咨询报告及其图审合格文件(编码 202001-0707) （8）向业主移交勘察资料(编码 202001-0708) （9）勘察费结算文件(编码 202001-0709)	
8. 工程检测,编码：202001-08(年份＋项目号＋工程检测代号)	（1）工程检测单位选定文件(编码 202001-0801) （2）分包合同文件(编码 202001-0802) （3）资料移交(编码 202001-0803) （4）工程检测方案及相关文件(编码 202001-0804) （5）工程检测咨询文件(编码 202001-0805) （6）质量监督部门要求的文件(编码 202001-0806) （7）工程检测报告及其审批文件(编码 202001-0807) （8）向业主移交工程检测资料(编码 202001-0808) （9）工程检测费结算文件(编码 202001-0809)	
9. 其他咨询,编码：202001-09(年份＋项目号＋其他咨询代号)	（1）其他咨询单位选定文件(编码 202001-0901) （2）分包合同文件(编码 202001-0902) （3）资料移交(编码 202001-0903) （4）其他咨询方案及相关文件(编码 202001-0904) （5）其他咨询文件(编码 202001-0905) （6）质量监督部门要求的文件(编码 202001-0906) （7）其他咨询报告及其审批文件(编码 202001-0907) （8）向业主移交其他咨询资料(编码 202001-0908) （9）专业咨询费结算文件(编码 202001-0909)	

4.8.3 档案资料归档管理与使用

全过程工程咨询项目档案资料的管理与使用,应根据档案资料形成规律、特点和编码进行归档,并实现高效调动和使用。

在项目竣工验收合格,并且全过程工程咨询服务内容全部完成后的一个月内,现场负责人组织项目部成员,按照规范对全过程工程咨询项目档案资料进行整理、编审和装订工作(项目的招标代理、造价咨询档案可用总结性报告或档案目录表代替,并注明具体内容);经全过程工程咨询部审核后,由项目总负责人签署移交公司档案室归档,同时呈报业主。

提交人提交的特殊格式的档案资料,由负责人在接收文件时,要求提交人提交相应的查看软件安装程序,以便于后期使用。

各部门档案管理负责人在提交档案资料后,每月 5 日前,需要填写《档案资料上传检查申报表》,以便后续人员对相关工作进行检查与审核。对于未及时上传文档的档案资料负责人,经检查确认一次给予项目部考核处罚,上传文档与《档案资料上传检查申报表》中清单记录不一致的,每项给予负责人扣分考核,同时给予所在项目负责人扣分考核。公司档案室每年对档案资料做一次集中清理,每年元月 30 日之前进行档案资料清理工作,由档案室协同各部门经理、项目负责人对所有档案进行整理、清除,重要文档进行保留、备份,其他文件则彻底删除。

档案管理负责人离职前,其所在部门要提前一周重新指定档案管理负责人,做好档案管理的移交工作,并且及时将此信息传达给全过程工程咨询领导小组,以免对档案资料管理造成负面影响。

4.9 全过程工程咨询服务项目部考核

全过程工程咨询服务项目部考核对提高公司全过程工程咨询服务的质量,提升公司核心竞争力和公司行业声誉,进一步激发员工的工作热情,充分调动员工的积极性具有重要意义。因此公司需要对项目部的服务状况以及服务结束后所取得的成果进行评估和考核。

4.9.1 考核组织和考核方法

全过程工程咨询项目部考核,是针对本项目的各项咨询服务工作,应用各种科学的定性和定量的方法,对咨询服务效果及其对公司的贡献或价值进行的考核和评价。在企业中对项目部进行考评,需要做大量的相关工作,因此需要建立相应的考核组织,并明确考核方法。

1) 组建考核小组

(1) 组长:由总经理担任。

(2) 副组长:由副总经理担任。

(3) 成员:包括总工办全体成员,全过程工程咨询部、行政部、财务部等各部门人员(按需要组合)。

2) 考核方法

每年 12 月底对各项目部本年度全过程工程咨询服务情况进行考核。以日常检查情况和每年全过程工程咨询项目巡查结果为依据,结合项目部自我考核评价和委托人对全过程工程咨询项目部的服务满意度评价,综合行政主管部门业务检查和信用评价结果,进行评估和考核。

4.9.2 考核内容

全过程工程咨询服务项目部考核内容包括考核期内的委托人满意度情况、项目咨询规划的制订情况、项目部(或项目负责人)工作情况、相关工程咨询规范程序的执行情况、咨询任务完成情况、公司管理制度的执行情况、委托人或主管部门检查以及行业信用评价情况、项目总结和复盘情况。具体指标见表4.17所示。

表4.17 全过程工程咨询服务考核内容

分类		考核内容
1. 委托人满意度	1.1	委托人对项目全过程工程咨询服务的总体满意度
	1.2	委托人对各专业咨询服务的满意度
2. 项目咨询规划的制订情况	2.1	项目咨询规划制订前期资料收集齐全,编制依据充分
	2.2	项目咨询总计划、各专业分计划符合合同约定和委托人要求
	2.3	内容齐全,各专业任务、目标、要求明确
	2.4	对项目特点认识清晰,拟采取的措施合理、可行,且预期明显
	2.5	对分包的专业咨询项目,有具体的管理、协调措施
	2.6	项目部内部管理制度、考核办法符合公司管理规章制度
	2.7	规划编制工作在规定期限(接受任务后1个月内)内完成
3. 项目部(或项目负责人)工作情况	3.1	项目咨询所需基础资料收集情况
	3.2	服从委托人领导,保持密切配合、协调情况(或委托人对服务态度的满意度)
	3.3	掌握各专业咨询动态,督促各专业咨询业务的进展符合合同约定和委托人要求
	3.4	分包专业咨询的分包合同签订符合公司管理规定,对分包咨询业务按合同约定履行进行监督管理并提供协调服务情况
	3.5	按合同约定对施工单位等其他参建方工作进行管理和协调工作情况
	3.6	按合同约定或委托人特别要求完成的咨询事项和成果文件情况
4. 相关工程咨询规范程序的执行情况	4.1	各专业按工程咨询规范规定程序的执行情况
	4.2	各专业应完成的咨询成果文件符合工程咨询规范规定情况
	4.3	各专业应完成的咨询成果文件资料收集归档情况
5. 咨询任务的完成情况	5.1	各专业(含分包)咨询工作对照咨询合同约定和咨询规划所定期限的完成情况
	5.2	各专业(含分包)成果文件对照咨询合同约定和咨询规划所定期限的完成情况
	5.3	各专业(含分包)咨询工作对照咨询合同约定和咨询规划所定的完成质量情况
	5.4	各专业(含分包)咨询年度报告和考核情况
6. 公司管理制度的执行情况	6.1	项目信息和合同信息的ECMS系统录入情况
	6.2	项目咨询过程信息的ECMS系统录入情况
	6.3	项目咨询文件经ECMS系统审批的一次通过情况
	6.4	项目部技术资料档案管理情况
	6.5	项目重大情况汇报制度执行情况
	6.6	项目咨询费用对照咨询合同约定节点收取情况

(续表)

分类	考核内容
7. 委托人或主管部门检查以及行业信用评价情况	7.1 项目在委托人业务监督检查或考核评价中的情况
	7.2 项目中招标代理在向南京市、区建设工程招投标行政主管部门申报备案事项的一次通过率情况
	7.3 项目(含各专业咨询)在省、市行政主管部门业务监督检查中有无被通报批评的情况
	7.4 项目(含各专业咨询)在省、市建设工程咨询机构行业信用评价中有无被扣分的情况
	7.5 专业咨询(含分包)部或其他参建方有无被投诉情况
8. 项目总结和复盘情况	8.1 项目资料汇编的完成质量和资料移交、归档情况
	8.2 项目部内部考核情况
	8.3 项目总结和复盘报告情况
	8.4 其他情况

同时,分包和公司承担的咨询业务的考核结果也作为项目部考核的支撑材料。公司招标代理部、造价咨询部派出专业咨询组的,项目部对各专业咨询组提出考核意见,由公司按照《造价咨询部考核细则》《招标代理项目服务质量考核办法》和《关于进一步提高工程咨询服务质量的管理规定》等规定,对各专业咨询组进行评价,纳入招标代理部、造价咨询部考核。分包业务由项目部按照《分包管理办法》考核,具体见附录8和附录9。公司对考核结果予以监督检查,并依据项目部考核结果,按咨询费用实际收入进行分包专业咨询业务的经济兑现。

4.9.3 考核流程

1) 日常检查和公司巡查考核

(1) 日常检查,包括项目咨询规划的制订情况,项目部(或项目负责人)工作情况,各专业咨询任务的完成情况,相关工程咨询规范程序的执行情况、咨询任务完成情况,公司管理制度的执行情况,委托人、行政主管部门业务检查和行业信用评价结果等。

(2) 公司巡查,即公司每年组织一期对全过程工程咨询服务项目的工作质量巡查;每项目巡查结果作为年度考核评价的重要依据。

2) 年度考核流程

(1) 项目部于每年12月15日前进行总结,并提交年度报告。

(2) 考核小组于每年12月31日至次年1月15日进行年度考核,以综合日常检查和公司巡查考核情况,结合项目部年度报告,确定本年度项目部考核总成绩并予公布。

3) 考核等级

全过程工程咨询服务考核等级分为优、良、中、差四个等级。

(1) 第1项(委托人满意度),以委托人总满意度计入等级考核,以委托人对各专业咨询服务的满意度作为对各专业考核的依据。

（2）以委托人对全过程工程咨询服务的满意度决定本年度项目考核的最高等级。委托人满意度为"优"的，本项目年度考核方可评定为优；委托人满意度为"良"的，本项目年度考核只可评定为良及以下；委托人满意度为"中"的，本项目年度考核只可评定为中及以下；委托人满意度为"差"的，本项目年度考核评定为差。

（3）一票否决事项，包括：项目（含各专业咨询）在委托人或者省、市行政主管部门业务监督检查中被通报批评的，本项目年度考核只可评定为"中"及以下；项目（含各专业咨询）在省、市建设工程咨询机构行业信用评价中累计被扣1分的，或者一次被扣1分的，本项目年度考核只可评定为"良"及以下，累计被扣2分的，或者一次被扣2分的，本项目年度考核只可评定为"中"及以下，累计被扣3分的，或者一次被扣3分的，本项目年度考核评定为差；项目咨询（含各专业咨询）过程中发生重大问题的，本项目年度考核评定为差。

各期考核结束后，各项目部均应及时总结考核结果，将存在问题和解决意见形成书面资料提交给考核小组。项目结束标志为合同约定的项目全过程工程咨询服务内容全部完成，项目部编制完成咨询总报告，咨询技术资料已全部移交委托人，委托人出具对全过程工程咨询项目部的服务满意度评价表，项目全过程工程咨询服务费用结算申请已经委托人审核确认，项目部（项目负责人）编写完成并向公司提交项目全过程工程咨询服务总结和复盘报告。

4）考核结果使用

考核结果将作为年度全过程工程咨询服务项目部服务质量评比和年度经济考核兑现的主要依据之一。年度考核奖励及处罚：良好及以上奖励考核费用的5%～20%，中等及以下处罚考核费用的5%～20%。

第 5 章 企业层面全过程工程咨询管理体系设计

5.1 企业全过程工程咨询领域的发展战略和组织调整

全过程工程咨询推行要在企业战略层面加以重视,投入相应资源,建立相应的组织结构和流程。

5.1.1 全过程工程咨询的发展战略

2017年国家推行全过程工程咨询以来,工程咨询行业逐渐形成了"想做—能做—能做好"的发展态势,一批企业在全过程工程咨询的浪潮中建立了新的竞争优势。面临叠加性的行业冲击,如何在变革性的格局中建立持续性的竞争优势将是摆在每个咨询企业面前的重大课题。公司从2018年承接全过程工程咨询项目以来,取得了较好的服务效果,积累了宝贵的项目经验。

目前公司在实施全过程工程咨询领域建立了突出的竞争优势,其中体现在:公司抓住了全过程工程咨询的战略发展期,率先累积了一批全过程工程咨询业绩;现场负责人开始利用全过程工程咨询的平台主动寻求跨专业融合;项目团队通过全过程工程咨询平台更主动地进行造价控制;逐渐培养了一批承担全过程工程咨询项目的专业人才。

根据对南京市公共资源交易中心公布的全过程工程咨询项目的统计,截至2020年12月31日,全市全过程工程咨询招标项目142项,总建筑面积818.58万m^2,总投资746.89亿元人民币,中标咨询服务费213 606.227万元;公司中标27项(占全市约19%),总建筑面积210.52万m^2(占全市约25.7%),总投资253.16亿元人民币(占全市约33.9%),中标咨询服务费55 598.029 1万元(占全市约26%)。从公司中标全过程工程咨询项目规模看,占全市的1/4强。

另一方面,公司加大力度进行系统开发,增加数据平台建设的资源投入,以及加强员工培养,注重全过程工程咨询项目的绩效考核。建立起全过程工程咨询知识(项目管理)输出型企业的发展路径,并加强与有全过程工程咨询服务业务的其他企业的合作。

5.1.2 促进企业员工对发展战略的认同

全过程工程咨询为咨询服务的发展带来了全新的契机和可能,它不局限于具体的模式或者单一的业务需求,也不是简单的咨询业务的组合叠加等,而是整合投资决策咨询、勘察、设计、监理、招标代理、造价等多种咨询服务,依据工程的特点和业主需求进行全过程或分阶段的咨询服务。

作为企业员工应增强对企业发展战略的认同,充分意识到全过程工程咨询平台为公司和员工发展带来的机遇,认同公司在全过程工程咨询领域的战略意图,并努力适应全过程工程咨询的工作要求,持续学习,不断创新。

5.1.3 企业组织结构调整

企业的组织结构调整应满足战略发展和业务开展的要求,建立适合全过程工程咨询服务组织架构。

1) 矩阵式的组织结构

为满足全过程工程咨询业务开展的需要,公司设立了"全过程工程咨询部",负责公司全过程工程咨询业务的统筹、协调、管理;采取"矩阵式管理模式"有组织地开展全过程工程咨询服务(图 5.1)。"职能部门(如公司全过程工程咨询部)+项目部"的组合中,项目部对接整体的需求和项目的进展,职能部门负责人员安排、考核和过程性监督。

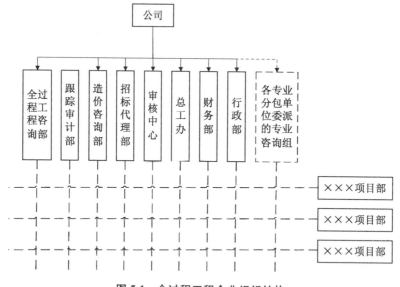

图 5.1　全过程工程企业组织结构

全过程工程咨询项目总负责人以及各咨询团队负责人共同组成咨询领导小组,在项目关键节点通过组织决策会议等形式共同参与项目决策。

(1) 做实全过程工程咨询的总体规划策划、执行和复盘的闭环工作。在技术标方面,邀请项目部成员参与到投标阶段的技术标编制,实施过程严格执行,实施后进行复盘,形成规范性的资料文档。

(2) 加强项目现场和公司总部的联系,保持现场信息及时反馈,在公司编制清单、过程审计等工作中及时与现场沟通。

(3) 明确现场项目负责人的整体协调工作职责。

(4) 同步建立配套的薪酬制度与人员考核奖惩机制,综合考虑工作量和项目复杂程度、建设单位要求、工作范围的变化、取得的咨询服务成效等。

2) 岗位责任

(1) 职能部门的职责范围

① 总工办涉及全过程工程咨询的职责

A. 组织修订、完善公司全过程工程咨询服务制度和管理标准(包括管理制度、工作流程、相关表格和成果文件模板、考核办法等),并监督执行。

B. 协助技术负责人召集重大全过程工程咨询项目汇报会和处理重大全过程工程咨询技术问题。

C. 负责对外交流合作全过程工程咨询项目的成果报告和归档资料的审核。

D. 按公司管理标准,负责对全过程工程咨询服务项目的服务质量进行巡查;负责调查处理不良行为、信用评价扣分和客户投诉。

② 全过程工程咨询部的职责

A. 牵头全过程工程咨询的投标工作。

B. 负责全过程工程咨询服务准备工作,包括根据业务需求,制订项目全过程工程咨询服务的组织架构、专业分工、决策机制、管理制度、工作流程以及相关表格和成果文件模板等(重点在于清晰边界与衔接);根据业主需求,确定全过程工程咨询服务机构人员及其岗位职责,特别是确定全过程工程咨询服务总负责人及其职责和各专业咨询服务的负责人及其职责;根据项目需求,指导项目部编制项目全过程工程咨询服务实施总规划,明确项目咨询目标;根据招标、投标文件,办理全过程工程咨询服务合同签订事项;根据项目需求,优选并落实专业咨询分包单位,拟稿专业咨询分包合同。

C. 负责监督全过程工程咨询项目服务实施工作情况和资料收集、汇总、归档工作。

D. 负责协调和解决全过程工程咨询项目过程性的问题。

E. 负责收集和整理全过程工程咨询项目实施过程中的好的做法和经验。

F. 负责全过程工程咨询项目结束后的考核、评价和回访工作。

(2) 项目总负责人的职责范围

① 职责

A. 组织编制全过程工程咨询服务总体规划及总控计划。

B. 直接对接业主,代表公司主持全过程工程咨询服务项目的全面工作,对各专业咨询进行统筹管理。

C. 签订专业咨询分包合同,督促各专业咨询负责人编制专项咨询服务实施细则及工作计划。

D. 审核专业咨询服务实施细则,报经公司全过程工程咨询部批准后组织实施。

E. 根据工程进展及全过程工程咨询工作情况调配专业咨询人员。

F. 统筹、协调和管理项目全过程各专业咨询服务工作,检查和监督工作计划执行情况。

G. 参与组织对项目各阶段的重大决策,在授权范围内决定任务分解、利益分配和资源使用。

H. 审核确认全过程工程咨询成果文件,并负责全过程工程咨询档案资料的收集、汇总、归档和移交工作。

I. 参与或配合各专业咨询服务质量事故的调查和处理。

J. 调解业主与承包人的有关争议。

K. 公司或业主委托授予的其他权责。

② 权限

A. 参与全过程工程咨询服务招标、投标和合同签订。

B. 参与全过程工程咨询项目部组建。

C. 参与选择并直接管理具有相应资质的分包人和分包合同签订。

D. 参与公司对项目各阶段的重大决策。

E. 按照总经理授权负责下列全过程工程咨询工作：主持全过程工程咨询项目部工作或委托现场负责人负责项目部日常工作；在公司制度的框架下制订全过程工程咨询服务项目部管理制度；对各专业咨询方案及专业咨询报告有审核权、资料收集权；对各专业工程咨询组工作有协调和管理权；对各专业咨询工作质量和完成情况有监督、测评和考核权。

F. 总经理授予的其他权利。

③ 管理

项目总负责人接受总经理领导，主持全过程工程咨询项目部工作，管理全过程工程咨询项目部业务。公司按公司规章、对照全过程工程咨询项目目标责任书和项目考核结果对项目总负责人给予奖励或处罚。

(3) 全过程工程咨询项目部的职责、权限和管理

① 职责

A. 严格执行政府有关方针、政策、法规、标准和公司规章制度。

B. 负责公司全过程工程咨询业务的统筹和协调，保障全过程工程咨询项目所需资源。

C. 根据项目需求，提出全过程工程咨询项目总负责人、现场负责人人选的建议名单，报总经理批准后下达任命。

D. 根据全过程工程咨询合同的约定及公司全过程工程咨询工作制度，制作全过程工程咨询项目目标责任书，并办理责任书签署事宜。

E. 根据全过程工程咨询合同的约定及公司全过程工程咨询业务工作制度，审核项目全过程工程咨询实施方案，经公司批准后实施。

F. 根据项目需求，提出监理、设计等分包单位名单，报总经理批准后通知项目部予以落实；审核分包合同。

G. 根据全过程工程咨询合同的约定及公司全过程工程咨询业务工作程序，对项目全过程工程咨询工作进行巡查、督促和协调；审核全过程工程咨询项目重要文件、报告；协助处理全过程工程咨询项目重大事项。

H. 审核全过程工程咨询归档档案资料；指导项目部及时完成项目工程技术资料和咨询文件的收集和整理；督促项目部及时办理档案归档和移交业主手续。

I. 对照全过程工程咨询项目目标责任书,对全过程工程咨询项目的任务完成情况进行考核,并将考核意见报公司审批。

J. 制订培训计划,对公司员工进行全过程工程咨询服务培训。

K. 监督对外合作项目,对发生违约或合同约定以外情况的,应及时发现并立即向公司汇报。

② 权限

A. 对项目总负责人、现场负责人人选有建议权。

B. 对监理、设计等分包单位有建议权;对分包合同有审核权。

C. 根据项目需求,制订全过程工程咨询服务目标责任书。

D. 审核全过程工程咨询实施方案、重要文件、报告,并对落实情况进行巡查、督促,协调、保障全过程工程咨询项目所需资源。

E. 协助处理全过程工程咨询项目重大事项。

F. 对全过程工程咨询项目任务完成情况的考核权。

G. 对对外合作全过程工程咨询项目有监督权。

③ 管理

在公司总经理领导下,履行公司对全过程工程咨询项目的管理与协调职责,努力提升公司全过程工程咨询服务质量和技术水平。

(4) 造价咨询部的职责、权限和管理

① 职责

根据项目规模、专业要求,配合全过程工程咨询项目部合理配置造价咨询专业人员;做好部门内部工作协调和全过程工程咨询项目造价咨询外部协调工作;根据全过程工程咨询合同约定,按期、保质、保量完成全过程工程咨询中的造价咨询任务。

② 权限

掌握全过程工程咨询项目造价咨询工作任务及计划安排,对项目所涉及的人力资源进行协调、调配。

③ 管理

在公司总经理领导下,全力配合全过程工程咨询项目部工作。全过程工程咨询项目的造价咨询业绩以公司对全过程工程咨询项目部的考核结果为准。

(5) 招标代理部的职责、权限和管理

① 职责

做好公司全过程工程咨询项目的招标公告、招标文件编制和发布工作;根据项目规模、专业要求,配合全过程工程咨询部合理配置招标代理专业人员;做好部门内、外部协调工作;根据全过程工程咨询项目合同约定,按期、保质、保量完成全过程工程咨询项目的招标代理任务。

② 权限

掌握全过程工程咨询投标工作目标及计划安排;负责按期完成全过程工程咨询投标任

务;对全过程工程咨询项目所需资源进行协调、配合;对全过程工程咨询项目档案进行管理。

③ 管理

在公司总经理领导下,全力配合全过程工程咨询项目部工作。全过程工程咨询项目的招标代理业绩以公司对全过程工程咨询项目部的考核结果为准。

(6) 行政部的职责、权限和管理

① 职责

在公司总经理领导下,负责全过程工程咨询投标文件编制和投标工作;配合全过程工程咨询项目所需行政管理工作;做好全过程工程咨询项目档案资料归档管理工作。

② 权限

掌握全过程工程咨询投标工作任务及计划安排;对全过程工程咨询项目所需资源进行协调、配合;对全过程工程咨询项目档案进行管理。

③ 管理

在公司总经理领导下,按照公司相关管理规定进行管理。

(7) 财务部的职责、权限和管理

① 职责

在公司总经理领导下,负责全过程工程咨询项目财务管理;配合办理全过程工程咨询服务费收取的财务手续;按总经理的批准支付全过程工程咨询项目支出。

② 权限

公司财务管理规定的权限。

③ 管理

在公司总经理领导下,按照公司财务管理规定进行管理。

5.1.4 业主和合作伙伴关系管理

1) 维护业主关系

(1) 理解业主的需求和顾虑

业主的咨询业务委托是咨询企业生存的根基。因此,咨询企业需要提前帮业主出谋划策,借用各种平台、机会等影响业主。如通过交流、研讨、提供公司的全过程工程咨询项目手册和研究成果等方式从思想和意识上影响业主,为推行和实施全过程工程咨询的管理工具、方法提供基础。

同时咨询企业也需要引导业主需求,组织和策划用于满足业主需求的技术和组织资源。在进行全过程工程咨询服务总体规划和策划之前,应当对业主的需求做充分的调研,并在全过程工程咨询策划中全面体现和贯彻。

在提供全过程工程咨询服务过程中维护好与业主的关系,如将完成的项目情况与业主进行交流,反馈最新项目中的好的做法;定期举行全过程工程咨询的专业研讨会;将公司相关的全过程工程咨询项目介绍等提供给业主。

(2) 过程性管理

① 建立业主和全过程工程咨询机构间相互信任的合作关系,取得业主的信任和支持。

② 实施过程中及时汇报,告知业主项目的实施情况,并对潜在风险进行提前预警;做好业主的参谋,通过全过程工程咨询服务帮助业主提高项目价值或节省投资。

③ 与业主形成较好的合作共识,在出现分包单位不配合时,双方共同参与协调工作。

(3) 项目实施后的关系维护

① 项目全过程工程咨询服务结束后,企业组织回访,征求业主意见,请业主对全过程工程咨询服务进行评价。

② 在项目交付时向业主提供项目维保及运营的关键注意事项,或者对项目提供运营评价咨询服务。

③ 对业主在项目维保及运营期的技术咨询需求,均予以积极回应。

2) 培育和维护咨询合作伙伴

(1) 发展长期合作单位

造价咨询单位相对于项目管理单位、设计单位来说,规模较小且利润较低,因此难以通过兼并、重组等方式扩展其业务范围。因此可尝试发展长期合作单位,基于长期合作关系,双方建立良好的沟通机制,可避免重复花费资源和时间进行磨合所造成的浪费,也有助于保障咨询成果的质量。

① 通过相互合作的方式提升企业整合和调动外部资源的能力,培养和管理长期合作伙伴。

② 合作伙伴可以是项目上的合作伙伴,也可以是技术支持性的合作伙伴。如聘请专家团队。目前阶段,考虑业务量的连续性,聘请专家团队可能比雇佣一批专业人士更为有效。

③ 跟其他类型的咨询企业(如监理)展开定期的交流,增进双方对不同咨询服务运作方式的理解。

(2) 安排人员、投入资源进行外部资源的管理

全过程工程咨询的集成度高,因此对外部资源的整合要求高,企业内部也需具备整合和利用外部资源的能力,其中包括:

① 维护咨询合作单位之间的关系

由于全过程工程咨询包含勘察、设计、工程监理等多种咨询服务,因此需要维持较好的外部关系,如通过介绍项目的情况,在公司层面进行定期的交流,轮流组织交流会等,便于彼此了解情况,共同推进咨询服务有序开展。

② 维护外部专家团队

全过程工程咨询企业发展的顶层设计、典型项目的总体规划审核和把关等可通过聘请相关领域外部专家来进行,因此可建立稳固的外部专家团队。外部专家的深度参与,有利于高效整合企业已有资源。

3) 联合体管理策略

联合体是指公司与一家或几家法人或者其他组织组成一个联合体,以一个投标人的身

份共同投标,从业主处承揽全过程工程咨询业务,并作为联合体成员,共同与业主签订合同,履行相应责任和义务,对咨询业务负责。

(1) 组织架构及职责

为履行全过程工程咨询服务合同,由联合体牵头人负责与全过程工程咨询服务相关的协调事项,设立联合体项目部具体负责全过程工程咨询服务的实施。

① 联合体项目部

依据合同文件要求,联合体牵头人和联合体成员共同组建联合体项目部。联合体项目部负责全过程工程咨询服务的具体实施,协调解决现场工作关系;严格按照招标文件的各项要求,切实执行一切合同文件,共同承担合同规定的一切义务和责任。

联合体作为一个整体对业主享有权利和履行义务;同时按照协议划分的职责,承担自身的责任和风险,在法律上承担连带责任。

② 联合牵头人

投标阶段:投标工作由联合体牵头人负责,由各联合体成员单位组成的投标小组负责配合实施;牵头人代表联合体办理本招标项目投标文件的编制、投标以及合同谈判活动,并代表联合体提交、接收相关的资料、信息及指示,牵头起草联合体协议,并作为投标文件的组成部分。

实施阶段:牵头人委派项目总负责人负责组织、管理联合体各成员全面履行合同;对其他咨询团队的工作进行协调督导,负责各咨询业务的总协调;负责咨询进度款的收取和分配。

强化联合体协议管理,明确各联合体成员的服务范围、边界、周期和履约标准,联合体各方的权利、责任和义务,咨询费用的计取、收取以及分配方式等必须遵循合同规定。

③ 联合体成员

联合体成员须严格按照联合体协议、相关法律法规等要求提供专业咨询服务,确保服务质量达到合同约定的标准;联合体与委托人共同签订的合同,对联合体所有成员均具有合同约束力;联合体成员须服从委托人及联合体牵头项目总负责人的指令,接受联合体牵头项目总负责人、委托人及有关部门的管理、监督和检查;联合体各成员须按照合同文件的要求投入人员,并在履约期间,保证常驻现场主要人员的稳定性和工作连续性。

联合体成员的职责分工可以通过以下方式加以修改:根据业主指令;经联合体全体成员协商同意,并经业主同意;业主认可的其他情况。

(2) 联合体成员管理机制

在联合体内部以完成联合体协议合同任务为目标,树立整体意识,构建相互信任的合作关系。项目总负责人组织全过程工程咨询服务规划的编制,并对专业咨询服务实施细则进行内部审查。项目总负责人组织联合体成员共同制订全过程工程咨询实施总计划,注重各联合体成员专业咨询工作界面和协调;将项目策划、工程设计、勘察、招标、造价咨询、工程监理、项目管理、工程检测等咨询服务作为整体统一进行管理,形成连续、系统、集成化的全过程工程咨询管理系统,形成统一的总计划;注重联合体成员的工作界面和协调,使得各成员之间的目标保持一致,组织责任体系连贯,且信息连贯。

① 联合体管理原则

公司作为联合体牵头人时,对联合体成员的管理原则有:

A. 严格履约管理。加强对联合体成员的履约管理,以联合体协议和专业咨询实施细则为依据。

B. 程序协调。即针对合同履约过程中的程序性的协调工作,其中包括工作面、基础资料准备等方面的工作。从进度安排上为其他咨询专业提供程序协调,如提前安排场地等。

C. 过程监督。即针对合同和联合体协议的履行情况的监督,其中包括驻项目部人员和设备到位情况、资料(月报、进度报告、工作通知单等)、现场管理(符合安全、质量、进度、投资控制要求,及时发现问题并切实解决问题)、规章制度的执行情况和管理效果等。

牵头人应根据项目总计划安排,对过程进行跟踪,加强对现场情况的深入了解和过程资料的收集,分析实际情况与计划之间的偏差及原因,针对存在的问题提出具体解决措施。

建立全过程工程咨询的文件流转机制,联合体成员之间形成良好的信息沟通渠道和信息共享平台,建立高效的信息交流机制,有效保证数据信息的互通。

依据全过程工程咨询合同约定,联合体成员的咨询费用由公司负责支付或者由委托人分别按合同约定单独支付。联合体成员的进度款申请均需由牵头单位审核确认,并由联合体牵头人统一提交业主。

针对需要沟通协调的内容,由联合体牵头人协调解决。

② 沟通机制

建立联合体沟通机制,包括:

A. 会议机制。建立项目例会制度(业主代表、施工单位负责人、所有咨询业务负责人以及项目负责人参会);公司召开专项会议,总结改进并提出下一步工作措施。

B. 报告机制。包括工作报告和文件,通过书面报告向联合体牵头人汇报工作进展、反映发现的问题,如周报、月报、季报、年报等。

C. 会议或函件须形成相应的会议纪要或盖章联系单,会议纪要、工作联系单原件由联合体牵头人存档。如有规范特别要求,原件由有规范要求的联合体成员存档,联合体牵头人存档复印件。

D. 全过程工程咨询项目的档案资料参照《公司档案资料管理办法》进行管理。

5.2 企业知识管理

在全过程工程咨询项目中,项目参与者获取到大量的隐性知识;然而随着项目结束,项目团队被解散,隐性知识难以留存于公司层面。

为促进隐性知识资源的显性化和防止项目知识流失,应及时对其进行集合、整理,形成企业知识,就必须建立相应的企业知识管理机制。

5.2.1 建立重视知识管理的文化

1) 公司知识管理的原则

(1) 项目—公司层面贯通原则。构建"项目→公司"知识传递路径,将项目和个人知识、经验进行整合—固化;同时,促进公司知识在其他项目中进行共享,实现"公司→项目"的知识再利用。

(2) 知识显性化原则。将项目经验有效地显性化、书面化、制度化,避免因人员流动导致项目经验的流失;促进项目经验在公司的所有项目中进行共享和再利用。

(3) 持续改进原则。以提升和改进公司业务和项目的效率和效果为目标,不断完善和补充现有的制度体系、工作表单等。

(4) 全员参与原则。不同岗位、不同部门的员工都是参与知识管理的主体,鼓励他们主动分享经验和知识,并主动学习公司其他项目经验。

公司管理层反复强调过程文档管理的重要性。公司管理层在不同的场合都需要强调过程性文档保存的重要性,提醒员工重视资料工作,消除认为资料管理工作是无用工作的思想;督促每个部门和个人均按照要求进行工程资料的整理和存储。

2) 过程的规范管理

(1) 全过程工程咨询服务过程性资料收集、归档、整理等建议依据《建设工程文件归档整理规范》(GB/T 50328—2014)及各地方城建档案管理单位的要求进行标准化管理。

(2) 细化资料管理制度,对资料管理提出标准化管理,在资料齐全、完整、准确、系统和方便使用的基础上,及时整理过程资料,明确资料收集、整理、归档、移交等流程。

(3) 充分利用信息平台,通过公司建立的平台收集、归纳、整理项目资料。

(4) 建立资料交底制度。在不同阶段的搭接工作(如从投标到项目执行)中,建立资料交底制度,出具资料交底清单,并由各方签字确认。项目结束后,项目负责人向公司进行项目资料汇编交底。

3) 建立知识管理组织

建立全员参与的知识型组织,覆盖从高层管理者、职能部门、项目负责人到工程师层面。

(1) 高层管理者的职责

① 营造重视知识沉淀、知识共享的氛围。

② 以身作则,重视技术交流、讨论,经验共享。

③ 负责选取和确定年度重点项目,进行资源计划和重点监督。

(2) 职能部门的职责

① 总工办作为知识管理的归口管理部门,负责项目经验知识化的归口管理、知识管理制度建设;监督和管理项目小组知识沉淀流程执行情况;书面化知识的发布,组织培训宣贯;项目知识管理的评比和奖励工作;项目资料汇编的验收工作。

② 业务部门负责项目层面知识管理;监督项目层面的知识管理制度的执行情况。

(3) 项目负责人的职责

① 负责项目全过程的知识管理工作。项目开始前策划知识管理工作，项目进行过程中及时总结、反馈，项目结束后，进行项目复盘总结。

② 负责组织内部的研讨，对研讨内容进行书面化整理。

③ 负责项目资料汇编的策划、整理和提交工作。

(4) 各部门员工的职责

① 主动参与经验分享和交流。

② 按要求提交工程成果文件、经验分享文件等。

③ 向公司相关部门提出知识管理优化建议。

5.2.2 企业知识沉淀

注重知识积累与沉淀，知识管理和总结，并运用于后续项目的实施。增加项目层面知识和资料管理，积累基础数据，规范化管理。

1) 过程性文档资料整理

(1) 公司管理层应反复强调过程文档管理的重要性，提醒员工重视资料工作，消除认为资料管理工作是无用工作的思想。

(2) 项目负责人思想上要重视过程性文档资料整理。

(3) 公司例会中督促部门和项目小组按照要求进行工程资料的整理和存储。

(4) 严格执行资料管理制度，及时整理过程资料，遵守收集、整理、归档、移交的资料管理流程。

(5) 充分利用公司信息平台，通过公司建立的平台收集、归纳、整理项目资料。

(6) 建立资料交底制度。在不同阶段的搭接工作(如从投标到项目执行)中，建立资料交底制度，出具资料交底清单，并由各方签字确认。项目结束后，项目负责人向公司进行项目资料汇编交底。

2) 项目总结资料整理

(1) 项目负责人负责组织项目总结工作。

(2) 明确资料名目，包括各个项目的年度报告(文字和 PPT)、项目复盘、负责人总结报告(文字和 PPT 版)。

(3) 不同项目的横向比较。审核通过阶段性总结和最终复盘报告，在公司同类型项目之间、本公司不同类型项目之间、不同公司同类型项目之间，及时进行对比。

(4) 建立常态化的试点、实施、总结的管理体系迭代机制。在公司的重点项目中试点新理念、工具和方法；通过试点创新等方式促进持续性学习，迭代公司的咨询管理能力和体系。

3) 企业标准化模板

标准化模板作为企业全过程工程咨询业务开展的成果文件，包括对分包单位的要求、工作交接、资料等。标准化管理便于知识、经验的积累。

其中咨询策划模板,包括全过程工程咨询服务规划、专业咨询策划、成果性资料模板等。通过项目试用的方式,及时收集标准模板的使用情况,进行相应的修订工作;并对提供修订建议的项目部或人员进行奖励。强调标准模板的执行,将其纳入相关考核,并进行奖励。

5.2.3 知识再利用

1) 公司内部知识再利用

(1) 将已有成果转化为公司管理制度,或者通过项目执行改进和修订已有管理制度。

(2) 加强"公司→项目"的知识宣贯,并收集宣贯过程中的反馈意见。

2) 行业领域知识再利用

(1) 在行业内进行交流、研讨,宣传公司好的做法。

(2) 及时与过往业主和潜在业主进行交流,形成市场宣传。

(3) 新项目接触前期,展示公司过往项目总结。

5.2.4 激励机制

通过一定的激励机制(如奖励等)促进企业员工愿意分享、乐于分享。将企业内部的学习和赋能工作纳入考核体系。

通过奖励措施促进构建知识共享的文化和环境,激励公司员工重视知识管理工作,进而持续改进。

1) 以项目为单位设置评比奖励

(1) 年度的项目资料汇编评比,对项目的策划、实施和复盘工作进行评比。

(2) 年度的项目经验交流工作评比。

(3) 形成系统性的相关项目的调研报告。

2) 公司制度、文件优化奖励

(1) 公司制度和文件优化的范围包括咨询项目作业书、标准作业表单、项目管理流程、公司管理制度,如对全过程工程咨询项目实施方案模板的改进。

(2) 鼓励各部门、员工积极提出关于项目作业书的优化建议。

3) 对项目成果的宣传的奖励

(1) 对外宣传和交流工作,如在行业会议、交流中宣传公司的项目。

(2) 参与公司的课题开展。

(3) 撰写项目的总结报告或PPT用于公司宣传等。

5.3 企业人员学习和培养

全过程工程咨询专业人士应具有深入的专业知识和技能,同时具有多专业知识,注重对不同专业咨询知识的整合。

5.3.1 全过程工程咨询专业人士的知识体系

全过程工程咨询专业人士需要 T 形知识体系(图 5.2)。"丨"表示具有深入的专业知识和技能,"一"表示具有宽泛的知识面。目前公司已有一批项目,也培养了一批专业人才,但知识的体系性尚存在不足。T 形全过程工程咨询专业人士指一专多能的复合型人才,不仅需要在自己的专业知识领域深耕,还要对诸多其他专业领域进行知识的整合。

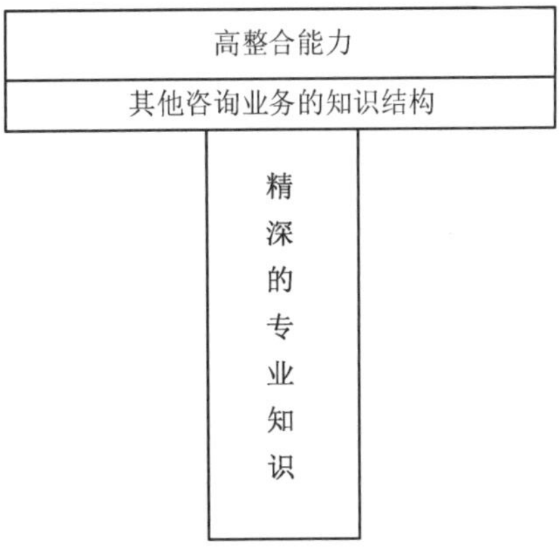

图 5.2 全过程工程咨询专业人士的 T 形知识体系

5.3.2 不同专业知识的融合

全过程工程咨询服务需要跨专业人才,注重不同专业知识的融合。

(1) 项目部必须采用《全过程工程咨询服务规划编制手册》中促进专业融合的工具和方法。

(2) 企业内部定期研讨,不同专业的业务人员交流业务中需要不同专业协调的事宜,及需要改进之处,以便提升自身业务水平,以及理解合作部门的想法和立场。

(3) 基于项目的载体,项目部人员可定期安排与其他专业人员的专业交流,通过专业性的交流,提升对不同专业的了解。

5.3.3 企业内部的学习

1) 建立学习型组织

以建立学习型组织为目标,建立可以知识共享的文化,促进全员之间的交流和知识共享等。

(1) 设置专岗来管理不同项目的资料,进行知识共享。

(2) 定期召开交流会,促进相互交流,提出问题,进行共同讨论,并将讨论的问题、形成的解决方案等进行固化,作为实施的依据。

(3) 促进不同岗位员工的相互交流共享机制,如招标代理、造价咨询、全过程工程咨询等;也可以邀请外部合作单位,如设计、监理等进行共同交流。

2) 做中学

隐性知识难以直接表达,不易形成知识点,实践是获取隐性知识的主要来源。做中学可使知识直接在实践中转化,使项目组成员将获得的新知识应用于项目实践,并在实践中加深对知识的理解,形成个人经验。

全过程工程咨询企业内不同项目小组之间的交流和团队思考促进各项目小组的经验积累。各项目小组通过调查和学习其他项目的经验来解决当前项目中的类似问题。

3) 项目部内的"师傅带徒弟"

建立项目部内的"师傅带徒弟"的学习机制,在实施全过程工程咨询服务过程中,由全过程工程咨询经验丰富的"师傅"指导一名或多名"徒弟",以"传、帮、带"形式帮助员工熟悉跨专业的业务、掌握全过程工程咨询的知识,并负责指导和解答全过程工程咨询实施过程中技术、工作上的有关问题。

5.3.4 企业内部的经验交流机制

倡导建立学习型组织,建立平等交流、知识共享的文化,促进全员之间的交流和知识共享。在项目层面和公司层面建立经验交流机制。

1) 项目层面的经验交流

(1) 实施项目层面的"策划—实施—复盘"闭环的知识管理工作。项目开始前进行咨询项目策划,形成咨询项目作业书;实施过程依照作业书执行;项目结束后进行总结复盘。

(2) 项目作业书作为项目层面知识积累和改进的书面基准。

(3) 定期召开项目技术交流会,提出问题,进行共同讨论。将讨论的问题、形成的解决方案等进行固化,作为后续实施的依据。对于改进的措施和方法,在项目实施前进行交底;实施后进行总结归纳,纳入项目资料汇编。

(4) 设置专岗/专人管理项目资料,注重过程资料整理、过程问题的提炼和梳理。

(5) 对项目中计划安排调研工作,进行项目调研策划,并形成调研总结报告,作为项目资料汇编的组成部分。

2) 公司层面的经验交流

(1) 实行重大项目汇报制度、重大项目会审制度。

(2) 定期开展不同项目组间的技术交流,梳理共性问题,进行问题攻关,形成解决方法。

(3) 定期开展不同岗位的员工相互交流共享,如招标代理、造价咨询、全过程工程咨询等;定期开展不同业务部门的技术交流会,培养跨专业、跨阶段的咨询服务能力,注重不同专业知识的融合,以及换位思考合作部门的工作。

(4) 建立与外部合作单位的交流机制,如与设计、监理等进行的交流。以项目为载体,项目部的人员可定期安排与其他专业人员的专业交流,通过专业性的交流,提升对不同专业的了解。

3) 不同项目部之间交流学习

企业应重视项目层面的知识学习,收集并共享各项目中咨询团队的成功经验,获得重复利用知识的经济效益。

(1) 在公司例会中,重点讨论不同项目的经验,形成不同项目的知识共享机制。

(2) 收集和整理项目中成功的经验,在公司层面进行沉淀,针对相关的咨询成果、文档、制度等进行修订。

(3) 对项目中好的做法和经验,通过公司讨论达成共识,在其他项目中进行推广。

(4) 做好阶段性总结、报告,如在本企业同类型项目之间、本企业不同类型项目之间、不同企业同类型项目之间,及时进行对比研究,不断完善企业管理制度和相关造价数据体系等。

(5)重视造价数据的不断积累和造价数据体系的完善。

5.4 项目实施过程管理

(1)项目过程管理

针对实施过程的管理,从投标、实施再到总结复盘(图5.3)。

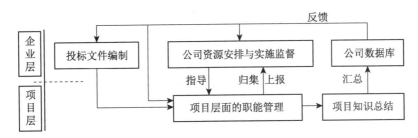

图 5.3 实施过程管理体系

投标阶段,寻找项目机会、确定项目优先级,调动公司投标资源、做好投标准备,确定项目的实施目标。

中标后,从公司层面,确定对项目实施的资源安排、项目实施监督机制,如公司对项目的监督指标、信息归集的流程等。

项目结束后,从公司层面,进行知识管理和总结,用于后续项目投标和实施。增加项目层面知识(或信息)管理,积累基础数据,持续改进,规范化管理。增加公司层面的数据库建设。

(2)项目实施流程

① 总计划安排,依据业务承接→咨询业务实施→咨询总报告→档案移交→总结和考核流程进行。

② 总业务承接计划安排,依据总经理投标决策→拟定项目总负责人→初步搭建项目部→投标文件编制→投标→中标→合同签订计划流程进行。

③ 咨询业务实施计划安排,依据签订目标责任书→全过程工程咨询实施方案→分包单位确定→业务实施→过程控制→总结报告→档案资料移交→项目部考核总体计划流程进行。

④ 全过程工程咨询总报告计划安排,依据项目竣工验收备案完成→各专业咨询报告审核、审批或备案完成→现场负责人协助项目总负责人编制全过程工程咨询总报告→工程咨询部审核→总经理批准→项目总负责人签署→报业主审核→归入全过程工程咨询档案流程进行。

⑤ 档案收集、移交计划安排,依据各专业咨询文件资料收集、整理并上交→项目部汇总

并审核→全过程工程咨询部审核→城建档案部门档案预验收→全过程工程咨询档案呈交业主并存档流程进行。

⑥ 总结和考核计划安排,依据档案移交→项目部总结→全过程工程咨询部审核→总经理审批专业项目考核流程进行。

⑦ 分包专业考核计划安排,依据专业咨询档案移交→项目部提出考核意见→全过程工程咨询部审核→总经理审批流程进行。

⑧ 内部专业考核计划安排,依据专业咨询档案移交→项目部提出考核意见→全过程工程咨询部审核→总经理审批流程进行。

⑨ 咨询服务费收取和分配计划安排。

A. 咨询服务费收取,依据全过程工程咨询完成阶段性工作→按全过程工程咨询合同约定,项目部征询业主意见→项目部提出费用申请→全过程工程咨询部审核→总经理审批并签章→财务部开具发票→项目部将申请及发票送交业主主管→款项入账后财务部告知项目部流程进行。

B. 专业分包款支付,依据专业咨询完成阶段性工作→专业咨询组提出费用申请→项目部征询业主意见→项目部内部审核并提出支付意见→全过程工程咨询部审核→财务部开具发票→项目部送交业主主管→款项入账后财务部告知项目部→按总经理审批意见支付流程进行。

制订全过程工程咨询总体计划后,全过程工程咨询负责人及时追踪项目执行,保证每个环节的顺利进行,遇到问题及时协调,对整个工程进度负责。

5.4.1 投标阶段

1) 投标文件内容的模块化

全过程工程咨询技术标的构成,可采用模块化方式。可以按不同项目类型、不同类型建设单位需要等,固化其中的模板,在投标过程中进行组合使用。

2) 全过程工程咨询服务规划

全过程工程咨询服务规划包括:

(1) 编制依据;

(2) 项目概况;

(3) 编制原则;

(4) 全过程工程咨询服务的目标;

(5) 全过程工程咨询服务的咨询服务范围和内容;

(6) 全过程工程咨询服务总计划;

(7) 全过程工程咨询服务项目部设置与职责;

(8) 咨询业务集成的技术措施和管理制度;

(9) 全过程工程咨询服务专题方案;

(10) 各专业咨询实施细则的编制要点;

(11) 全过程工程咨询服务分包管理(如有);

(12) 全过程工程咨询服务档案资料管理;

(13) 全过程工程咨询服务考核。

3) 专项咨询服务实施细则

(1) 专业工程特点;

(2) 专业咨询工作目标,基于全过程工程咨询的总目标,分解各专业咨询工作目标;

(3) 专业咨询主要工作内容;

(4) 专业咨询工作要点;

(5) 专业咨询工作方法及措施;

(6) 不同专业咨询的集成方法和措施;

(7) 专业咨询成果形式及成果审查、考核机制。

4) 投标流程

商业机会采集→总经理投标决策→拟定项目总负责人→初步搭建项目部→投标文件编制→投标→中标→合同签订。

5.4.2 实施过程

实施过程主要是针对中标后的管理工作。

1) 资源支持

在公司层面协调的资源支持包括内部部门之间的协调,以及寻求外部专家的支持。

(1) 内部资源的协调和安排

针对项目的特点安排内部资源,其中重点处理以下两个关系:

① 驻场和公司之间的任务流程的协调关系。

② 企业员工参与不同项目的时间和精力的分配情况。

(2) 外部专家的支持

① 整合外部专家,攻克和完成全过程工程咨询项目实施过程中的难点或者是企业尚不能独立完成的工作。

② 利用专家团队的培训增进管理人员的理论知识,实现理论和实践相结合。

③ 组织专家研讨实务中遇到的一些政策问题,加强与政府相关部门的沟通,努力减少政策障碍。

2) 信息归集与汇报

(1) 公司层面对项目实施进展的了解

① 通过公司资源协助解决项目中的问题。

② 了解项目中好的做法,及时地在公司其他项目中推广,进行跨项目学习。

③ 监督和了解项目进展情况,有助于与合作单位在企业层面的交流和沟通等。

(2) 信息归集与汇报方法

① 多种形式并举,如会议、单独交流、资料汇报等。

② 强调信息系统的使用,通过信息系统归总项目资料和实施进展情况。

③ 营造一个好的企业文化,鼓励项目组成员分享知识与经验,并且将好的做法通过公司进行总结,荣誉和奖励归个人。

3) 过程监督

通过信息归集,分析项目过程进展:

(1) 审核过程性咨询成果,对提交的文件质量的标准、统一性等进行重点审核和质量控制。

(2) 掌握项目进展,及时与合作单位等沟通,多渠道了解项目的具体进展情况。

(3) 公司每年组织一次服务状况巡查,将巡查得分带入项目考核当中去。

(4) 对违反管理制度的不良行为、信用评价扣分和客户投诉进行及时调查处理,并将处理结果带入项目考核当中去。

5.4.3 总结和复盘

1) 建立常态化的试点、实施、总结的管理体系迭代机制

(1) 在某些项目试点全过程工程咨询的某些理念、工具和方法。

(2) 通过试点创新等方式促进持续性学习,不停地迭代公司对于全过程工程咨询项目管理的能力和体系。

2) 固化和沉淀已有的良好做法

(1) 积累与设计、监理、检测、勘察、建设单位合作的经验,尽快形成文案,有针对性地在其他项目中进行推广。

(2) 沉淀数据,充分挖掘造价信息的价值,一方面有利于解决全过程工程咨询项目的信息"孤岛"问题,另一方面也有利于造价咨询单位进行数据储备,打造企业的核心竞争力。

第6章 工程总承包项目全过程造价管理

传统发包模式下,业主提供了施工图,因此工程量清单编制、最高投标限价编制、全过程造价咨询、竣工结算审核等可由多家咨询单位独立承担。但在工程总承包模式下,招标时没有可供准确计算工程量清单的施工设计图,投标人只能根据招标文件发包人要求中的项目功能需求、规模、建造标准及最高投标限价等进行设计和报价,因此,全过程造价咨询单位对招标阶段和实施阶段的造价控制必须具有一致性理解,方能将招标阶段的发包人要求和中标成果在实施阶段加以落实,更有助于进行造价控制。

工程总承包项目全过程造价管理与控制应包括招标文件(含发包人要求、招标清单、最高投标限价)编制、全过程造价咨询和竣工结算审核,造价咨询应充分理解三者间的内在逻辑,进行全局性、整体性的全过程造价管理与控制策划。一是招标文件编制质量,保证准确反映招标人需求并合理制订招标清单及最高投标限价;二是实施阶段施工图审核和预算审核,保证招标人需求和合同条件要求的落实。全过程造价管理更强调造价咨询企业的前端整体策划能力,在招标文件的编制过程中,能够充分分析潜在的风险并设立对应的造价控制措施,落实整体的造价咨询策划工作。

6.1 工程总承包政策背景及实践挑战

近年来,国家在政策层面大力推行工程总承包,各省市地区也相应出台相关管理办法。实践中,房屋建筑和市政基础设施领域工程总承包项目面临诸多挑战。

6.1.1 政策层面的大力推动

2017年2月,国务院办公厅印发《国务院办公厅关于促进建筑业持续健康发展的意见》(国办发〔2017〕19号),要求加快推行工程总承包,拉开了新一轮推行工程总承包的序幕。此后,国家陆续颁布了一系列政策大力推行工程总承包,明确房屋建筑和市政基础设施领域开展工程总承包项目的适用范围、发承包方式、合同文本、计量计价等一系列运作流程,引导设计单位和施工企业独立承接或通过组建联合体的方式参与工程总承包项目,形成供应链完整、具备智能化系统的工程总承包体系。至今,国务院、各部委出台了多部关于工程总承包的政策文件,在房屋建筑和市政基础设施领域全面推进工程总承包模式,工程总承包成为房屋建筑和市政基础设施建设行业研究的热点,具体见附录4。

为贯彻落实国务院、住建部系列文件精神,江苏、浙江、上海、福建、广东、广西、湖南、湖北、四川、吉林、山东等地相继出台工程总承包相关政策,重点在房屋建筑和市政基础设施领域推行工程总承包模式,对工程总承包的适用范围、发包阶段、发包人要求、合同价形式、可调价款、计量结算以及总承包费用构成等提出了具体的要求和管理办法,具体可见附录5。通过对比分析各个省(区、市)出台的工程总承包相关政策发现,各地区关于工程总承包在适用范围、发包阶段、发包人要求、合同价格形式等多方面存在异同,具体可见附录6。

综上所述,各省(区、市)都积极响应工程总承包发展的号召,并对工程总承包的适用范围、发包阶段、发包人要求、合同价形式、计价规则等方面做出了明确的规定,江苏、浙江、福建和广西推进工程总承包成果已经初步体现,总结形成了项目经验并发布计量计价规则,为全国范围内工程总承包的顺利开展提供相关政策和制度支撑与借鉴。

6.1.2 实践挑战

自《国务院办公厅关于促进建筑业持续健康发展的意见》(国办发〔2017〕19号)发布以来,全国各地开展房屋建筑和市政基础设施领域的工程总承包项目已经历了一段时间,我国在房屋建筑与市政基础设施领域开展工程总承包项目仍存在以下问题:

(1)业主对工程总承包模式的认知不足,局限于传统发包模式的管控依据和控制手段,影响建设项目的效率和质量,导致工程总承包项目推进困难

在传统发包模式(设计-招标-建造,简称DBB模式)下,发包人向施工单位提供施工图纸并对图纸的准确性负责,承担设计变更的风险,发包人介入程度与控制程度高,且确定性程度高,投标人依据发包人提供的资料进行报价。而在工程总承包模式下,发包人仅提出项目概念性和功能性的要求,发包人介入技术细节的程度降低,控制重点发生转移。而由于业主对工程总承包模式的认知不足,仍旧以施工图及定额预算文件作为项目的唯一管控依据,导致建设项目的效率低下,协调问题繁杂,工程总承包项目推进困难。

(2)工程总承包商满足于业主最低标准和要求,以最低的成本赚取超额的利润,使得发包人的投资效益并未充分体现

在传统DBB模式下,业主先通过招标文件确定工期和质量标准,再通过招投标确定价格。但在工程总承包模式下,由于设计尚未完成,难以确定详细的质量标准,业主先确定了价格和工期,再匹配相对应的质量标准。总承包商在项目设计过程中,在满足发包人基本要求的基础上对设计做极致的简化,例如材料品牌选择最低档次,节点做法简化等,导致项目交付成果满足合同约定价格却达不到业主预期目标的情况时常发生。

(3)工程总承包项目建设标准、功能需求、质量要求等"发包人要求"不易明晰,影响项目后续建设标准和费用控制

发包人要求是招标文件中的重要组成部分,是工程总承包项目造价管控的重要依据。面对现代化功能需求,房屋建筑和市政基础设施项目的工程系统呈现复杂化、集成化的特征,特别体现在精装修工程、智能化系统工程、交通监控系统工程、绿化城市景观工程等等。发包人需要在招标前对工程的功能需求、技术标准、质量要求等方面做出明确规定的难度很大,而此类工程的造价也较难确定,相关设备、材料的档次价格参差不齐,导致业主在质

量标准和合同价格的平衡过程中面临较大风险。

(4) 现有清单编码和"发包人要求"未形成统一

现有工程量清单按照分部分项工程进行分解、编码,是工程项目计价计量和费用控制的依据。"发包人要求"作为招标文件和合同文件的重要组成部分,列明了工程的目的、范围以及设计和其他技术标准,是质量标准控制的主要依据。工程总承包模式下,清单编码无法与体现工程质量标准的"发包人要求"形成统一,即质量标准和费用的联动控制脱节。

(5) 传统的造价咨询管理模式已难以适应工程总承包的要求

① 当前工程总承包的计价计量规则存在不足,没有体现费用与质量的联动

目前工程总承包政策局限于传统工程量清单的计价模式,且缺乏具体操作规范。某些地区在工程总承包项目中采用模拟清单、费率下浮等计价计量规则,导致实际建设过程中产生较多问题,如采用模拟清单的准确性问题、采用费率下浮的总承包商优化积极性问题。且各地未形成统一的计价计量规则,已有工程总承包计价计量规则将费用计价和发包人要求独立开来,没有体现费用与质量的联动控制。

② 阶段割裂,难以适应工程总承包的要求

工程总承包项目全过程造价管控强调各阶段造价管控的整体性和系统性,各阶段工作(招标文件编制、过程性造价控制、结算与审计)与成果(估算、概算、预算、结算等)相互联系、相互依赖、相互制约和相互作用,前者控制后者,后者也在不断验证前者的合理性;而通常情况下,项目的招标文件编制、工程量清单编制以及过程审计等由不同咨询单位承担,使工程各阶段的造价管理工作割裂开来,难以适应工程总承包模式下全过程造价管控的要求。

(6) 设计与施工难以融合

工程总承包模式下,项目管理中仍存在设计、施工"联而不合",设计图纸缺乏可施工性和可运营性,图纸出图情况及图纸质量问题严重影响项目建设的推进情况。一方面,工程总承包项目采购进度、质量达不到设计要求,施工阶段设计变更不及时等;另一方面,工程总承包企业缺乏设计和施工整体把控能力,在管理体制、组织架构及项目实施过程中难以实现设计和施工真正无障碍融合,难以形成集成化的管理体系。

6.2 工程总承包的发展与内涵

在我国工程总承包模式的发展较为曲折,目前业界对工程总承包的内涵认识还不足,因此工程总承包项目全过程造价管理需要明晰工程总承包的发展与内涵。

6.2.1 工程总承包发展

我国工程总承包的兴起与发展,经历了一个较为曲折的过程,具体如表 6.1 所示。

表6.1　国内工程总承包的发展

关键节点	关键事件
1982年6月	化工部印发了《关于改革现行基本建设管理体制,试行以设计为主体的工程总承包制的意见》的通知。通知明确指出,"根据中央关于调整、改革、整顿、提高的方针,我们总结了过去的经验,研究了国外以工程公司的管理体制组织工程建设的具体方法,吸取了我们同国外工程公司进行合作设计的经验,为了探索化工基本建设管理体制改革的途径,部决定进行以设计为主体的工程总承包管理体制的试点"。化工系统工程总承包试点,为我国勘察设计行业开展工程总承包提供了可以借鉴的经验
1987年4月	国家计委、财政部等四部门印发《关于设计单位进行工程总承包试点有关问题的通知》,公布了全国第一批12家工程总承包试点单位。从此,工程总承包试点工作在21个行业的勘察设计单位展开
1992年11月	在试点的基础上,建设部颁布实施了《设计单位进行工程总承包资格管理有关规定》,明确我国将设立工程总承包资质,取得《工程总承包资格证书》后,方可承担批准范围内的总承包任务。 但由于缺乏工程总承包配套政策,致使工程总承包在实践中操作困难、项目难以落地。与工程总承包相比,DBB方式与国内当时长久以来的专业化分工更加契合,也更加适应当时的社会发展和经济发展水平,因而受到更大力度的推广。在发展社会主义市场经济的要求下,围绕DBB方式形成了一套专门的制度体系,即"三项制度"(项目法人责任制、招投标制和工程监理制)
2003年2月	建设部印发《关于培育发展工程总承包和工程项目管理企业的指导意见》,鼓励具有工程勘察、设计或施工总承包资质的勘察、设计和施工企业,在其勘察设计或施工总承包资质等级许可的工程项目范围内开展工程总承包业务。具体阐述了推行工程总承包和工程项目管理的重要性和必要性,并提出了推行的具体措施
2005年5月	我国第一部国家标准《建设项目工程总承包管理规范》(GB/T 50358—2005)正式颁布。该规范主要适用于总包企业签订工程总承包合同后对工程总承包项目的管理,对指导企业建立工程总承包项目管理体系、科学实施项目具有里程碑意义
2017年至今	2017年,国务院办公厅印发了《国务院办公厅关于促进建筑业持续健康发展的意见》,提出"加快推行工程总承包"。2019年,国家发改委和住建部联合发布《房屋建筑和市政基础设施项目工程总承包管理办法》,对工程总承包的适用范围、发包承包和实施过程进行了具体的规定。2020年,住房和城乡建设部、国家市场监管总局发布《建设项目工程总承包合同(示范文本)》(GF-2020—0216)对工程总承包的合同签订进行详细约定

目前中国工程总承包项目规模日益扩大,随着国家政策条例的日益规范,工程总承包模式在工程建设中的效果逐渐显现。但是,与发达国家相比,中国工程总承包模式起步晚、基础薄弱,整体水平与经济社会的迅速发展要求不完全适应,制约行业发展的问题比较突出:

一是在房屋建筑和市政基础设施领域中,工程总承包项目建设标准、功能需求、质量要求等发包人要求不易明晰。

二是工程总承包商多数满足于业主最低标准和要求,影响项目投资效益的实现。

三是建设行业中业主开展工程总承包项目认知不足,局限于传统发包模式的管控,影响建设项目的效率和质量,导致工程总承包推进困难。

6.2.2 工程总承包基本概念

工程总承包不必追求唯一的模式,应根据工程的特殊性、业主状况和要求、市场条件、承包商的资信和能力等作出选择。我国目前推广的房屋建筑和市政基础设施领域采用的工程总承包模式更接近设计—施工总承包模式,其与设计—采购—施工模式的对比分析如表6.2所示。

表6.2 设计—施工总承包模式与设计—采购—施工模式对比分析

类别	设计—施工总承包模式	设计—采购—施工模式
"设计"的意义	Design:多指民用建筑设计	Engineering:指工艺设计,包括设备、生产线的设计
范围	设计、采购、施工或者设计、施工	设计、采购、施工、试运行(竣工验收)
合同计价	可调总价合同	固定总价合同
业主需求	业主提供项目概况资料、初步设计资料、工程预期目标等文件,须进行充分的项目前期工作	业主提出项目概念性和功能性的要求
设计、采购、施工之间的协调	处于中间状态,业主和承包商都要负责协调	由总承包商协调,属内部协调
风险分担	总承包商承担了大部分风险,业主仍然承担了部分风险	总承包商承担几乎所有风险

6.2.3 工程总承包与传统发包的差异

工程总承包运作与传统DBB模式存在差异,发包人和承包人责任界面发生变化,合同价格、质量标准和工期之间关系也相应发生变化。

(1)责任界面的变化

工程总承包模式下,发包人面对单一主体责任的总承包商,项目责任体系更完备。DBB模式下,发包人向承包商提供施工图纸并对图纸的准确性负责,发包人承担设计变更的风险;而工程总承包模式下,部分设计(如以初步设计完成后招标)由承包商完成,并对该部分图纸的准确性负责。

(2)合同价格、质量标准和工期确定先后顺序的变化

DBB模式下,通常先确定工期和质量标准,再通过招标确定合理的合同价格。而工程总承包模式下,由于设计尚未完成,难以确定详细的质量标准,通常是先确定价格(如招标限价或控制价)和工期,招标完成后,详细的质量标准在实施过程中逐渐确定。招标时,发包人可根据发包人要求等确定预期的质量标准以及相应的招标价格,具体见表6.3所示。

由于合同价格、质量标准和工期之间的确定顺序的变化,易引发承包商对设计的极致简化。虽然发包人可以在招标文件中对功能定位、建设标准、材料品牌等均提出较详尽的要求,但在设计阶段,承包人在满足发包人基本要求的基础上,会对设计做简化,如材料选择同等品牌的低档产品,节点做法简化等,以赚取更高利润,有损发包人的投资效益。

表 6.3 DBB 和工程总承包的比较分析

内容	DBB 模式	工程总承包模式
承包商的工作内容	施工	设计加施工（设计的比重存在差异性）
价格、质量和工期确定的先后顺序	先确定工期和质量标准，再确定价格	先确定价格和工期，招标时确定抽象性、原则性的质量标准，具体标准在实施过程中逐渐确定
造价管控依据	包含施工图、工程量清单在内的合同文件	包含发包人要求在内的合同文件，以及过程文件的审核（如施工图、施工图预算等）

（3）造价管控依据的变化

DBB 模式下，造价管控的依据为含施工图、预算清单在内的合同文件，如以施工图为基础的工程量清单。造价管控的核心是清单。工程总承包模式下，承包人承担设计（部分设计，如施工图设计）和施工，招标阶段确定的造价管控依据为功能性与概念性要求、发包要求、招标限价等，但不包括详细的施工图和工程量清单等。工程总承包模式和 DBB 工作内容与控制依据的比较见图 6.1 所示。

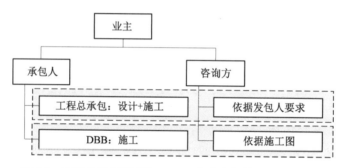

图 6.1 工程总承包模式和 DBB 工作内容与控制依据的比较

6.3 工程总承包项目招标文件编制阶段造价管控

对工程总承包项目，招标文件编制阶段的主要工作是明确项目总体目标，对项目进行适当程度的分解，发包人要求的工作成果需要通过合同定义和描述，选择合适的计价方式，并最终具体体现在招标文件中。工程总承包项目招标文件编制阶段的总体策划流程如图 6.2 所示，工程总承包项目合同风险分析逻辑框架如图 6.3 所示。

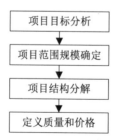

图 6.2 工程总承包项目招标文件编制阶段的总体策划流程

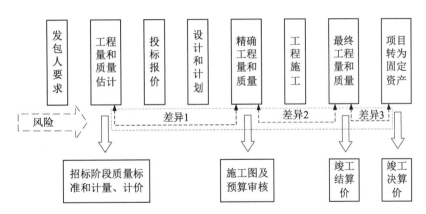

图 6.3 工程总承包项目合同风险分析逻辑框架

6.3.1 项目分解结构及定义

工程总承包模式下,将工程量清单按照分部分项工程进行分解、编码,是工程项目计价计量和费用控制的依据。"发包人要求"作为招标文件和合同文件的重要组成部分,列明了工程的目的、范围以及设计和其他技术标准,是质量标准控制的主要依据。传统清单编码无法与"发包人要求"形成统一,即计量计价规则和质量要求未形成统一。因此,业主需要重新划分项目分解结构,建立适配于工程总承包模式的新的项目分解结构体系。

在招标文件编制阶段,针对新的项目分解结构体系确定质量标准及与之对应的价格,从方案和施工图设计角度确定交付质量标准,主要是明确功能性标准,包括结果性的标准和过程性的标准,如初步设计批复文件中规定的工程设计技术标准、合同文件专用条款中约定的质量验收标准等,并确定与交付质量标准相对应的计量计价方式。最后,将计量计价规则和质量标准绑定到合适的分解对象上,并匹配相应的造价管控手段,实现以项目分解为核心的招标策划和文件编制。

6.3.2 已有项目分解结构差异性分析

已有项目分解结构可按建筑面积划分、按专业划分或按延长米计算,其设计深度、发包人要求、计价方式及管控手段等对比如表 6.4 所示。

表 6.4 已有项目分解结构对比

类别	按建筑面积划分	按专业划分	按延长米计算
设计深度	业主完成的设计深度较低,如仅有功能需求	业主完成的设计深度较高,如初步设计完成	业主完成的设计深度较高,如初步设计完成
发包价格的形成	以每平方米建筑面积单价作为招标控制价	根据不同专业的造价控制难易程度,对不同专业设定不同限价	以项目范围为依据,将延长米内全部工作内容包含在延长米单价内

(续表)

类别	按建筑面积划分	按专业划分	按延长米计算
计价方式	依据项目房产测绘正式报告上的总建筑面积乘以每平方米中标价（扣除预留金）据实结算	按照不同专业实行各专业总价包干，并对价格调整进行规定	按照延长米内全部材料、工程内容进行单价或总价包干
计价风险	出现总承包商为扩大利润而增加建筑面积的情况，进而导致工程总承包项目造价控制失效	出现总承包商为赚取超额利润而降低建设标准的情况，导致业主投资效益低下	出现总承包商为赚取超额利润而降低建设标准的情况，导致业主投资效益低下
业主管控手段	审核总承包商的施工图及预算，增加质量控制手段，控制建筑面积	明确质量和价格的联动控制，审核总承包商的施工图及预算，设置合理的利润区间	明确质量和价格的联动控制，审核总承包商的施工图及预算

招标范围是项目分解的前提，咨询服务内容的确定也依赖于工程的招标范围和工作界面的确定，因此划分发包范围和界面应遵循以下总体原则：

(1) 根据概算指标确定发包范围

针对有设计施工图、有设计方案设计无施工图以及仅有功能需求三部分，通过对三个部分的工作分解和招标控制价概算指标，确定项目的发包范围和界面。

(2) 根据不同设计深度控制变化风险

针对不同设计深度下的风险分配，须控制发包范围变化带来的风险。如在有设计招标施工图部分，业主承担设计图纸准确性的风险，且此部分若产生变更，合同价格是可调的；在有设计方案设计无施工图和仅有功能需求的部分，承包人承担设计图纸准确性的风险。

对于按照建筑面积划分的工程总承包项目，其结算方式为项目房产测绘正式报告上的总建筑面积乘以每平方米中标单价据实结算。然而由于缺乏相应的实施阶段控制手段，如审查总承包商提供的施工图等，可能出现总承包商为扩大利润而增加建筑面积的情况，进而导致工程总承包项目造价控制失效。因此，对于按照建筑面积分解的工程总承包项目，在计量计价规则制订的同时，匹配相应的质量控制手段是十分必要的。

对于按照专业划分的工程总承包项目，需要针对各专业确定相应的质量标准和计量计价规则。因此，造价咨询单位需编制明确具体的发包人要求，以发包人要求为依据，针对造价控制难易程度编制工程量清单；同时，针对不同专业，在招标文件中约定合适的计价方式，如对内装、外装、自动化等专业设置合理的利润区间等，实现质量和费用的联动控制。

按延长米计算的工程总承包项目，常见于市政基础设施领域，业主要求承包商以延长米报价，所报单价包括所有材料、工程内容，并且单价不予调整。例如在某城市地铁工程建设项目中，隧道的开挖工程以延长米计价，工作内容包括盾构、挖土、运土、喷混凝土、维护结构等，它在形式上是单价合同，但实质上已经带有总价合同的性质。

6.3.3 发包人要求的编制框架

1) 发包人要求的编制要点

发包人要求是工程总承包项目招标文件中的重要组成部分,是造价管控的重要依据。起草招标文件时应注意以下几点。

(1) 不同设计深度下质量/标准和合同价格的控制依据和措施不同

在有设计方案无施工图和仅有功能需求的部分,承包人承担设计图纸准确性的风险。由于不同的设计深度涉及的质量控制标准的准则和依据不同,价格形成的依据也有不同,相对应的控制手段也存在较大差异。因此,发包人需结合自己的管理经验、风险管理能力、项目类型、承包商的设计管理水平等因素确定合理的设计分配比例,该比例对投标人投标报价和设计质量会产生直接影响。

(2) 发包人完成设计部分越浅,过程控制越关键

发包人完成的设计部分越浅,其质量/标准要求越体现出抽象性和原则性,因此难以在合同签订阶段对具体的做法等进行详细约定,特别是在房建工程的装修品质难以量化因素较多的情况下,约定难度更大。因此,发包人需要设置相应的过程性控制来实现质量和造价的控制,如增加对施工图设计和施工图预算的过程性审核,以充分满足发包人要求。

(3) 造价咨询和设计管理咨询的协同

工程总承包模式下,承包人完成部分设计并提供施工图预算等,因此,仅控制造价或仅控制设计标准难以实现质量标准和价格的有效管控。在此情况下,造价咨询和设计管理咨询需有效协同,如分析满足质量标准的情况、造价是否高于约定的控制限价、满足控制限价的情况是否出现质量不达标等。

2) 发包人要求的策划流程

《房屋建筑和市政基础设施项目工程总承包管理办法》(建市规〔2019〕12号)提出"发包人要求"列明项目的目标、范围、设计和其他技术标准,包括对项目的内容、范围、规模、标准、功能、质量、安全、节约能源、生态环境保护、工期、验收等的明确要求(图6.4)。

《房屋建筑和市政基础设施项目工程总承包计价计量规范(征求意见稿)》中指出,"发包人要求"是构成合同文件组成部分的名为"发包人要求"的文件,包括总承包工程项目的目标、范围、设计与其他技术标准的要求,以及合同当事人约定对其所作的修改或补充。2020年发布的《建设项目工程总承包合同示范文本》中调整了合同组成的效力顺序,将"发包人要求"等附件放到了与"专用合同条件"同等的地位。

"发包人要求"是基于相关设计规范、施工规范和验收规范以及业主提供的设计文件编制的,其出发点是为了确保施工图设计和工程施

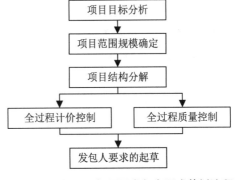

图6.4 工程总承包项目发包人要求策划流程

工能够全面覆盖和延伸业主提供的设计文件中明确的和隐含的功能及配套需求,目的是引导交付工程全面达到业主的要求。

3) 项目目标

项目目标是对预期结果的描述,在"发包人要求"编制时要首先确定项目的总体目标。它通常包括建设功能目标,总投资目标,建设期时间目标,工程所达到的质量标准,建设阶段的安全、健康和环境目标,工程相关者满意度等,即对成本、工期、质量、安全、环保等提出具体的目标要求。

(1) 成本目标

发包人要求中需要清晰定义成本目标的范围以及需要实现的目标。

通常,成本目标包括总投资概算和合同总价,其中合同总价涵盖设计费、建筑安装工程费(含设备购置费)和总承包管理及试运行服务费。

但对于单项而言,可以提出更细的要求,如是否实现全寿命期成本的考量,如针对设备,不仅考虑采购的成本,还考虑维护维修的成本等。以某市政道路改造工程为例,其成本目标为总投资概算、合同总价均不超过合同约定,其中对设计费、建筑安装工程费(含设备购置费)、总承包管理及试运行服务费也设置了相应的成本目标。

(2) 工期目标

按照合同约定总工期和计划通过整体竣工验收日期为工程工期目标。如某工程总承包项目约定总工期日历天数,并约定施工形象进度节点完成日期要求,包括工程桩完成节点、施工完成至±0.00节点、主体封顶节点和工程竣工验收节点。

(3) 质量目标

质量目标是工程竣工交付所要满足的最终目标要求。

工程设计质量须符合现行国家、省、市、区设计规范、条例要求,并通过图审,符合发包人的相关要求。

工程施工质量须符合《建筑工程施工质量验收统一标准》(GB 50300—2013)中的"合格"标准及其他约定的质量目标。

(4) 安全文明目标

施工现场按照《建筑施工安全检查标准》(JGJ 59—2011)评定须达到"合格"标准。根据项目所在地的不同,安全文明目标具体约定须达到所在地区标准。

4) 项目范围、规模的要求

工程承包项目范围指承包商按照合同应完成的工作的总和。它直接决定实施方案和报价。在签约前,业主必须明确承包项目的范围。项目范围是项目管理的对象,是分解项目目标,确定项目的费用、时间和资源计划的前提条件和基准,是工程项目设计和计划、实施和评价项目成果的依据。项目范围的分解对组织管理、成本管理、进度管理、质量管理和采购管理等都有规定。

项目建设规模又称投资规模,主要是包含工程概况的相关数据,如建筑面积、层数、层高、结构类型、使用用途、占地面积等。项目范围、规模要求的框架资料是招标文件中业主编制的"发包人要求"中的重要部分。

5) 全过程质量控制要求

工程总承包模式下,某种程度上"发包人要求"替代了图纸和清单,投标人依据发包人要求进行投标报价,成为质量和费用控制的重要依据。

全过程质量控制中的功能要求又称建筑功能,包括以下几个主要方面:空间构成、功能分区、人流组织与疏散以及空间的量度、形状和建筑的安全要求;质量标准指对基本建设中各类工程的勘察、规划、设计、施工、安装、验收、运营维护等需要协调统一的事项所制订的质量技术依据和规则(表6.5)。

表6.5　全过程质量控制要求

质量要求	内容
功能要求	设计要求、耐久性要求、接口界面要求、其他要求等
施工要求	施工进度、质量、安全、环境要求等
质量验收标准	施工质量检验、各专业工程验收标准等
运营和维护要求	项目使用、运营、维护等要求

6) 工程总承包项目发包人要求编制案例

本案例中的项目为某高级中学整体改扩建工程项目。

(1) 项目目标

① 成本目标:符合国家、省、市、区关于项目投资估算政策的相关规定。其中项目总投资为45 000.00万元,资金来源为区财政资金;招标控制价为41 604.70万元(其中工程设计费招标控制价903.00万元,暂列金额3 782.25万元)。

② 工期目标:总工期要求为720日历天。其中设计开工日期为2020年8月20日,施工开工日期为2020年10月18日,工程竣工日期为2022年8月9日。

③ 质量目标:设计(含方案设计、初步设计,包括设计概算、施工图设计)质量必须达到国家有关标准规范,并须通过有关部门组织的专家审查和图审中心的审查;施工质量符合设计图纸及国家有关标准规范要求,工程质量达到国家及行业现行施工验收规范合格标准;工程所有物资(设备、材料等)采购质量须符合有关标准规范的要求,合格率达到100%。

④ 安全文明目标:本项目安全文明按国家、行业、项目所在地现行规范、标准和规定执行。

⑤ 运营性能目标:本项目暂无运营维护协议。

⑥ 维护目标:缺陷责任期期限为24个月,缺陷责任期从工程通过竣工验收之日起计。缺陷责任期内的服务要求:对于一般问题,承包人应当在接到保修通知之日起7天内派人保修。承包人不在约定期限内派人保修的,发包人可以委托他人修理。对于发生紧急事故需抢修的,承包人在接到事故通知后,应当立即到达事故现场抢修。对于涉及结构安全的质量问题,应当按照《建设工程质量管理条例》的规定,立即向当地建设行政主管部门和有关部门报告,采取安全防范措施,承包人提出保修方案,并实施保修。质量保修完成后,由

发包人组织验收。保修费用由造成质量缺陷的责任方承担。

(2) 项目范围、规模的要求

① 建设规模

某中学整体改扩建工程项目新建报告厅(装配式)、活动中心(装配式)、1♯宿舍楼(装配式)、2♯宿舍楼及食堂(装配式)、室外天桥、平台、地下车库、地面车库及老楼改造。其中:新建总建筑面积约 23 104 m^2(地上建筑面积约 19 854 m^2,地下建筑面积约 3 250 m^2),老楼改造面积约 73 330 m^2;单体最大建筑面积 14 077 m^2,地下一层,地上六层;室外附属(含景观绿化)工程面积约 88 750 m^2。

② 项目范围

新建报告厅(装配式)、活动中心(装配式)、1♯宿舍楼(装配式)、2♯宿舍楼及食堂(装配式)、室外天桥、平台、地下车库、地面车库及老楼改造,包括土方、桩基、基坑支护、土建、水电安装、消防、通风、空调、智能化预埋、装饰装修、幕墙、变配电、电梯、老楼改造及室外附属(围墙、道路、排水、综合管网、景观绿化等)。本项目包括但不限于设计(含方案设计、初步设计包括设计概算、施工图设计)、材料设备采购、工程施工直至竣工验收合格及缺陷责任期内的保修等工程总承包。具体包括:

A. 永久工程的设计、采购、施工范围:某中学整体改扩建工程项目新建报告厅(装配式)、活动中心(装配式)、1♯宿舍楼(装配式)、2♯宿舍楼及食堂(装配式)、室外天桥、平台、地下车库、地面车库及老楼改造、室外附属工程。

B. 竣工验收工作范围:工程总承包范围,包括竣工备案工作。

C. 技术服务工作范围:设计(含方案设计、初步设计包括设计概算、施工图设计)及操作和维修手册。

D. 培训工作范围:设施、设备操作和维修。

E. 保修工作范围:工程总承包范围内全部工程缺陷责任期内的保修。

(3) 初步分解结果

根据分解思路、分解原则和分解步骤对某中学工程项目进行分解,得到初步分解结果,如表 6.6 所示。

表 6.6 初步分解结果

一级	二级	三级
1 新建部分	1.1 地下车库	1.1.1 桩基及基坑支护工程
		1.1.2 土建工程
		1.1.3 水电、消防工程
		1.1.4 暖通工程
	1.2 地面车库	1.2.1 土建工程
		1.2.2 水电、消防工程
		1.2.3 暖通工程

(续表)

一级	二级	三级
1 新建部分	1.3 报告厅(装配式)	1.3.1 土建工程
		1.3.2 室内装饰工程
		1.3.3 水电、消防工程
		1.3.4 暖通工程
	1.4 活动中心(装配式)	1.4.1 土建工程
		1.4.2 室内装饰工程
		1.4.3 水电、消防工程
		1.4.4 暖通工程
	1.5 1#宿舍楼(五层)(装配式)	1.5.1 土建工程
		1.5.2 室内装饰工程
		1.5.3 水电、消防工程
	1.6 2#宿舍楼及食堂(五层)(装配式)	1.6.1 土建工程
		1.6.2 室内装饰工程
		1.6.3 水电、消防工程
	1.7 室外天桥、平台	
	1.8 变配电工程	
2 改造部分	2.1 实验楼改造成教学楼(3栋)	2.1.1 内部改造、装修
		2.1.2 电气、消防改造工程
		2.1.3 连廊加建
		2.1.4 外立面幕墙(穿孔铝板＋高温层压树脂板/GRC幕墙)
		2.1.5 外立面涂料
	2.2 图文信息中心改造成网络实验图书中心	2.2.1 内部改造、装修
		2.2.2 给排水、电气、消防改造工程
		2.2.3 外立面幕墙(穿孔铝板＋高温层压树脂板/GRC幕墙)
		2.2.4 外立面涂料
		2.2.5 屋顶玻璃栏板
		2.2.6 铝合金装饰格栅
		2.2.7 铝合金门窗
	2.3 行政楼改造成艺术楼	2.3.1 内部改造、装修
		2.3.2 给排水、电气、消防改造工程
		2.3.3 外立面幕墙(穿孔铝板＋高温层压树脂板/GRC幕墙＋玻璃幕墙＋钢板幕墙)
		2.3.4 外立面涂料

(续表)

一级	二级	三级
2 改造部分	2.4 艺术楼改造成行政楼	2.4.1 内部改造、装修
		2.4.2 给排水、电气、消防改造工程
		2.4.3 外立面幕墙（穿孔铝板＋高温层压树脂板/GRC幕墙＋玻璃幕墙＋钢板幕墙）
		2.4.4 外立面涂料
	2.5 教学楼（3栋）	2.5.1 内部改造、装修
		2.5.2 给排水、电气、消防改造工程
		2.5.3 外立面幕墙（穿孔铝板＋高温层压树脂板/GRC幕墙＋玻璃幕墙＋钢板幕墙）
		2.5.4 外立面涂料
	2.6 食堂1＋2	2.6.1 外立面幕墙（穿孔铝板）
		2.6.2 外立面涂料
	2.7 其他附属工程	2.7.1 电房增容
		2.7.2 地下管网工程
		2.7.3 消防改造工程
3 拆除工程		
4 附属工程	4.1 绿化工程	
	4.2 硬质铺装	
	4.3 水面整治	
	4.4 大门改造及附属小品工程	
	4.5 海绵设施、雨水收集回用系统	
	4.6 电气工程	
5 电梯		

(4) 功能和质量标准

① 功能要求

功能要求即明确使用功能，多为定性要求，如功能需求、标准定位等。本项目为实现"办人民满意教育"的办学理念及上位规划的要求，校园实施整体改造提升工程：调整、改建教学用房，优化校园整体功能布局；补充、新建教学用房，完善必要功能配置；改造建筑立面形态；提升校园景观品质；营造校园多层次的活力空间。

表6.7为本项目功能要求汇总表。

表6.7 功能要求汇总

类型		功能要求	总体要求
改造	实验楼	改造成教学楼,平面功能主要包括普通教室、教师办公室等,卫生间的配置需满足现有规范要求 外墙面改造出新； 图文信息中心改造成网络实验图书中心,平面功能主要包括阅览室、书库、教师办公室、信息教室及准备室等； 外墙面改造出新	
	行政楼	改造成艺术楼,平面功能主要包括四间舞蹈教室、四间音乐教室、琴房、四间美术教室、教师办公室、管理室、艺术展厅、备用专业教室等； 外墙面改造出新	
	艺术楼	改造成行政楼,平面功能主要包括阶梯教室、展示厅、教师办公室等； 外墙面改造出新	
	教学楼(3栋)	内墙面、顶棚出新,外墙面改造出新	
	食堂1+2	外墙面改造出新	
新建	报告厅	约1 200个座位(池座+楼座)、舞台、化妆间、道具间等	需满足国家及地方规范规定的建筑间距及退让的要求； 确保结构安全及施工可行性； 地上部分与校园现有道路需预留绿化带； 需弱化新建建筑对相邻场地的影响； 需充分考虑场地标高,保证不同标高的平顺衔接； 需依据不同功能特征与交通流线合理设计新建建筑,使其形体融入校园整体环境之中； 新建建筑依据功能需要设置开放空间(如开放门厅、连廊等),满足自身功能需要的同时,成为校园共享、开放的活力空间
	活动中心	社团活动室、心理教育中心、会议室等	
	食堂	容纳约1 400人用餐,配备相应的库房、操作间、备餐间等	
	宿舍	配备相应的活动室、管理用房等	
	地下车库	停车约73辆	
	地面车库	停车约42辆	
附属工程	建筑、道路周边附属绿化	结合建筑、道路周边地形和现有景观,选植符合当地特色的本土树种,搭配以乔木、灌木、地被相结合为主,做到层次分明,错落有致,使绿化景观达到即刻成景的效果	改变老旧的校园面貌,为校园注入崭新的活力,使之更好地服务于现代学生的成长发展与行为活动；针对高中特殊群体,为校园环境引入绿化、植入文化,建造场所、联系情感,为其学生时代留下美好回忆
	建筑、道路周边硬质景观附属设施	需考虑亲水平台、人行步道、栈道、景观桥、娱乐设施、坐凳、垃圾桶等其他附属设施	

② 技术参数

技术参数为总承包商需满足的最低限度的技术要求,为定量要求。如本项目食堂容纳约1 400人用餐,配备相应的库房、操作间、备餐间等；报告厅包含约1 200个座位(池座+楼座)、舞台、化妆间、道具间等。

表6.8为本项目技术参数汇总表。

表 6.8　技术参数汇总

类型	技术参数
绿色建筑	达到绿建一星级标准
支护	靠近现场土坡处需设置支护桩
钢结构	需满足国家规范要求
给排水	满足使用功能及国家规范要求； 供水设备、洁具和配件均选用节能节水型产品，节水器具节水等级不低于Ⅱ级，不得使用一次冲洗量大于 5 L 的坐便器； 公共卫生间台盆、小便器均采用感应式，蹲便器采用自闭冲洗阀式
电气	需满足使用功能及国家规范要求； 卫生间、走道、餐厅、活动厅、设备机房等部位灯具光源采用 LED 光源； 办公室等区域灯具光源采用高效率 T5 荧光灯； 厨房采用防潮灯； 高大空间采用金卤灯或大功率 LED 灯； 公共区照明采用智能照明控制系统； 办公室、设备用房等小房间灯具采用就地分组控制； 宿舍设置节电控制系统； 有吊顶场所灯具结合吊顶嵌入式安装； 无吊顶区域灯具采用吸顶安装方式或吊装
消防	满足使用功能及国家规范要求并通过消防验收
通风	满足使用功能及国家规范要求
电梯	宿舍：2 台 1 300 kg； 食堂：1 台 1 000 kg 餐梯
雨水回收系统	详见海绵城市设计导则
室外综合管网	本项目室外设置雨污水、弱电、电力、给水管线； 雨水设置排水沟、排水管等，就近接入市政雨水管道； 海绵设施、雨水收集回用系统应按海绵城市导则统一设置
大门	需与校园建筑立面风格协调统一，体现现代校园整体形象
植物树种及要求	树种：香樟、女贞、侧柏、落羽杉、水杉、朴树、榆树、马尾松、白栎、栓皮栎、青冈栎、国槐、刺槐、枫香、银杏、杏树、垂柳、毛竹、乌桕、梧桐、榉树、香椿、琼花、石栎、枇杷、杨梅、梅花、海棠、桃花、棕榈、桂花、樱花、玉兰、紫薇、石榴、枣、棠梨、木荷、杜鹃、荷花、睡莲、深山含笑、宝华玉兰、皂荚、鸡爪槭
喷灌设施	密植物灌溉、稀疏植物滴灌、公共区域抗人为损坏专用喷头
亮化系统	主建筑泛光照明、LED 地灯、庭院灯、草坪灯、地面射灯、灯带、灯光远程控制系统
水系	包括水面、水生植物、水体景观

③ 技术规格

技术规格包括国家级行业规范要求、总平面设计技术要求、建筑设计技术要求、结构设计技术要求、给排水及消防设计技术要求、电气设计技术要求、建筑智能化系统要求、暖通系统设计方案要求，并规定建筑做法标准（涵盖子功能区地面、墙面、顶面的建筑做法要求）和推荐品牌表。如本项目对实验楼中办公用房的做法有详细的规定：采用防滑地砖楼地面，局部会议室采用地毯楼地面，墙面乳胶漆，顶面乳胶漆；教学用房及辅助用房采用防滑地砖楼地面；多媒体教室采用架空楼地面，墙面乳胶漆，顶面乳胶漆；卫生间采用地砖楼地面，瓷砖墙面到顶，防水石膏板吊顶；其他房间采用地砖楼地面及踢脚线，墙面乳胶漆，顶面乳胶漆。

表 6.9 为本项目做法标准汇总表。

表 6.9 做法标准汇总

类型		做法标准
改造	实验楼	办公用房采用防滑地砖楼地面，局部会议室采用地毯楼地面，墙面乳胶漆，顶面乳胶漆； 教学用房及辅助用房采用防滑地砖楼地面，多媒体教室采用架空楼地面，墙面乳胶漆，顶面乳胶漆； 卫生间采用地砖楼地面，瓷砖墙面到顶，防水石膏板吊顶； 其他房间采用地砖楼地面及踢脚线，墙面乳胶漆，顶面乳胶漆
	行政楼	办公用房采用防滑地砖楼地面，局部会议室采用地毯楼地面，墙面乳胶漆，顶面乳胶漆； 教学用房及辅助用房采用防滑地砖楼地面（舞蹈教室采用木地板），墙面乳胶漆，顶面乳胶漆（音乐教室、琴房采用吸声墙面及顶棚）； 卫生间采用地砖楼地面，瓷砖墙面到顶，防水石膏板吊顶； 其他房间采用地砖楼地面及踢脚线，墙面乳胶漆，顶面乳胶漆
	艺术楼	办公用房采用防滑地砖楼地面，局部会议室采用地毯楼地面，墙面乳胶漆，顶面乳胶漆； 卫生间采用地砖楼地面，瓷砖墙面到顶，防水石膏板吊顶； 其他房间采用地砖楼地面及踢脚线，墙面乳胶漆，顶面乳胶漆
	教学楼（3 栋）	墙面乳胶漆，顶面乳胶漆
	食堂 1+2	外墙面改造出新
新建	报告厅	采用水磨石楼地面及踢脚线； 墙面乳胶漆（报告厅内吸音墙面）； 顶面乳胶漆＋铝格栅吊顶，局部镜面不锈钢吊顶； 卫生间采用地砖楼地面，瓷砖墙面到顶，防水石膏板吊顶； 其他房间采用地砖楼地面及踢脚线，墙面乳胶漆，顶面乳胶漆
	活动中心	采用水磨石楼地面及踢脚线； 墙面乳胶漆； 顶面乳胶漆＋铝格栅吊顶，局部镜面不锈钢吊顶； 卫生间采用地砖楼地面，瓷砖墙面到顶，防水石膏板吊顶； 其他房间采用地砖楼地面及踢脚线，墙面乳胶漆，顶面乳胶漆
	食堂	采用防滑地砖楼地面及踢脚线； 墙面乳胶漆； 顶面乳胶漆； 卫生间采用地砖楼地面，瓷砖墙面到顶，防水石膏板吊顶
	宿舍	宿舍采用防滑地砖楼地面，墙面乳胶漆，顶面乳胶漆； 餐厅采用水磨石楼地面及踢脚线，墙面乳胶漆，顶面乳胶漆＋铝格栅吊顶； 厨房、操作间及其他部位均采用地砖楼地面，墙面瓷砖到顶，顶面乳胶漆（操作间铝扣板吊顶）须满足食品卫生要求及防火要求； 操作间面积及功能划分需满足相关规范和验收标准； 整个餐厅污水处理需配备油脂分离器（与就餐人数相匹配）； 餐厅操作间需配备专门的热水供应系统（太阳能同空气源热泵组合）

(续表)

类型		做法标准
新建	宿舍	卫生间采用地砖楼地面,瓷砖墙面到顶,防水石膏板吊顶; 其他房间采用地砖楼地面及踢脚线,墙面乳胶漆,顶面乳胶漆; 厨房及公共卫生间区域选用节水性能较优的产品,由于公共区域人员混杂,故在保证质量的情况下倾向于选用清理方便、易于维护的整体设计,能够减少后期运营中人力打扫强度,并给予使用者相对较好的卫生及视觉体验
	地下车库	采用耐磨混凝土地面; 墙面防霉乳胶漆; 顶面防霉乳胶漆
	地面车库	采用耐磨混凝土地面; 墙面乳胶漆; 顶面乳胶漆
附属工程	建筑、道路周边附属绿化	保留现状主要行道树,如主广场的银杏和香樟,水边的柳树等; 丰富校园植物色彩,增加季相变化; 新增植物选用本土树种作为校区的骨干树种; 下层植物宜选择枝繁叶茂、色彩丰富、有鲜艳的花朵和果实、观赏价值较高的地被为主要品种; 水域周边选用水生、湿生植物布置
	建筑、道路周边硬质景观附属设施	

④ 图纸

图纸作为详细程度最高的"发包人要求"部分,在不同发包阶段其图纸深度要求存在差异。本项目业主在可研/方案设计阶段招标时提供的图纸的深度要求包括:(A)设计说明;(B)图纸内容;(C)背景分析;(D)总平面图纸;(E)功能布局及流线分析图;(F)效果图。业主在初步设计阶段招标时提供的图纸的深度要求包括:(A)总平面图(落放在1:500或1:1 000地形图上,含主要经济技术指标);(B)地下建筑、地上建筑的方案、初步设计;(C)场区竖向设计;(D)管线综合设计;(E)场区无障碍设计;(F)主要技术经济指标表;(G)专项论证成果;(H)设计效果图。

⑤ 实例验证

本节选取建筑、装饰装修、景观绿化等典型部分为例,对其发包人要求中功能和质量标准进行编制。

一、1.3.2 新建部分/报告厅(装配式)/建筑工程(表6.10)

表6.10　1.3.2 新建部分/报告厅(装配式)/建筑工程功能和质量标准体系

1.3.2	新建部分/报告厅(装配式)/建筑工程
功能和质量标准体系	
1　功能要求	
作为学校组织大型报告会议的场所,提供师生足够座位,舞台、化妆、道具等多种功能,视听效果满足师生需求	
2　技术参数	
根据项目建议书和技术要求,本报告厅占地面积5 500.00 m²,提供约1 200个座位(池座+楼座)。池座825个,楼座375个;台口高度8.8 m,台口宽度16 m,舞台进深16 m	

(续表)

3 技术规格

1) 设计原则
(1) 需满足国家及地方规范规定的建筑间距及退让的要求;
(2) 确保结构安全及施工可行性;
(3) 地上部分与校园现有道路需预留绿化带;
(4) 需弱化新建建筑对相邻场地的影响;
(5) 需充分考虑场地标高,保证不同标高的平顺衔接;
(6) 需依据不同功能特征与交通流线合理设计新建建筑,使其形体融入校园整体环境之中;
(7) 新建建筑依据功能需要设置开放空间(如开放门厅、连廊等),满足自身功能需要的同时,成为校园共享、开放的活力空间。

2) 技术方案
见某中学整体改扩建工程可行性研究报告。

3) 材料品牌要求

序号	材料名称	推荐品牌		
一	土建			
1	钢材	品牌1	品牌2	品牌3
2	水泥	品牌4	品牌5	品牌6

4 图纸

(1) 发包人提供的文件
本发包人要求及某中学整体改扩建工程可行性研究报告。

(2) 图纸要求
为了能更好地确保工程施工进度计划,以达到有效地提高工作效率,设计方案要求以某中学整体改扩建工程可行性研究报告为基础,投标人应根据自己所选产品进行设计,提供设计方案,出具详细的施工设备清单以及施工图纸。

二、2.1.1 改造工程/实验楼改造成教学楼(3栋)/内部改造、装修工程(表6.11)

表6.11 2.1.1 改造工程/实验楼改造成教学楼(3栋)/内部改造、装修工程功能和质量标准体系

2.1.1	改造工程/实验楼改造成教学楼(3栋)/内部改造、装修工程
功能和质量标准体系	
1 功能要求	
改造成教学楼,平面功能主要包括普通教室、教师办公室等,卫生间的配置需满足现有规范要求;图文信息中心改造成网络实验图书中心,平面功能主要包括阅览室、书库、教师办公室、信息教室及准备室等	
2 技术参数	
3 技术规格	

1) 设计原则
(1) 需满足国家及地方规范规定的建筑间距及退让的要求;
(2) 确保结构安全及施工可行性;
(3) 地上部分与校园现有道路需预留绿化带;
(4) 需弱化新建建筑对相邻场地的影响;

(续表)

3 技术规格

(5) 需充分考虑场地标高,保证不同标高的平顺衔接;
(6) 需依据不同功能特征与交通流线合理设计新建建筑,使其形体融入校园整体环境之中;
(7) 新建建筑依据功能需要设置开放空间(如开放门厅、连廊等),满足自身功能需要的同时,成为校园共享、开放的活力空间。

2)技术方案
办公用房采用防滑地砖楼地面,局部会议室采用地毯楼地面,墙面乳胶漆,顶面乳胶漆;
教学用房及辅助用房采用防滑地砖楼地面,多媒体教室采用架空楼地面,墙面乳胶漆,顶面乳胶漆;
卫生间采用地砖楼地面,瓷砖墙面到顶,防水石膏板吊顶;
其他房间采用地砖楼地面及踢脚线,墙面乳胶漆,顶面乳胶漆。

3)材料品牌要求

序号	材料名称	推荐品牌		
1	内墙乳胶漆	立邦(中档系列)	紫荆花(中档系列)	多乐士(中档系列)
2	真石漆	—	—	—
3	防火门	—	—	—
4	内墙瓷砖	—	—	—
5	地砖	—	—	—
6	铝合金型材	—	—	—
7	原片玻璃	—	—	—
8	中空玻璃	—	—	—
9	铝合金门窗配件	—	—	—
10	胶条采用三元乙丙材料	—	—	—
11	发泡剂	—	—	—
12	密封胶	—	—	—
13	防水材料	—	—	—
14	铝板	—	—	—
15	矿棉板	—	—	—
16	铝塑板	—	—	—
17	复合地板	—	—	—
18	塑胶PVC地板	—	—	—
19	石膏板	—	—	—
20	木工板、饰面板	—	—	—
21	吸音板	—	—	—

4 图纸

(1) 发包人提供的文件
本发包人要求及某中学整体改扩建工程可行性研究报告。
(2) 图纸要求
为了能更好地确保工程施工进度计划,以达到有效地提高工作效率,设计方案要求以某中学整体改扩建工程可行性研究报告为基础,投标人应根据自己所选产品进行设计,提供设计方案,出具详细的施工设备清单以及施工图纸。

三、4.1 附属工程/绿化工程(表6.12)

表6.12 4.1 附属工程/绿化工程功能和质量标准体系

4.1	附属工程/绿化工程
功能和质量标准体系	
1 功能要求	
改变老旧的校园面貌,为校园注入崭新的活力,使之更好地服务于现代学生的成长发展与行为活动;针对高中特殊群体,为校园环境引入绿化、植入文化,建立场所、联系情感,为其学生时代留下美好回忆	
2 技术参数	
根据项目建议书和技术要求,本绿化占地面积 45 700 m^2	
3 技术规格	
(1) 设计原则 结合建筑、道路周边地形和现有景观,选植符合当地特色的本土树种,搭配以乔木、灌木、地被相结合为主,做到层次分明、错落有致,使绿化景观达到即刻成景的效果。 (2) 技术方案 保留现状主要行道树,如主广场的银杏和香樟,水边的柳树等; 丰富校园植物色彩,增加季相变化; 新增植物选用本土树种作为校区的骨干树种; 下层植物宜选择枝繁叶茂、色彩丰富、有鲜艳的花朵和果实、观赏价值较高的地被为主要品种; 水域周边选用水生、湿生植物布置。 (3) 植物树种及要求 树种:香樟、女贞、侧柏、落羽杉、水杉、朴树、榆树、马尾松、白栎、栓皮栎、青刚栎、国槐、刺槐、枫香、银杏、杏树、垂柳、毛竹、乌桕、梧桐、榉树、香椿、琼花、石栎、枇杷、杨梅、梅花、海棠、桃花、棕榈、桂花、樱花、玉兰、紫薇、石榴、枣、棠梨、木荷、杜鹃、荷花、睡莲、深山含笑、宝华玉兰、皂荚、鸡爪槭。 (4) 喷灌设施 密植植物灌溉、稀疏植物滴灌、公共区域抗人为损坏专用喷头	
4 图纸	
(1) 发包人提供的文件 本发包人要求及某中学整体改扩建工程可行性研究报告。 (2) 图纸要求 为了能更好地确保工程施工进度计划,以达到有效地提高工作效率,设计方案要求以某中学整体改扩建工程可行性研究报告为基础,投标人应根据自己所选产品进行设计,提供设计方案,出具详细的施工设备清单以及施工图纸	

6.3.4 合同计价方式选择

工程总承包项目的发包价格可分为五大部分,分别是勘察费、设计费、建筑安装工程费、设备购置费和总承包其他费。合同计价的主要挑战在于确定合理的建安工程费用。实践中,可针对不同专业采用差异化的限价控制措施,如对于土建等相对容易控制的部分,依据设计概算指标,并结合同类其他工程的消耗量指标、工程量指标、单方造价指标等,通过上下一定幅度的调整,进行总价限价控制。对于内装、外装、智能化系统等相对难控制的部分,依据对业主需求的剖析,参考同类工程的效果、标准,通过子系统拆分的方法,尽可能准确测算专业工程限价。此外,也可以根据功能需求,确定不同功能需求下的限价。同时也需要约定是否允许在满足总价条件下进行不同专业工程或功能需求分项限价的相互调整。

工程总承包项目并不局限于总价合同,还有单价合同、成本加酬金合同等。不同的计价方式有不同的应用条件,在工程招投标、价款结算等各方面都存在差异。

1) 合同计价方式

合同计价模式由业主做出抉择,因此,咨询单位应帮助业主明晰各合同计价模式下,对项目成本、进度等的影响,并根据项目实际或要求等,选择适宜的合同计价方式。

(1) 单价合同

① 分类

按照合同价格与市场物价等的关系,单价合同又分为固定单价和可调单价等形式。

② 特点

单价合同的特点是单价优先,业主在招标文件中给出的工程量清单中的数字仅为参考,工程款结算按实际完成的工程量和承包商所报的单价计算。虽然在投标报价、评标、签订合同中,人们常常关注合同总价格,但这个总价并不是最终合同价格,单价才是实质性的。对于投标书中明显的数字计算错误,业主有权先作修改后再评标。

③ 单价合同应用于工程总承包模式时存在的劣势

A. 业主协调工作量大。

B. 采用单价合同的情况下,总承包商通常会向着最终造价更有利于自身的方向进行设计,工程造价风险中量的风险又由总承包商转移回了发包人,工程造价难以控制。

C. 总承包商为扩大利润空间,从自身企业角度而非项目角度进行设计优化,无法调动从项目出发的设计优化积极性,不利于业主的投资控制。

④ 应用要点

如果发包人决定采用单价合同,应明确编制工程量清单的方法,以及工程量的分项规则、计算规则、计量方法,同时,每个分项的工程范围、质量要求和内容需要有相应的标准,如国际通用的工程量计算规则和我国的工程量计算规则均可适用于单价合同。另一方面,招投标时,发包人需要辨别投标人的不平衡报价,尽量减少"水分"。为调动总承包商从项目出发的设计优化积极性,可在合同中鼓励投标人提出技术方案优化与合理化建议等。

⑤ 在单价合同的工程量清单中,还可能存在的一些情况

A. 工程分项的综合化。即将工程量划分标准中的工程分项合并,使工程分项的工作内容增加,具有综合性。例如在某城市地铁工程建设项目中,隧道的开挖工程以延长米计价,工作内容包括盾构、挖土、运土、喷混凝土、维护结构等。它在形式上是单价合同,但实质上已经带有总价合同的性质。

B. 单价合同中有总价分项。即有些分项或分部工程或工作采用总价的形式结算(或被称为"固定费率项目")。如在某城市地铁工程建设项目中,某车站的土建施工以单价合同发包;但在该施工合同中,维护结构工程分项却采用总价的形式,承包内容包括维护结构的选型、设计、施工和供应。

C. 暂列金额。使用范围通常包括：招标时对工程范围和技术要求不能详细说明的分项，由指定分包商完成的工程、供应或服务，可能的意外事件的花费等。数额一般由业主或工程师统一填写，其使用由工程师批准，可以全部或部分地使用，也可以不用。

D. 针对单价合同下合同造价难以控制的风险，部分项目采用控制限价的方式，即以某种标准计算出投资上限作为合同价格的上限，在上限范围内的工程造价据实结算，超出此范围的造价风险由承包商承担，工程结算价格不再增加。这种计价模式汲取了总价合同的优点，工程总价设置了封顶金额，会促使承包人为了节约造价主动进行优化，而不是在单价计价合同下不管总投资；并且其可操作性强，在招标阶段施工图没有出来时即可进行招标选择工程总承包单位，有利于业主的投资控制。

(2) 总价合同

① 分类

按照合同价格与资源市场价格的关系，总价合同又可以分为固定总价合同和可调总价合同。

② 特点

总价优先，针对合同规定的工程范围和承包商义务，投标人报总价，双方商讨并确定合同总价，最终按总价结算，价格不因环境变化和工程量增减而变化。通常只有设计(或业主要求)变更，或符合合同规定的调价条件，例如法律变化，才允许调整合同价格。

③ 固定总价合同应用条件

A. 工程范围清楚明确，工程建设目标、范围、规模、功能、建设标准、技术标准、设计指标要点、质量、安全、工期、检验试验、主要材料设备要求、验收和试运行以及风险承担等完整、数字准确。否则，很容易引起合同"总价包干"范围的争议。

B. 在工程过程中环境因素(特别是物价)变化小，工程条件(特别是地质条件)稳定。

C. 标期相对宽裕，承包商可以进行详细的现场调查，认真复核工程条件，分析招标文件，拟定实施计划。

D. 合同条件完备，双方的权利和义务关系清楚。

④ 总价合同的计价形式

A. 业主为了方便承包商投标，在招标文件中给出相近工程清单(或分项工程表)，但业主对其中的工程分项和数量不承担责任。

B. 招标文件中没有给出工程量清单的，则由承包商制订。

该类合同分项工程表的编制常常带有随意性和灵活性，在编制中应考虑到：承包商的工程责任范围扩大，通用的工程量的划分标准难以包容，例如由承包商承担部分设计，在招标时发包人无法精确计算工程量；通常总价合同采用分阶段付款，如果工程分项在工程量清单中已经被定义，只有在该工程分项完成后承包商才能得到相应付款，这里工程分项的划分应与工程的施工阶段相对应，需要与施工进度一致，否则会带来付款的困难，影响承包商的现金流量，如将搭设临时工程、采购材料和设备、设计等分项独立出来，这样可以及早付款。

⑤ 总价合同和单价合同的应用区分

两者有时在形式上很相似,在合同中,需要对合同类型、承包范围和风险范围进行准确、清楚的界定,避免前后矛盾,如合同规定采用"固定总价"计价方式,而相关条款却规定"价款按实际工程量结算"。

工程总承包项目一般签订总价合同。在建设项目任务书完成后,业主提出发包人要求,承包商以此报价,签订总价合同。承包商的报价在很大程度上是依据自己对发包人要求的理解。工程的详细设计是在合同签订以后完成的,而且设计文件和相应的计划文件都必须经过业主代表的批准才能施工。

(3) 混合式计价方式

混合式计价方式是指在一个工程合同中,不同的工程分项采用不同的计价方式。

工程总承包合同中不仅可以选择单价形式或总价形式,还可以单价合同中有部分总价分项,总价合同中有部分按照单价计价的分项。

通常,工程总承包合同采用固定总价,也可能采用成本加酬金方式,或部分采用单价,部分采用成本加酬金方式。如设计工作采用总价,设备采购采用固定总价,施工采用单价;有些业主要求不确定的、带有研究性质的工作,或技术新颖、资料很少的工程分项采用成本加酬金方式。

2) 设计取费模式

业主可在咨询单位的帮助下确定适宜的设计取费模式,以促进设计施工联动,或满足自身业务需要、工程要求等,具体参见表 6.13 所示。

表 6.13 设计取费模式

设计取费模式	对设计施工联动的影响
按概算百分比计取	设计方习惯于套用上限,缺少设计方案的经济分析,常常造成投资浪费。施工方在项目实施过程中提出优化措施时,设计方并不积极予以配合,不利于设计施工联动
概算百分比＋审定结算	结算审定后重新计算设计结算尾款,实行多退少补原则,因此审定结算在一定程度上可约束设计方采用顶概算设计,听取施工方的优化建议,能够从侧面促进设计施工联动
概算百分比＋优化利润	设计方在设计优化结余分配的刺激下,调动设计优化积极性,在配合施工方开展优化措施的同时,主动提出优化建议,有利于设计施工联动

因此,咨询单位可建议发包人在招标文件和合同中明确优质优价条款,约定利益分享,直接激励总承包商利用设计优化等方式,进行成本优化,实现降本增效。

6.4 工程总承包项目实施阶段造价管控

工程总承包项目中,不同设计深度的发包人要求、承包范围以及相应的实施阶段造价管控重点存在较大差异,因此在实施阶段应重点关注过程性控制和施工图及预算的联动审核。

6.4.1 工程总承包项目实施阶段过程性控制

对仅有功能需求、有方案设计无初步设计和施工图纸,以及初步设计完成,有设计招标施工图等不同设计深度的发包人需求情形进行分析,不同的设计深度,管控的重心有所不同,具体见表 6.14 所示。

表 6.14 不同设计深度情形过程性控制

不同设计深度的情形	发包工作范围	质量/标准		价格形式	过程性质量和合同价格控制
		基于绩效的要求	规定型要求		
		结果绩效导向,如功能需求、工艺指标参数、质量标准等核心指标	过程和输入导向,如选材、具体做法等过程指标要求	不同设计深度下价格的控制依据	过程性控制的依据和方式
仅有功能需求部分	设计(方案设计、初步设计、施工图)、施工、试运行、保修等工作	设置总体要求,如设计目标、设计风格、噪音控制及音质效果等;设置相应的技术标准要求;设置相关的验收标准规范要求等	选材和品牌要求,如针对不同功能区的关键材料和主要材料品牌等做详细要求	投标时带设计方案、估算工程量进行清单报价。承包人签订合同后按发包人要求完成各单位工程的方案设计、初步设计和施工图设计,并在规定的时间内提交各单位工程的施工图预算,送造价咨询、发包人审核	强调过程控制,审核施工图预算与投标报价差异;承包人提交的设计文件须满足发包人要求规定的设计标准及要求;每阶段设计成果须报发包人审核同意后方可进行下一阶段设计或施工
有方案设计无初步设计、施工图纸	初步设计、施工、试运行、保修等工作	设置相应的技术标准要求;设置相关的验收标准规范要求等	品牌和档次要求,如针对主要设备和相关材料、配套设备的品牌和档次等做详细要求	投标时估算工程量,并进行清单报价。承包人签订合同后在规定的时间内完成初步设计、施工图设计、提交概算、施工图预算,送造价咨询、发包人审核	
初步设计完成,有概算资料的招标	施工图设计、施工、试运行、保修等工作,不包含此部分设计工作	设置相关的验收标准规范要求等	符合施工图要求	招标人可编制工程量清单并据此设立招标控制价	工程量清单准确性及完整性均由发包人负责,招标图纸总价包干

6.4.2 施工图与施工图预算的联动审核

工程总承包项目造价控制,需将合同价格与质量标准相结合,并行考虑,联动控制。实践中,业主缺乏联动审核承包人设计图纸和施工预算的手段,常出现施工图和施工图预算分别审核。如设计咨询审核图纸,容易出现实际预算价格超出合同限价的风险;造价咨询审核预算,则可能出现总承包商降低工程建设标准,如降低地砖等材料档次的问题,使得业主的投资效益得不到充分体现。较少采用设计咨询和造价咨询联动审核。

因此,工程总承包项目专业施工图须经业主确认,施工图预算须经业主或咨询单位审核,以保证发包人要求和投资效益的充分实现。确认图纸和审核施工图预算存在长期的、反复的过程。通过施工图与预算的联动审核,发包人的需求得到满足,保证投资效益的实现。此外,在实施过程中,施工图预算的审核可以与图审中心的上报同步进行。

过程性造价控制强调输入控制,包括过程性的质量标准和过程性价格。过程性质量标准即品牌档次、选材、具体做法等过程指标要求,如招标文件中说明推荐的材料品牌表。

材料价格是影响工程造价的主要因素之一,而材料品牌是决定材料价格的关键因素。虽然招标文件对主要材料均明确品牌要求,但实施时总承包商会提出增加品牌的要求,一般存在以下几种情况:

(1) 项目信息公开,约定的品牌厂家均已备案,存在采购和价格谈判困难(如洁具、智能化设备、电梯等)的情形,施工单位提出增加2~3个同等档次品牌,放开竞争。

(2) 推荐品牌经市场调研,供货周期较长,无法满足现场施工进度,影响项目整体工期。

(3) 行业文件更新,性能指标及参数要求提高,导致原推荐品牌无法满足要求。

对此,在编制招标文件时,咨询单位应当就材料品牌的确定与建设单位充分沟通,并经市场充分调研后确定;实施过程中对承包人提出的增加品牌的诉求须慎重处理,如因信息公开、价格被锁定、供货周期较长等提出增加品牌,原则上不予同意,同时做好市场调研,为谈判做好准备;对确实有必要增加品牌的,要求不能低于招标文件约定的品牌档次,且不予增加费用。

6.5 工程总承包项目结算审核

1) 结算审核工作总体思路

工程总承包项目应根据合同约定的结算与支付方式作为结算的主要依据,并根据不同设计深度分别进行结算。

(1) 有设计招标施工图部分,实行固定总价包干。主要审核设计招标施工图和竣工图的差别,最后的结算价包括签约合同价、签证和变更。

(2) 有设计方案设计无施工图部分和仅有功能需求部分,需要承包人自行设计施工图。对通过审核的图纸,按照审图后的图纸实行投标价包干,审图后发生的业主需求的变化属于设计变更。

2) 设计优化的分配

参照《建设项目工程总承包合同(示范文本)》(GF-2020-0216)中"13.2.3　合理化建议　降低了合同价格、缩短了工期或者提高了工程经济效益的,双方可以按照专用合同条件的约定进行利益分享";山东省《贯彻〈房屋建筑和市政基础设施项目工程总承包管理办法〉十条措施》(鲁建建管〔2020〕6号)中"政府投资项目允许建设单位利用核定概算内节约的资金,对总承包单位进行奖励或补贴。对通过完善优化设计、改进施工方案、科学组织实施、有效管理控制,节约投资或增加效益的工程总承包单位,可按照一定比例予以奖励"等规定,当工程总承包合同中明确约定了设计优化利益分配的,在结算中应予以计量,履行合同内容。

3) 结算价超过概算时的价款支付与责任分担

参照《建设项目工程总承包合同(示范文本)》(GF-2020-0216)中"14.1　合同价格形式　14.1.1　除专用合同条件中另有约定外,本合同为总价合同,除根据第13条[变更与调整],以及合同中其他相关增减金额的约定进行调整外,合同价格不做调整。14.1.2　除专用合同条件另有约定外:(1)工程款的支付应以合同协议书约定的签约合同价格为基础,按照合同约定进行调整;(2)承包人应支付根据法律规定或合同约定应由其支付的各项税费,除第13.7款[法律变化引起的调整]约定外,合同价格不应因任何这些税费进行调整;(3)价格清单列出的任何数量仅为估算的工作量,不得将其视为要求承包人实施的工程的实际或准确的工作量。在价格清单中列出的任何工作量和价格数据应仅限用于变更和支付的参考资料,而不能用于其他目的。14.1.3　合同约定工程的某部分按照实际完成的工程量进行支付的,应按照专用合同条件的约定进行计量和估价,并据此调整合同价格";《房屋建筑和市政基础设施项目工程总承包计价计量规范(征求意见稿)》中"9.3.1　竣工结算价为扣除暂列费用后的签约合同价加(减)合同价款调整和索赔"的约定,工程总承包项目结算以总价合同为导向,在此基础上,对符合变更与调整的项目进行合同价格的增减,并依照合同中的工程计量计价规则约定,完成项目结算。因此,对出现超概算的情况,超过概算的总金额在扣除应当支付给总承包商的竣工结算价后,不应再行支付。但是如果双方在合同中进行了特别约定,例如工程总承包单位自愿放弃工程造价超出项目概算的债权请求权,则该约定对双方均具有法律效应,工程总承包单位应对超概算负责,发包人有权拒绝支付超概算部分工程款。

此外,如因工程总承包商等参建单位过错造成超概算的,项目单位可以根据法律法规和合同约定向有关参建单位追偿。如《福建省房屋建筑和市政基础设施工程总承包模拟清单计价与计量规则(2020年版)》中规定了"7.2.1　竣工结算价不得突破经批准的概算,按规定可以调整概算的情形除外。因承包人原因造成竣工结算价超过概算的,超过部分由承包人承担"。

4) 结算审核重点

住建部、国家发改委联合颁布的《房屋建筑和市政基础设施项目工程总承包管理办法》第十六条规定:"企业投资项目的工程总承包宜采用总价合同,政府投资项目的工程总承包应当合理确定合同价格形式。采用总价合同的,除合同约定可以调整的情形外,合同总价一般不予调整。建设单位和工程总承包单位可以在合同中约定工程总承包计量规则和计价方法。"《房屋建筑和市政基础设施工程总承包项目计价办法》第二十六条规定:"对于采用总价合同的工程总承包项目,在工程结算审核时,重点审核其建设的规模、标准及所用的主要材料、设备等是否符合合同条款的要求。"由此可以看出,对于工程总承包模式下的工程结算的重点不再是工程量和工程单价,而是项目功能是否实现,项目合同约定的内容和目的是否达到。具体主要包括以下内容:

(1) "有无"的审核

根据施工图、竣工图,结合现场实际完成工作情况,总价承包范围内有,而实际没有发生的项目,结算时应予以扣除。不属于合同范围的另委项目,应根据合同或委托的计价原则进行结算,对于应属于合同范围而另委的项目不予结算。同时,《建设项目工程总承包合同(示范文本)》(GF-2020-0216)中规定:"专用合同条件另有约定外……工程师或发包人对竣工结算申请单有异议的,有权要求承包人进行修正和提供补充资料,承包人应提交修正后的竣工结算申请单。承包人完成扫尾工作清单中的内容应取得的费用包含在第 14.5.1 项[竣工结算申请]及第 14.5.2 项[竣工结算审核]中一并结算。"因此,承包人扫尾工作清单中的内容应取得的费用不应另行单独结算。

(2) 差异的审核

工程师需要严格地对工程项目所有资金流动,以及资金相关项目等进行全面的审查,对工程相关文件、相关资料进行全面的检查,确定资料的完整性,确定内容的准确性,在此基础上审查工程项目是否与招标文件或合同约定内容存在差异,并根据总包合同中的差异调价规定,审核差异项目。

(3) 变更的审核

工程总承包合同规定,变更是经业主指示或批准的、对业主要求或工程所做的变更。业主通过发布指示或要求承包商提交建议书的方式提出工程变更。对工程变更的审核首先要仔细阅读招标文件中的技术部分、工程总承包合同中的商务条款和技术协议,重点阅读工程范围、标准和规范、性能保证、性能和设计数据、合同的变更以及地基处理等条款的约定;然后,审核总承包商提供的建议书、设计变更、业主变更指示、现场签证等资料,以确定是否属于工程变更;最后,审核变更工程量的计算和变更工程的计价。设计变更应根据合同计价规则结算,并根据合同约定扣除包干范围费用后,计入变更项目结算。设计变更一定要分清变更的原因,不能看到变更就计入结算。

根据合同承包范围及合同价格包括的范围规定,落实设计变更签证,且变更签证需经业主单位(如需)和监理工程师签字盖章的。重大设计变更要经原设计审批部门审批,列入竣工结算。需要注意的是,属于可结算签证的事项应根据合同计价原则进行结算,对于属于合同范围而重复签证的项目应不予结算。

(4) 合同管理审核

根据总包合同对质量、进度、安全、性能指标、项目报批、竣工验收、专项验收等的管理规定,审核合同管理情况。对合同的审查,主要包含以下几方面:首先,对公司或经营项目生产以及偿款能力的审查,这一审查是为了保证合同中相关项目能够有效、合理地进行;其次,对承包合同内容的严谨性、完整性以及规范性的审查,这一审查主要是对工程数量的计量原则、单价的约定及其包含的工作内容进行审查,主要是为了避免合同实施中产生不必要的经济纠纷;再其次,在加大对合同方面的变更管理时,对索赔条款的审查,因为在合同签订与管理中,索赔是一个重要的环节,其对于挽回成本损失、提升经济效益具有十分重要的意义。

(5) 工程量审核

应根据工程特点和审核时间、任务的不同采取不同的审计方法,如全面审核法、分组计算审查法、重点抽查法、对比审核法、筛选审核法等。在对工程量的审核过程中,应查看现场,对工程的环境、外观有一个全面的认识。目前市场上出现的土建工程量和钢筋计算软件已比较成熟,除了零星维修和复杂装饰工程外,其他工程大都可利用计算机软件进行工程量的计算,使审计人员从工程量的繁杂计算中解脱出来,从而将更多的精力用于工程量计算以外的项目审计,提高审计质量;但是安装工程还需要审计人员对照施工图纸以及施工现场进行核实。

(6) 设备采购审核

根据《中华人民共和国招投标法》第三条的规定:"对以下三种工程建设项目包括项目的勘察、设计、施工、监理以及工程建设有关的重要设备、材料等的采购,必须进行招标:一是大型基础设施、公用事业等关系社会公共利益、公众安全的项目;二是全部或者是部分使用国有资金或者国家融资投资的项目;三是使用国际组织或者外国政府贷款、援助资金的项目。或者法律、国务院对必须进行招标的其他项目。"以及审计署《关于内部审计工作的规定》中"对本单位内部控制制度的健全性和有效性及风险管理进行评审"等规定,凡是符合以上规定的建设工程项目设备材料应进行审计。审计的内容主要有:投标单位、投标时间、设备名称、规格型号、单价、数量、金额等。鉴于有的总承包合同涉及外购设备、材料,因此对供货单位、外购设备名称、规格、数量、单价、金额、交货地点、验收时间,以及其违约责任等情况均应进行审计。通过审计对上述设备材料的招投标的真实性、合法性予以识别,对数量计算的准确性予以审核。

此外,对大型设备的审核主要采用实地盘点法。核实设备采购、建筑安装工程协议书中的清单数量与实际数量,如果实际数量比清单数量少,且并非由于优化设计而减少,对使用功能造成影响,要么由总承包商补足,要么审减相应的费用,再由业主解决。特别是随机及一年的备品备件和专用工具,有的总承包商认为业主不重视,实际少供,应将这种行为作为重点审核对象。同时对工程中采购的进口设备,要审核其到岸价和相关的进口税费,重点审核是否以国产替代进口,要现场查勘核对铭牌,审查产品证明书、质量证明书、报关单或商检单等。

附 录

附录1　公司全过程工程咨询管理办法

序号	管理办法	具体的内容
1	《公司全过程工程咨询分包管理办法》	总则,组织架构和职责,分包条件、分包选择要求,分包单位工作监督、协调、融合机制,分包单位沟通机制,界面冲突的解决机制,分包考核机制,分包风险管理,附则
2	《公司档案资料管理办法》	总则,组织架构和职责,档案资料整理,档案资料归档管理与使用,附则
3	《公司知识管理办法》	总则,组织架构和职责,经验交流机制,经验的书面化,知识再利用,奖励措施,附则
4	《公司全过程工程咨询项目部考核办法》	总则,考核组织和考核方法,考核内容,考核流程,考核结果使用,附则
5	《公司联合体管理办法》	总则,组织架构及职责,联合体成员管理机制
6	《全过程工程咨询服务规划编制手册》	编制依据,项目概况,编制原则,全过程工程咨询服务的目标,全过程工程咨询服务的咨询服务范围和内容,全过程工程咨询服务总计划,全过程工程咨询服务项目部设置与职责,咨询业务集成的技术措施和管理制度,全过程工程咨询服务专题方案,全过程工程咨询服务分包管理(如有),全过程工程咨询服务档案资料管理,各专业咨询实施细则的编制要点

附录2　全过程工程咨询相关政策分析

政策名称	主要内容	发布单位
《国务院办公厅关于促进建筑业持续健康发展的意见》(国办发〔2017〕19号)	培育全过程工程咨询	国务院办公厅
《住房城乡建设部关于印发建筑业发展"十三五"规划的通知》(建市〔2017〕98号)	改革工程咨询服务委托方式	住房和城乡建设部
《住房城乡建设部关于开展全过程工程咨询试点工作的通知》(建市〔2017〕101号)	培育全过程工程咨询,开展全过程工程咨询试点	住房和城乡建设部
《工程咨询行业管理办法》(国家发改委2017年第9号令)	将全过程工程咨询列为咨询服务的一种模式	国家发展改革委
《住房城乡建设部关于印发工程勘察设计行业发展"十三五"规划的通知》(建市〔2017〕102号)	培育全过程工程咨询	住房和城乡建设部

(续表)

政策名称	主要内容	发布单位
《住房城乡建设部关于促进工程监理行业转型升级创新发展的意见》(建市〔2017〕145号)	创新工程监理服务模式	住房和城乡建设部
《关于印发住房城乡建设部建筑市场监管司2017年工作要点的通知》(建市综函〔2017〕12号)	推进全过程工程咨询服务	住房和城乡建设部
《关于征求推进全过程工程咨询服务发展的指导意见(征求意见稿)和建设工程咨询服务合同示范文本(征求意见稿)意见的函》(建市监函〔2018〕9号)	健全全过程工程咨询管理机制	住房和城乡建设部
《国家发展改革委 住房城乡建设部关于推进全过程工程咨询服务发展的指导意见》(发改投资规〔2019〕515号)	推进全过程工程咨询服务	国家发展改革委、住房和城乡建设部
《关于征求〈房屋建筑和市政基础设施建设项目全过程工程咨询服务技术标准(征求意见稿)〉意见的函》	在房屋建筑和市政基础设施领域建立全过程工程咨询服务技术标准和合同体系	国家发展改革委、住房和城乡建设部

附录3 各省(区、市)全过程工程咨询相关政策分析

地区	政策名称	核心内容
江苏	《江苏省住房城乡建设厅关于推荐全过程工程咨询试点企业和试点项目的通知》(苏建科〔2017〕556号)	推进全过程工程咨询发展,提高企业全过程工程咨询服务能力和水平
	《省住房城乡建设厅关于公布全过程工程咨询试点企业和试点项目的通知》(苏建科〔2018〕79号)	公布全过程工程咨询试点企业和试点项目
	《省住房城乡建设厅关于印发〈江苏省全过程工程咨询服务合同示范文本(试行)〉和〈江苏省全过程工程咨询服务导则(试行)〉的通知》(苏建科〔2018〕940号)	发布《江苏省全过程工程咨询服务合同示范文本(试行)》和《江苏省全过程工程咨询服务导则(试行)》
广东	《广东省住房和城乡建设厅关于印发〈广东省全过程工程咨询试点工作实施方案〉的通知》(粤建市〔2017〕167号)	深化工程建设项目组织实施方式改革,有序推进全过程工程咨询试点的各项工作
	《广东省住房和城乡建设厅关于公布广东省全过程工程咨询第一批试点项目的通知》(粤建市函〔2017〕3488号)	公布全过程工程咨询试点项目
	《广东省住房和城乡建设厅关于征求〈建设项目全过程工程咨询服务指引(咨询企业版)(征求意见稿)〉和〈建设项目全过程工程咨询服务指引(投资人版)(征求意见稿)〉意见的函》(粤建市商〔2018〕26号)	进一步完善工程建设组织模式,积极培育全过程工程咨询企业
浙江	《关于印发〈浙江省全过程工程咨询试点工作方案〉的通知》(建建发〔2017〕208号)	研究现有法律法规框架下实施全过程工程咨询的方法

(续表)

地区	政策名称	核心内容
浙江	《关于印发〈建设项目全过程工程咨询企业服务能力评价办法(试行)〉的通知》(浙咨监协〔2019〕16号)	培育并逐步提高服务能力,促进降低全过程工程咨询市场交易成本
	《浙江省发展改革委 浙江省建设厅关于贯彻落实〈国家发展改革委 住房城乡建设部关于推进全过程工程咨询服务发展的指导意见〉的实施意见》(浙发改基综〔2019〕324号)	推动全过程工程咨询服务加快落地实施
	《省发展改革委 省建设厅关于印发〈浙江省推进全过程工程咨询试点工作方案〉的通知》(浙发改基综〔2019〕368号)	探索全过程工程咨询服务新模式,构建适应全过程工程咨询服务体系
	《关于开展绍兴市全过程工程咨询试点的通知》(绍市建设〔2017〕235号)	开展绍兴市全过程工程咨询试点
	《关于印发〈全过程工程咨询服务合同(衢州范本)〉的通知》(衢住建办〔2018〕65号)	发布全过程工程咨询合同范本
	《温州市住房和城乡建设委员会关于印发〈温州市全过程工程咨询试点工作实施方案〉的通知》(温住建发〔2018〕130号)	落实全过程工程咨询的实施步骤和工作要求
	《宁波市住房和城乡建设委员会关于印发〈宁波市全过程工程咨询试点工作实施方案〉的通知》(甬建发〔2017〕114号)	深化工程建设组织方式改革,加快与国际工程管理方式接轨
福建	《关于印发〈福建省全过程工程咨询试点工作方案〉的通知》(闽建科〔2017〕36号)	深化工程建设组织管理模式改革,培育全过程工程咨询市场
	《厦门市建设局 厦门市发展改革委 厦门市财政局关于印发〈厦门市全过程工程咨询试点工作实施方案〉的通知》(厦建勘设〔2017〕33号)	深化工程建设组织方式改革,加快与国际工程管理方式接轨
湖南	《湖南省住房和城乡建设厅关于印发湖南省全过程工程咨询试点工作方案和第一批试点名单的通知》(湘建设函〔2017〕446号)	推动勘察设计、工程监理、造价咨询等工程咨询行业融合发展
	《湖南省住房和城乡建设厅关于印发全过程工程咨询工作试行文本的通知》(湘建设〔2018〕17号)	发布全过程工程咨询工作试行文本
四川	《四川省住房和城乡建设厅关于印发〈四川省全过程工程咨询试点工作方案〉的通知》(川建发〔2017〕11号)	深化建设工程组织管理模式改革
广西	《自治区住房城乡建设厅关于印发〈广西全过程工程咨询试点工作方案〉的通知》(桂建发〔2018〕2号)	探索总结全过程工程咨询的服务模式
河南	《河南省住房和城乡建设厅关于印发〈河南省全过程工程咨询试点工作方案(试行)〉的通知》(豫建设标〔2018〕44号)	完善工程建设组织模式,推进全过程工程咨询服务发展
山东	《山东省住房和城乡建设厅 山东省发展和改革委员会关于在房屋建筑和市政工程领域加快推行全过程工程咨询服务的指导意见》(鲁建建管字〔2019〕19号)	进一步完善工程建设组织模式,提高投资效益、工程建设质量和运营效率,推动建筑业改革发展

附录4　国家层面工程总承包相关政策

政策名称	主要内容	发布单位
《住房城乡建设部关于进一步推进工程总承包发展的若干意见》(建市〔2016〕93号)	明确大力推进工程总承包,完善工程总承包管理制度	住房和城乡建设部
《国务院办公厅关于促进建筑业持续健康发展的意见》(国办发〔2017〕19号)	要求加快推行工程总承包	国务院办公厅
《建设项目工程总承包管理规范》(GB/T 50358—2017)	规范建设项目工程总承包的管理过程	住房和城乡建设部
《住房城乡建设部办公厅关于征求房屋建筑和市政基础设施项目工程总承包计价计量规范(征求意见稿)意见的函》(建办标函〔2018〕726号)	规范了工程总承包项目的计价计量要求	住房和城乡建设部办公厅
《住房和城乡建设部　国家发展改革委关于印发房屋建筑和市政基础设施项目工程总承包管理办法的通知》(建市规〔2019〕12号)	对工程总承包的适用范围、发包承包和实施过程进行了具体的规定	国家发展和改革委员会、住房和城乡建设部
《住房和城乡建设部　市场监管总局关于印发建设项目工程总承包合同(示范文本)的通知》(建市〔2020〕96号)	完善房屋建筑和市政基础设施项目工程总承包合同管理	住房和城乡建设部、市场监管总局

附录5　各省(区、市)工程总承包相关政策

地区	政策	核心内容
江苏	《江苏省房屋建筑和市政基础设施项目工程总承包招标投标导则》(苏建招办〔2018〕3号)	规范江苏省房屋建筑和市政基础设施项目工程总承包招标投标活动
江苏	《省招标办关于印发江苏省房屋建筑和市政基础设施项目工程总承包招标标准文件的通知》(苏建招办〔2018〕4号)	规范工程总承包招标的资格预审文件、招标文件编制和评标活动
江苏	《省住房城乡建设厅　省发展改革委印发关于推进房屋建筑和市政基础设施项目工程总承包发展实施意见的通知》(苏建规字〔2020〕5号)	加快江苏省建筑业转型升级,推进江苏省房屋建筑和市政基础设施项目工程总承包发展
江苏	《省住房城乡建设厅关于发布江苏省房屋建筑和市政基础设施项目工程总承包计价规则(试行)的公告》(苏建规字〔2020〕27号)	完善建设工程计价体系,指导江苏省房屋建筑和市政基础设施项目工程总承包计价活动

（续表）

地区	政策	核心内容
上海	《上海市工程总承包试点项目管理办法》（沪建建管〔2016〕1151号）	进一步推进和规范上海市工程总承包的实施和发展
	《上海市工程总承包招标评标办法》（沪建建管〔2018〕808号）	规范上海市招投标工程总承包招标投标活动
浙江	《关于深化建设工程实施方式改革积极推进工程总承包发展的指导意见》（浙建〔2016〕5号）	完善工程总承包各项管理制度，优化工程发包、分包、实施和监督管理制度，切实推进工程总承包发展
	《浙江省住房和城乡建设厅关于印发〈浙江省工程总承包计价规则（试行）〉的通知》（建建发〔2017〕430号）	规范浙江省工程总承包计价的行为，指导工程总承包计价活动
	《关于进一步推进房屋建筑和市政基础设施项目工程总承包发展的实施意见（征求意见稿）》	进一步推进浙江省房屋建筑和市政基础设施项目工程总承包发展
福建	《福建省关于房屋建筑和市政基础设施项目工程总承包招标投标活动有关事项的通知》（闽建办筑涵〔2019〕42号）	进一步推行工程总承包模式，规范房屋建筑和市政基础设施项目工程总承包招标投标活动
	《福建关于印发标准工程总承包文件（2020年版）和模拟清单计价与计量规则（2020年版）的通知》（闽建筑〔2020〕2号）	规范福建省房屋建筑和市政基础设施工程项目工程总承包计价行为
广东	《广东省住房和城乡建设厅关于房屋建筑和市政基础设施工程总承包实施试行办法（征求意见稿）》	推广房屋建筑和市政基础设施工程总承包制，提升工程建设质量和项目投资效益
广西	《自治区住房城乡建设厅关于进一步加强房屋建筑和市政基础设施工程总承包管理的通知》（桂建发〔2018〕9号）	进一步加强自治区房屋建筑和市政基础设施工程总承包管理
	《自治区住房城乡建设厅 财政厅关于印发〈广西壮族自治区房屋建筑和市政基础设施项目工程总承包计价指导意见〉（试行）的通知》（桂建发〔2020〕4号）	规范自治区房屋建筑和市政基础设施项目工程总承包招标投标计价活动
四川	《四川省住房和城乡建设厅 四川省发展和改革委员会关于印发〈四川省房屋建筑和市政基础设施项目工程总承包管理办法〉的通知》（川建行规〔2020〕4号）	推进房屋建筑和市政基础设施项目工程总承包的实施和发展，提高工程建设质量和效益
吉林	《关于规范房屋建筑和市政基础设施项目工程总承包管理的通知》（吉建办〔2020〕34号）	规范吉林省房屋建筑和市政基础设施项目工程总承包管理，细化相关管理工作
山东	《山东省贯彻〈房屋建筑和市政基础设施项目工程总承包管理办法〉十条措施》（鲁建建管〔2020〕6号）	贯彻落实房屋建筑和市政基础设施项目工程总承包管理有关规定

附录6　各省(区、市)工程总承包要点对比

要点		地区								
		江苏	上海	浙江	福建	广东	广西	四川	吉林	山东
适用范围	前期条件明确、技术方案成熟	√	√	√	√		√	√	√	
发包阶段	初步设计批复后	√	√	√	√	√	√	√	√	√
	可行性研究报告批复后		√	√		√	√	√		
	投资决策批复后	√						√		
	完成项目核准和备案	√						√		√
发包人要求	建设范围、规模、功能需求、投资限额	√	√		√	√		√		
	技术标准、设计指标要点	√		√				√		
	主要材料设备的参数指标和品牌档次	√	√							
	质量、安全、工期、检验试验	√				√		√		
合同价形式	固定总价	√	√	√	√	√	√	√		
	固定单价			√		√				
	成本加酬金			√		√				
	自行合理确定	√							√	
是否采用全费用价格		√		√	√					

附录7　监理分包单位的考核标准

分项考核内容	子项考核内容
监理基础工作	监理机构设置
	监理文件编制及管理
	监理月报制度
	监理日志制度
	监理设备
现场管理行为	施工组织设计(方案)审批
	原材料质量控制
	工程质量控制及质量验收
	安全文明管理
	工程测量质量控制
	工程进度控制

(续表)

分项考核内容	子项考核内容
现场管理行为	工程分包管理
	工程成本控制
	工程会议管理
综合管理	工作作风及廉政建设

附录8 造价咨询工作考核标准

(造价咨询工作情况考核，第　次)

	分类	项目
1	管理行为	人员匹配情况
		人员出勤情况
		参会出勤情况
2	制度执行	造价咨询实施方案及实施
		造价咨询管理制度建立及上墙
3	过程管理	建立合同台账及更新
		分析合同价
		建立变更/签证台账及更新
		过程性控制日记
		进度款申请台账建立及更新
		合同外工程价格认定、建立台账及更新
		项目现场汇报情况
		过程性控制成果
		报告

(竣工结算审核工作情况考核)

	分类	项目
1	管理行为	人员匹配情况
		参会出勤情况
2	制度执行	审计实施方案及执行情况
		审计管理制度及执行
3	过程管理	审核底稿
		审核依据
		数据一致性
		重大事项
		结算审核报告及归档资料

附录9　工程检测单位工作情况考核表

(□桩基检测、□基坑监测、□沉降观测)

类别	考核内容
廉洁	有不廉洁行为经查实后,考核为0分
制度(10分)	检、监、观测单位与建设单位的合同关系
	检、监、观测单位资质等企业资料的有效和完整性
	响应接受任务的时间
	实施方案
	现场管理细则
现场管理(30分)	建设单位任务指令单或明确在合同中
	现场人员与方案的匹配
	项目负责人驻现场情况
	现场工作人员驻场情况
	现场卫生情况
	与相关单位的工作配合
实施过程(50分)	坐标、点位放线偏差
	方案有变动时的调整时间
	存在问题的协调处理反应
	施工日志、台账的建立
	现场与影像资料的匹配
	工作量的确认
	日报表、结论报告等资料提交监理及建设单位的签收手续
	完成的工作内容以及工程量与建设单位的指令单或设计图纸等资料要求不同的确认资料
	工期
	任务完成报告或验收证明
成果(10)	提交时间
	报告内容的完整性
	工程结算资料的质量
	总结报告

附录10 工程造价咨询流程图

1. 工程预算、结算等咨询作业计划表

预算、结算等咨询作业计划表

序号	计划开始时间	计划结束时间	工作内容

备注：

一、结算审核项目工作内容包括但不限于：
1. 签订造价咨询合同；
2. 接收委托方提供的资料并办理签收手续；
3. 熟悉资料；
4. 初步审核；
5. 会同委托方、建设单位、施工单位勘察现场；
6. 根据勘察现场情况，调整初稿；
7. 初步审核结果报委托方；
8. 经委托方同意与施工单位核对；
9. 争议问题与委托方、建设单位、施工单位共同沟通、协调、解决；
10. 经核对后的审核结果报项目负责人复核、技术负责人审核；
11. 经公司三级校审流程审核无误后出具审核核定单，建设单位、施工单位签字盖章确认；
12. 出具造价咨询报告；
13. 报告送达、资料归还建设单位；
14. 按档案管理要求归档结算资料。

二、招标控制价（施工图预算）编制项目工作内容包括但不限于：
1. 签订造价咨询（招标代理）合同；
2. 接收委托方提供的资料并办理签收手续；
3. 熟悉资料；
4. 编制工程量清单、招标控制价（施工图预算）；
5. 施工图纸、编制范围质疑；
6. 委托方会同设计单位答疑；
7. 根据答疑调整编制结果；
8. 编制结果报项目负责人复核、技术负责人审核；
9. 经公司三级校审流程审核无误后的编制结果报委托方审核；
10. 按经委托方确认的结果出具造价咨询报告；
11. 报告送达、资料归还建设单位；
12. 按档案管理要求归档结算资料。

三、其他咨询类别按实际情况编制作业计划书。

2. 工程进度款(预付款)审核流程图

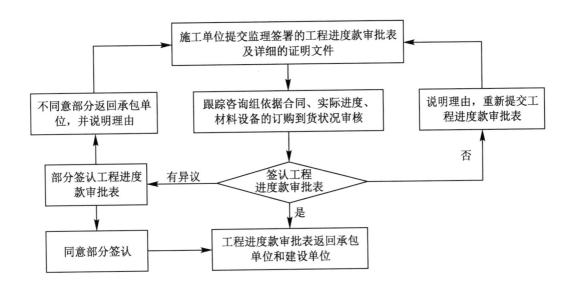

3. 关于施工过程中涉及的设计变更流程

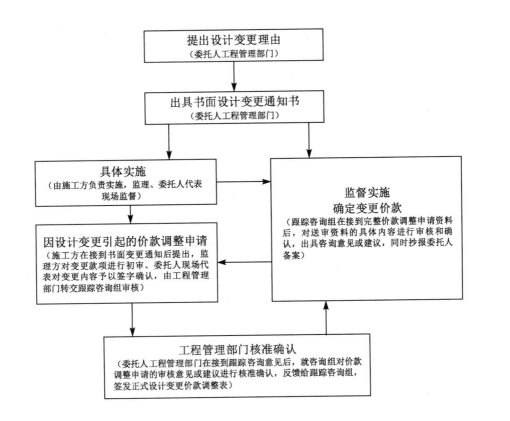

4. 关于施工过程中的工程签证或隐蔽工程签证流程

```
┌─────────────────────────────────────────┐
│            提出工程签证申请                │
│ （由施工方提出书面签证申请。申请应包括：工程  │
│  量和价款的具体内容及计算依据，如属于图纸外  │
│  新增加的项目，必须提供委托人书面通知）      │
└─────────────────────────────────────────┘
                    ↓
┌─────────────────────────────────────────┐
│            实施现场签证                   │
│ （在接到书面签证申请后，由委托人现场代表、监  │
│  理代表、跟踪审计代表、施工方代表根据所提申  │
│  请的内容及依据，共同实施现场计量签证，监理  │
│  方对该申请签证的量予以核定签证，由委托人工  │
│  程部门转交跟踪咨询组审核）                │
└─────────────────────────────────────────┘
                    ↓
┌─────────────────────────────────────────┐
│          对现场签证进行审核                │
│ （跟踪咨询组在接到委托人工程管理部门转交的   │
│  签证资料后，对签证内容和价款，根据招投标文   │
│  件和合同条款规定，结合现场情况，对所报送资   │
│  料的客观性、相关性、充分性、合法性进行审查， │
│  以确定签证资料的真实性、可靠性并提出咨询意   │
│  见或建议，书面报委托人工程管理部门核准确认） │
└─────────────────────────────────────────┘
                    ↓
┌─────────────────────────────────────────┐
│          工程管理部门核准确认              │
│ （委托人工程管理部门在接到咨询意见后，就跟踪 │
│  咨询组对签证资料的审核意见进行核准确认，反  │
│  馈给跟踪咨询组以便正式签发工程签证及价款调  │
│  整表）                                  │
└─────────────────────────────────────────┘
```

5. 关于施工过程材料核价流程

```
┌─────────────────────────────────────────┐
│          提出工程材料核价申请              │
│ （由施工方提出书面材料核价申请。申请应包括：  │
│  材料名称、品牌、规格、使用部位、数量、单价， │
│  如属于图纸外新增加的项目，必须提供委托人书  │
│  面通知）                                │
└─────────────────────────────────────────┘
                    ↓
┌─────────────────────────────────────────┐
│            实施材料核价                  │
│ （在接到书面申请后，由委托人材料管理部门审  │
│  核，转交跟踪咨询组审核）                 │
└─────────────────────────────────────────┘
                    ↓
┌─────────────────────────────────────────┐
│          对材料核价进行审核               │
│ （跟踪咨询组在接到委托人材料管理部门转交的   │
│  材料核价申请后，对核价的内容和价款，根据招  │
│  投标文件和合同条款规定，结合市场情况，对所  │
│  报送资料的客观性、相关性、充分性、合法性进  │
│  行审查，可靠性并提出咨询意见或建议，同时抄  │
│  报委托人备案）                           │
└─────────────────────────────────────────┘
                    ↓
┌─────────────────────────────────────────┐
│          工程管理部门核准确认              │
│ （委托人工程管理部门在接到跟踪咨询组意见后， │
│  就跟踪咨询组对材料核价的审核意见进行核准确 │
│  认，反馈给跟踪咨询组以便正式签发工程材料价  │
│  格核定表）                               │
└─────────────────────────────────────────┘
```

6. 关于施工过程中索赔事项的咨询流程

```
┌─────────────────────────────────────┐
│         提出索赔申请理由              │
│ (施工方在索赔事实发生后向监理提交书面"索赔申请报告  │
│ 书"。申请报告书内容应包括：能够证明索赔事实存在的相关资 │
│ 料和索赔费用的计算依据及计算过程)              │
└─────────────────┬───────────────────┘
                  ↓
┌─────────────────────────────────────┐
│         监理单位审核                 │
│ (监理在接到"索赔申请报告书"后，根据所提申请的内容及依 │
│ 据，对索赔申请予以确认并对索赔进行审核形成书面意见，提交 │
│ 委托人工程管理部门转跟踪咨询组审核)             │
└─────────────────┬───────────────────┘
                  ↓
┌─────────────────────────────────────┐
│         跟踪审计审核                 │
│ (跟踪咨询组在接到委托人工程管理部门转交的资料后，根据招 │
│ 投标文件和合同条款规定，针对索赔申请的具体内容，结合监理 │
│ 对索赔申请的确认意见以及索赔的审核情况进行咨询，对索赔申 │
│ 请提出跟踪咨询意见或建议，同时抄报委托人备案)        │
└─────────────────┬───────────────────┘
                  ↓
┌─────────────────────────────────────┐
│       工程管理部门核准确认            │
│ (委托人工程管理部门在接到对索赔申请的跟踪咨询意见或建议 │
│ 后，对跟踪咨询组提出意见或建议进行核准确认，反馈给跟踪咨 │
│ 询组以便调整工程价款)                   │
└─────────────────────────────────────┘
```

附录 11 廉政自律书

廉政自律书

为加强工程建设中的廉政建设，规范我方在工程建设项目中的各项活动，防止发生各种谋取不正当利益的违法违纪行为，保护国家、集体和当事人的合法权益，根据国家有关工程建设的法律法规和廉政建设责任制规定，特订立本廉政自律书。

1. 严格执行审计、财政部门制定的工作纪律、廉政纪律及审计纪律"八不准"。

2. 严格执行建设工程项目承发包合同文件，自觉按合同办事。

3. 业务活动必须坚持公开、公平、公正、诚信、透明的原则(除法律法规另有规定者外)，不得为获取不正当的利益，损害国家、集体和建设方的利益。

4. 不接受施工方和相关单位的回扣、礼金、有价证券、贵重物品和好处费、感谢费等。

5. 不在施工方和相关单位报销任何应由建设方或个人支付的费用。

6. 不要求、暗示和接受施工方和相关单位为个人装修住房、婚丧嫁娶、配偶子女的工作安排以及出国(境)、旅游等提供方便。

7. 不参加有可能影响公正执行公务的乙方和相关单位的宴请和健身、娱乐等活动。

8. 不向施工方介绍或为配偶、子女、亲属参与同建设方项目工程施工合同有关的设备、材料、工程分包、劳务等经济活动。不得以任何理由向施工方和相关单位推荐分包单位和要求施工方购买项目工程施工合同规定以外的材料、设备等。

9. 与被审计单位或者审计事项有利害关系者应主动申请回避。

我方工作人员有违反自律书上述自律责任行为的,按照管理权限,依据有关法律法规和规定给予党纪、政纪处分或组织处理;涉嫌犯罪的,移交司法机关追究刑事责任;给建设方造成经济损失的,应予以赔偿。

本自律书作为合同的附件,与合同具有同等法律效力。经我方签署后立即生效。

本责任书的有效期为我方签署之日起至该工程项目竣工验收合格时止。

单位(盖章):

法定代表人(签字或盖章):

年　　月　　日

项目负责人(签字):

项目组相关人员(签字):